Klaus Hegemann | Daniela Lud
Felix Sohnrey [Hrsg.]

Nachhaltigkeit unter Stress

Frakturen in Gesellschaft, Umwelt und Wirtschaft

Nomos

Edition Rainer Hampp

Onlineversion
Nomos eLibrary

Die Deutsche Nationalbibliothek verzeichnet diese Publikation in der Deutschen Nationalbibliografie; detaillierte bibliografische Daten sind im Internet über http://dnb.d-nb.de abrufbar.

ISBN 978-3-98542-032-2 (Print)

ISBN 978-3-95710-406-9 (ePDF)

Edition Rainer Hampp in der Nomos Verlagsgesellschaft

1. Auflage 2022

Vorwort

Auslösendes Moment für den ersten Ethik-Tag der Hochschule Rhein-Waal im Jahr 2015 war die Finanz- und nachfolgende Staatsschuldenkrise. Die Wucht, die durch die übermäßige Verschuldung hervorgerufen wurde, schien unbegreiflich, die Erschütterung war in vielen Staaten greifbar. Der vorliegende Band macht sich unter dem Titel „Nachhaltigkeit unter Stress" nun die große Herausforderung der nachhaltigen Entwicklung angesichts der aktuellen „Frakturen in der Gesellschaft" zum Thema: Die Nachhaltigkeitsdebatte und deren Bedeutung rund um das Zusammenspiel von Gesellschaft, Wirtschaft und Umwelt erweist sich hierbei sogar als noch umfassender als die Not an den Märkten, die ausgelöst durch das Scheitern einer der großen Investmentbanken der USA zunächst kaum oder gar nicht vorstellbar schien.

An der heutigen Stelle der Geschichte jedoch, an der dieser Band in Druck geht, erlebt und erleidet Europa zeitgleich gar eine solche Anspannung, die in ihrer Unmittelbarkeit fast über diese Frakturen hinausgeht. Längst vergangen gedachte Szenarien kriegerischer Auseinandersetzung werden inmitten eines scheinbar befriedeten Kontinents wieder denkbar und in direkter Nachbarschaft sogar zur Realität. Die Frakturen werden zu einem Beben, eine militärische Auseinandersetzung sowohl zum barbarischen Akt wie jedoch auch zu einem fossilen Krieg. Die Frakturen sind da, sie sind sichtbar und für die Gesellschaft wie für den einzelnen spürbar. Bei allem Fortschritt und allen wachsenden Chancen und Hoffnungen, welche die Menschen an vielen Stellen durch Innovationen und als (scheinbar) unbegrenzten Austausch wahrnehmen, diskutiert die Gesellschaft nach zwei Jahren mit der Pandemie und zu Beginn eines positiv wie negativ disruptiv besetzten Datennetzes nicht zuletzt auch die Fragilität und Einsamkeit des Individuums und die Bedrohung der Umwelt im Ganzen.

Die ausufernde Mobilität, die sich in den sozialen Netzwerken abzeichnet und die Möglichkeiten neuer Profilbildung - bis hin zum Gedanken der neuartigen Identitätsbildung oder gar Stiftung solcher in einem „Metaverse" (nach Zuckerberg) - münden scheinbar in einem immer neuen Aufbruch. Die damit einhergehende potentielle Auflösung der bis hierhin erlebten gesellschaftlichen Existenz kann jedoch zerstörerisch wirken. Die Gefahren für das Lokale und damit das gesellschaftlich örtlich wie persönlich Gebundene erahnte schon Frederick Jackson Turner in seinem wichtigen Aufsatz über die *Bedeutung der Grenze* (1893), hier für das US-amerikanische Selbstverständnis. Wenn solch eine Mobilität grenzenlos wird, dann droht dem Individuum, die lokale Verankerung zu verlieren. Und Turner weist im Folgenden auf die sich entwickelnde Laxheit hin, die sich konträr zum *civic spirit* darstellt. Während im infiniten Globalen zwar die persönliche Fürsorge für das Individuum wie für das Allgemeine vernachlässigbar scheint, droht der Verlust der tief wirkenden sozialen Verantwortung im Multinationalen wie im Einzelnen. Welche Konsequenzen sich hier ergeben können, zeichnet jüngst dann auch Rüdiger Safranski nach, wenn er in *Einzeln sein* (2021) die Aufgabe beschreibt, für sich selbst in Leben und Denken eine Verortung in und mit der Gesellschaft zu erwirken, Dazugehörigkeit im Gegensatz zum Einzeln sein zu entwickeln und sich vielleicht auch frei von Einsamkeit zu erleben. Somit erfährt jedes Individuum die Spannung, Antworten in der Erschütterung zu finden oder auch zu geben, und zugleich im Bestreben nach Findung der Identität ohne Vereinnahmung mangelnde Verortung zu erleben. Eben hier, in der Zeitenwende des Internets zum vermeintlichen *Metaverse* und sozialer Netzwerke, in den schier unendlichen Möglichkeiten persönlicher Verwirklichung und in der Gefasstheit des eigenen Bildes, bleibt die Herausforderung bestehen, das Neue zu begrüßen und zu beschreiten, das Globale zu erfahren und zu erleben, und sich persönlich zu verorten.

Einen Beitrag zur besseren Verortung inmitten der Frakturen der Gesellschaft, der Wirtschaft und der Umwelt liefert dieser Band mit analytischen Skizzen, wo und warum selbst in der Nachhaltigkeit ein Stressempfinden vorliegt und begibt sich auch auf den Weg, Richtungen aufzuzeigen, die diesen Frakturen entgegenwirken können oder es konkret schon tun. Die Bemühungen hierzu betreffen somit erneut sowohl theoretische wie auch praktische Fragestellungen in allen gesellschaftlichen Bereichen und von und mit allen gesellschaftlichen Akteur*innen. Mit dem vorliegenden Band wollen die Herausgeber einen weiteren Beitrag leisten, um ethische und moralische Perspektiven im Hinblick auf sozial verantwortliches Handeln im Dreiklang von Gesellschaft, Wirtschaft und Umwelt zu entwickeln, ohne eine dieser drei Säulen der Nachhaltigkeit zu vernachlässigen. … und dadurch mit dem Ethiktag (zunächst online, aber jetzt auch vor Ort) eine Gelegenheit für einen Diskurs über nachhaltige Entwicklung bieten. Wir möchten in den Beiträgen und Diskussionen die Frakturen beschreiben und ernst nehmen, aber gleichzeitig auch anhand der vorgestellten Projekte und Fallbeispiele Wege zu nachhaltigem und verantwortlichem Handeln aufzeigen. Dieser Band/der Ethiktag möchte trotz der kriegerischen Auseinandersetzung den Blick auf die Vision einer Welt frei von Gewalt, Angst, Hunger, Krankheit und Armut richten.

Grundlage des Sammelbands sind Vorträge, die während des dritten, digital durchgeführten Ethik-Tages an der Hochschule Rhein-Waal in Kamp-

Lintfort im Juni 2021 gehalten wurden. Unter dem Titel „Nachhaltigkeit unter Stress. Frakturen in Gesellschaft, Umwelt und Wirtschaft“ wurden Expert*innen aus Wissenschaft und Praxis eingeladen, ihre Erkenntnisse und Thesen vorzustellen sowie diese im Plenum bzw. in Workshops mit interessierten Studierenden und Gästen zu diskutieren.

Die Beiträge sind jeweils aus theoretischer und praktischer Perspektive systematisch den bekannten Säulen der Nachhaltigkeit zuzuordnen:

Wirtschaft. In diesem Abschnitt werden nach Vorstellung eines möglichen Modells für ein nachhaltiges wirtschaftliches Wachstum die Bedeutung der Unternehmerischen Sozialen Verantwortung herausgearbeitet, also der Corporate Social Responsibility (CSR). Konkret ist die Beschreibung in der Folge sowohl in der regulativen Umsetzung im Rahmen des Lieferkettengesetzes sowie anhand einer Fallstudie zur Akkreditierung von CSR-Richtlinien.

Umwelt. In diesem Abschnitt werden Perspektiven offengelegt, die den Rahmen für die Umwelt und deren Ressourcen beschreiben. Im Mittelpunkt stehen Herausforderungen und Widersprüche bei der Entwicklung von Lösungsansätzen, um Klimawandel und Biodiversitätsverlust zu begegnen. Wie kann nachhaltige Entwicklung z. B. für Erzeuger*innen von Kakao fair gestaltet werden, wie Armut bekämpft und gleichzeitig bezahlbare Energie für alle auf eine Weise bereitgestellt werden, die eine ausreichende Bekämpfung des Klimawandels möglich macht? Was kann jede und jeder Einzelne tun, um konkret zu einer nachhaltigen Entwicklung beizutragen und so das eigene Handeln mit gesellschaftlichem Engagement zu verknüpfen?

Gesellschaft. Die Gesellschaft in der Summe wird in diesem dritten Abschnitt beleuchtet, insbesondere vor dem Hintergrund der Aktualität: was verursacht den Stress, was bedeutet Populismus in diesem Zusammenhang – und wie reagieren gesellschaftliche Gruppen, hier dargestellt anhand studentischer Gruppen in deren transatlantischen Beziehungen? Abschließend stehen weitere Lösungsansätze im Vordergrund, etwa durch das Ehrenamt oder durch die Soziale Arbeit.

Das Kapitel der *Integrierten Perspektiven* rundet gleichsam als Schlusswort die Aufsätze in der Summe ab durch einen holistischen Blick auf wirtschaftliches Handeln; einerseits mit Bezug zur Transformation und andererseits unter Betrachtung von Ethik und Moral.

An der Publikation haben viele Menschen mitgewirkt, für deren Unterstützung an dieser Stelle herzlich gedankt werden soll:

Unser Dank für die entscheidende Mithilfe bei der Vorbereitung und der Durchführung des wissenschaftlichen Symposiums „Nachhaltigkeit unter Stress. Frakturen in Gesellschaft, Umwelt und Wirtschaft“ und der Herausgabe dieses Bandes gilt insbesondere dem „Campus Camp-Lintfort Förderverein der Hochschule Rhein-Waal im Kreis Wesel e.V.“, und dem Rotary Club Kamp-Lintfort/ Grafschaft Moers.

Gleichsam dankbar sind die Herausgeber zudem für die Gestaltung des wunderbaren Designs von Poster und Cover durch Professor Jörg Petri.

Der letzte und besondere Dank gilt denen, die durch großen persönlichen Einsatz derartige Veranstaltungen ermöglichen und deren Organisation sicherstellen.

Kamp-Lintfort im Juni 2022
Die Herausgeber

Inhaltsverzeichnis

Kapitel 1:
Wirtschaftsmodelle und Akteur:innen

Torsten Niechoj

Ökologische Folgen entwickelter westlicher Ökonomien. Ein Beitrag zur post-keynesianischen Wachstumsregimetheorie

Zusammenfassung

Höhe und Entwicklung des Wirtschaftswachstums und die zugrunde liegenden Treiber des Wachstums sind nicht bei allen Ländern gleich. Die post-keynesianische Wachstumsregimeliteratur hat theoriegeleitet und anhand eines umfangreichen Indikatorsets vier Grundtypen für Wachstumsregime entwickelter westlicher Volkswirtschaften abgeleitet, die entweder binnen- oder exportorientiert ausgerichtet sind und mehr oder weniger Forderungen gegenüber dem Ausland halten bzw. gegenüber dem Ausland verschuldet sind. Bislang ist jedoch kaum etwas darüber bekannt, ob spezifische Wachstumsregime mehr oder weniger umweltbelastend sind. Der vorliegende Beitrag adressiert diese Lücke, indem die Wachstumsregime ausgewählter Länder dem Ressourcenverbrauch und den anfallenden Emissionen und Abfällen, die sie verursachen, gegenübergestellt werden. Aufgrund der eingeschränkten Datenlage wird ein rein deskriptiver, indikatorbasierter Ansatz verfolgt. Es zeigt sich, dass in der Tendenz eine Exportorientierung und ein Aufbau von Forderungen gegenüber dem Ausland mit einer höheren Umweltbelastung pro Kopf einhergehen, was sich über den Exportüberschuss, d.h. den Aufwand für die Erzeugung der Produkte, die nicht im Inland verbraucht werden, erklären lässt.

1. Einführung

Ökologische Fragen sind sowohl im Mainstream der Volkswirtschaftslehre als auch in heterodoxen Ansätzen bereits seit langem präsent. Malthus (1798), bekannt für seine bevölkerungstheoretischen Schlussfolgerungen, kam zu diesen aufgrund der Erkenntnis, dass die Nahrungsproduktion aufgrund der endlichen Zahl kultivierbarer Flächen allenfalls arithmetisch wachsen kann, die Bevölkerung jedoch geometrisch wächst. Hotelling (1931) entwickelte Anfang des 20. Jahrhunderts ein noch heute grundlegendes Modell zur Nutzung nicht-erneuerbarer Ressourcen, und Georgescu-Roegen (1971) thematisierte Anfang der 1970er Jahre Energie- und Materialflüsse und argumentierte, dass Ressourcennutzung immer mit Ressourcenverbrauch einhergeht, um nur auf einige zentrale Beiträge zu einer ökologischen Ökonomik als Unterdisziplin der Volkswirtschaftslehre zu verweisen. Auch wenn heutzutage volkswirtschaftlicher Rat auch in ökologischen Fragen, wie etwa der Internalisierung von Kosten in Preisen und der Schaffung von Zertifikatsmärkten, gefragt ist, waren politisch in der Vergangenheit aber wahrscheinlich andere Disziplinen und Aktionen prägender. So erreichte in westlichen Industrienationen der Bericht des Club of Rome (Meadows et al. 1972) mit seinen Szenarienmodellierungen sowohl die akademische als auch die breitere Öffentlichkeit, so wie es heutzutage dem Intergovernmental Panel on Climate Change mit seinen Berichten gelingt, auf ökologische Probleme, insbesondere den Klimawandel, fundiert hinzuweisen (vgl. etwa den letzten Bericht zum Klimawandel, IPCC 2022).

Für die Volkswirtschaftslehre drängt sich, sofern sie ökologische Rahmenbedingungen des Wirtschaftens und ökologisches Wirtschaften explizit modellieren will, sofort die Frage auf, ob die tief in der Disziplin verankerte positive Besetzung von Wachstum noch aufrechterhalten werden kann. Hierzu hat sich in den letzten Jahren eine umfangreiche Literatur entwickelt, die das kapitalistische Wachstumsmodell infrage stellt und auf eine deutliche Reduktion des Wachstums setzt (vgl. als Übersicht Hickel 2019 und Kallis et al. 2012 sowie für die konkreten Auswirkungen einer schrumpfenden oder stagnierenden Wirtschaft die modellbasierten Szenarienanalysen in Victor 2011 und Jackson/Victor 2020).

Zur Beantwortung der Frage, welche Umweltfolgen Wirtschaftswachstum hat, wird hier ein Blick auf die post-keynesianische Wachstumsregimetheorie geworfen, die es erlaubt, spezifische Wachstumsregime zu identifizieren und ihre *ökonomischen* Konsequenzen aufzuzeigen. Davon ausgehend ist es Ziel dieses Beitrages, die *ökologischen* Folgen von Wachstumsregimen aufzuzeigen.

Entsprechend ist der Beitrag so aufgebaut, dass in Kapitel 2 ein Überblick über die Wachstumsregimeliteratur gegeben und herausgearbeitet wird, inwiefern ökologische Fragen bislang Berücksichtigung gefunden haben. Das dritte Kapitel liefert einen theoretischen Rahmen zur Typologisierung von Wachstumsregimen mittels sektoraler Bilanzen, Wachstumsbeiträgen und der Leistungsbilanz. Kapitel 4 beschreibt den indikatorgestützten Ansatz, dessen Ergebnisse in Kapitel 5 für sechs ausgewählte Euroraumländer dargestellt werden. Im sechsten Kapitel werden die Ergebnisse eingeordnet, bevor das letzte Kapitel kurz resümiert.

2. Die Wachstumsregimeliteratur und ihr blinder Fleck

Der Varieties-of-Capitalism-Ansatz (Hall/Soskice 2001, Hall/Gingerich 2009) ist immer noch das Referenzmodell in der vergleichenden Forschung zu Wachstumsmodellen bzw. -regimen. Die für diesen Ansatz grundlegende Unterscheidung von liberalen versus koordinierten Marktökonomien prägt die Diskussion bis heute. Aufbauend auf nationalen Ausprägungen industrieller Beziehungen und länderspezifischer Varianten der Unternehmenszusammenarbeit bzw. -konkurrenz lassen sich zwei große Gruppen entwickelter, kapitalistischer Volkswirtschaften unterscheiden, die beide auf ihre je spezifische Weise das Wachstum tragen. Der wettbewerbsorientierte liberale Typ setzt auf der Firmenebene auch auf Wettbewerb und ist durch dezentrale Lohnverhandlungen geprägt, während der Gegentypus einer koordinierten Volkswirtschaft durch sektorale Lohnverhandlungen, kooperative industrielle Beziehungen und Netzwerke zwischen Firmen geprägt ist. Wachstum wird im Fall der liberalen Marktökonomien vorrangig von radikalen Innovationen getrieben; im Fall der koordinierten Ökonomien dominieren inkrementelle Innovationen.

Aufgrund des Mangels einer makroökonomischen Einbettung dieser Literatur gibt es in jüngster Zeit den Versuch, den Varieties-of-Capitalism-Ansatz durch die post-keynesianische Wachstumsregimeliteratur zu ergänzen bzw. zu ersetzen (Baccaro/ Pontusson 2016, Behringer/van Treeck 2019). Letztere hat wie der Varieties-of-Capitalism-Ansatz eine Typologie von Wachstumsregimen entwickelt, die gleichfalls erklären will, auf welche Weise und wie erfolgreich Ökonomien Wachstum generieren können, aber auf makroökonomischen Indikatoren basiert. Dreh- und Angelpunkt der Einteilung ist dabei, ob Volkswirtschaften eher export- oder eher binnenorientiert strukturiert sind. Anlass zur Entwicklung des Ansatzes waren die außenwirtschaftlichen Ungleichgewichte im Euroraum, die sich bis zur globalen Finanz- und Wirtschaftskrise 2007/8 aufgebaut haben, sowie die Folgen dieser Krise für die Wachstumsregime nach der Krise und der sich anschließenden Austeritätspolitiken in vielen Ländern des Euroraums, die der post-keynesianische Wachstumsregimeansatz analysieren und wirtschaftspolitisch adressieren will (van Treeck/Niechoj 2011, Priewe 2012). Insbesondere Verteilungsfragen werden thematisiert (Behringer/van Treeck 2019). Im Fokus steht dabei insbesondere Deutschland, dass über vielen Jahre einen Leistungsbilanzüberschuss auf- und ausgebaut hat und maßgeblich zu den Ungleichgewichten und problematischer Verschuldung in einigen europäischen Ländern beigetragen hat (Lucarelli 2011). Als Ursache des deutschen Leistungsbilanzüberschusses werden sowohl die preisliche Wettbewerbsfähigkeit über Lohnzurückhaltung sowie die nicht-preisliche Wettbewerbsfähigkeit über Qualitätsvorteile und die Rolle der Auslandsnachfrage diskutiert (Stockhammer 2011, Storm/Nastepaad 2015, Niechoj 2016, Priewe 2018). Auch potentiellen negativen Folgen für Deutschland und der Frage nach der Verallgemeinerbarkeit dieses Wachstumsregimes wird nachgegangen (Niechoj 2012, 2014a, Eicker-Wolf/Niechoj 2018).

Dabei berücksichtigt die Wachstumsregimetheorie die ökologischen Konsequenzen der Wachstumsregime nicht systematisch, kaum einmal kursorisch. Post-keynesianische Literatur zu ökologischen Fragen existiert bereits in Anfängen, schließt dabei aber nicht direkt an die Wachstumsregimediskussionen an, sondern versucht post-keynesianische Modelle bestands- und flussgrößenkonsistent um ökologische Variablen zu erweitern (vgl. etwa Davermos et al. 2018) oder untersucht, inwiefern ein möglicherweise ökologisch erforderliches Null- oder Negativwachstum von post-keynesianischen Modellen erfasst und analysiert werden kann (Hein/Jimenez 2022). Denn es ist klar, dass alle Ökonomien angesichts des Klimawandels, abnehmender Biodiversität und einem weiterhin scheinbar ungebremsten Ressourcenverbrauch an ökologische Grenzen stoßen, somit sich die Frage stellt, inwieweit ein Wandel hin zu einem grüneren Wachstumsmodell möglich ist und ob dieses weiterhin mit quantitativem Wachstum einhergehen kann. Wie Priewe (2022) mit einer Szenarienanalyse zeigt, hätte ein Null-Wachstumspfad weitreichende Konsequenzen für moderne, akkumulationsgetriebene Ökonomien und würde tendenziell destabilisierend wirken, das heißt Krisen verursachen, und könnte zudem nicht einmal garantieren, dass die ökologische Tragfähigkeit des Planeten eingehalten würde. Doch auch qualitatives Wachstum im Sinne einer Entkopplung des Wirtschaftswachstums von negativen ökologischen Folgen ist sehr unwahrscheinlich, wie die Studie von Schröder und Storm (2020) mittels einer Regressionsanalyse für 58 OECD-Länder zeigt.

3. Verschuldungs- und exportorientierte Wachstumsregime

Der Begriff des Wachstumsregimes beschreibt eine Konstellation von Faktoren, die in länderspezifischer Weise ökonomisches Wachstum herbeiführen. So kann sich in einem Land die Wachstumsdynamik etwa vorrangig auf einen Exportüberschuss stützen, wohingegen anderswo der Binnenkonsum das Wachstum treibt. Regime meint dabei nicht notwendigerweise, dass nationale (oder im Fall der EU auch supranationale) Akteure bewusst eine bestimmte Wachstumskonstellation hergestellt oder geschaffen haben, vielmehr ist es ein Zusammenspiel von Akteursinteressen, historischen Kontingenzen und Pfadabhängigkeiten, die zu einem Wachstumsregime führen und dies stabilisieren.

Regime sind entsprechend über gewisse Zeiträume stabil, anders ließen sie sich auch kaum identifizieren, aber dies schließt nicht aus, dass es zu Veränderungen kommen kann, wenn entweder das Umfeld sich ändert oder die Regime sich rekonfigurieren. In den letzten Jahren waren es vor allem die globale Finanzmarktkrise 2007/8 mit der sich daran anschließenden Verschuldungskrise im Euroraum sowie zuletzt der durch die Covid-19-Pandemie bedingte Wachstumseinbruch, die nicht nur zu Wachstumseinbrüchen geführt haben, sondern auch die Wachstumstreiber in den jeweiligen Ländern beeinflusst haben und insbesondere bei verschuldungsorientierten Wachstumsregimen die ökonomischen Grenzen solcher Regime aufgezeigt haben.

Ausgangspunkt zur Typologisierung der Wachstumsregime sind die Bilanzen der Sektoren einer offenen Volkswirtschaft: der private Sektor, der Haushalte und Unternehmen umfasst, der öffentliche Sektor sowie das Ausland, das Handel mit der heimischen Volkswirtschaft betreibt (vgl. auch die deutlich tiefer gehende Darstellung bei Zezza 2006). Diese Sektoren finden sich im einfachen Modell einer offenen Volkswirtschaft wieder, bei dem das Volkseinkommen Y sich auf den privaten Konsum C, die privaten Investitionen I, den staatlichen Verbrauch G sowie die Differenz von Exporten und Importen $(X - M)$ aufteilt.

Entsprechend gilt definitionsgemäß:

$$Y = C + I + G + (X - M).$$

Da definitionsgemäß auch gilt, dass das Volkseinkommen gleich Konsum, Ersparnis der Haushalte (S) und Steuern (T) ist, so dass $Y = C + S + T$ gilt, ergibt sich nach Gleichsetzen der beiden Volkseinkommensgleichungen und Eliminierung von C auf beiden Seiten:

$$S + T = I + G + (X - M).$$

Und letztlich resultiert durch Subtraktion von I, G und $X - M$ auf beiden Seiten:

$$(T - G) + (S - I) + (M - X) = 0.$$

Da $T - G$ die Einnahmen und Ausgaben des Staates repräsentiert, $S - I$ die Ersparnisse der Haushalte und die Investitionen der Unternehmen (zusammen also den privaten Sektor) sowie $M - X$ das Ausland abbildet (wohingegen $X - M$ die Nettoexporte aus Sicht des Heimatlandes darstellt), ergibt sich, dass alle Sektoren zusammengenommen Null ergeben müssen. Oder anders formuliert: Ist die Bilanz eines Sektors negativ, weist er also ein Defizit auf, ist zwingend, dass zumindest ein weiterer Sektor eine positive Bilanz aufweist, d.h. einen Überschuss erzielt. Weist etwa der Auslandssektor ein Defizit auf, muss die Summe aus dem privaten und dem öffentlichen Sektor positiv sein. Oder noch detaillierter formuliert: Exportiert ein Land wertmäßig mehr in das Ausland als es importiert, ist der Auslandssektor im Minus, muss sich also verschulden, um den Exportüberschuss des Inlandes bezahlen zu können; dann muss entweder der Staat und/oder der private Sektor des Heimatlandes einen Überschuss aufweisen, was bedeutet, dass der Staat weniger ausgibt als er einnimmt und/oder der private Sektor spart, nämlich den Wert des Exportüberschusses, da die dem Exportüberschuss entsprechenden Güter und Dienstleistungen nicht im Land genutzt werden, sondern in das Ausland fließen, so dass das Inland Forderungen gegenüber dem Ausland erwirbt.

Diese saldenmechanischen Zusammenhänge sind in sich zwingend, d.h. alle Bilanzen zusammengenommen müssen *per definitionem* am Ende ausgeglichen sein. Wie sich die Sektoren entwickeln und ob es zu einem Leistungsbilanzüberschuss oder -defizit kommt, hängt davon ab, was das Wachstum treibt bzw. anders formuliert, welche Wachstumsbeiträge die einzelnen Sektoren liefern. Diese sind immer auch konjunkturabhängig und schwanken entsprechend. Im Prinzip kann das Wachstum aber eher von der Binnennachfrage (privater und öffentlicher Sektor) oder von der Auslandsnachfrage (Auslandssektor bzw. Exporte) getragen sein. Dabei spielt noch eine Rolle, ob die Binnennachfrage über Verschuldung beim Ausland finanziert wird (Auslandssektor mit positiver Bilanz und Leistungsbilanzdefizit des Landes) oder nicht. Diese unterschiedlichen Wachstumsbeiträge und sektoralen Bilanzen spiegeln sich wiederum in der Leistungsbilanz, die positiv oder negativ oder in etwa ausgeglichen ausfällt. Dabei sagt diese saldenmechanische Betrachtung am Ende aber nichts über die zugrunde liegenden Kausalitäten aus. Warum in einem Land der Export stark zum Wachstum beiträgt oder warum das Binnenwachstum in einem anderen Land stagniert, bedarf einer zusätzlichen, empirisch fundierten und theoriegestützten Analyse und lässt sich aus der saldenmechanischen Betrachtung nicht ableiten, die theoretische Interpretation der empirischen Lage muss aber mit den saldenmechanischen Ergebnissen kompatibel sein.

Daten für die genannten Sektoren liegen vor. In der Zahlungsbilanz, also der statistischen Erfassung der Transaktionen eines Landes mit dem Ausland, entsprechen die sektoralen Bilanzen der saldenmechanischen Betrachtung a) dem Finanzierungssaldo von Haushalten und Unternehmen (privater Sektor), b) dem Finanzierungssaldo der öffentlichen Hand sowie

c) der Leistungsbilanz inklusive Vermögensänderungen, was also neben dem Handel von Waren und Dienstleistungen auch Zu- und Abflüsse von Erwerbs- und Vermögenseinkommen und verschiedene Arten von Übertragungen umfasst (vgl. Statistisches Bundesamt 2019: 443-453). Werte für den Auslandssektor erhält man, wenn man das Vorzeichen der Leistungsbilanz inkl. der Vermögensänderungen des Inlandes umkehrt.

Die für die Literatur einschlägigen vier Wachstumsregime lassen sich anhand der saldenmechanischen Betrachtung wie in Tabelle 1 beschreiben (vgl. für eine analoge Unterscheidung Hein/Martschin 2021, S. 497f.).

Tabelle 1: Wachstumsregime

Regime	Wachstumsbeiträge	Sektorale Bilanzen	Leistungsbilanz
Verschuldungsgetriebenes Binnenwachstum	Privater Sektor trägt das Wachstum über Verschuldung	Privater Sektor im Defizit, Auslandssektor mit Überschuss	Negativ
Ausgeglichenes binnenorientiertes Wachstum	Inlandssektoren tragen vorrangig das Wachstum	Haushaltssektor mit Überschuss, öffentlicher Sektor und ggf. Unternehmenssektor im Defizit, in etwa ausgeglichener Auslandssektor	Ausgeglichen oder leicht negativ
Schwach exportorientiertes Wachstum	Exporte und/oder Nachfrage des privaten Sektors tragen das Wachstum	Privater und öffentlicher Sektor leicht negativ und Auslandssektor leicht positiv oder privater und öffentlicher Sektor leicht positiv und Auslandssektor leicht negativ	Leicht negativ oder positiv
Stark exportorientiertes Wachstum	Exporte tragen das Wachstum	Privater Sektor mit Überschuss, Auslandssektor stark im Defizit	Bedeutender Überschuss

Quelle: Eigene Darstellung

Zwei Regime sind eher durch das Wachstum der inländischen Nachfrage und insbesondere des privaten Sektors getragen. Sie unterscheiden sich darin, ob das binnenorientierte Wachstum mit einer mehr oder minder ausgeglichenen oder negativen Leistungsbilanz einhergeht und entsprechend kaum oder deutlich durch Verschuldung gegenüber dem Ausland getragen ist. Die beiden anderen Regime weisen entweder eine ebenfalls eher ausgeglichene oder überschüssige Leistungsbilanz auf, so dass im letzten Fall Forderungen gegenüber dem Ausland entstehen. Das Wachstum dieser beiden Regime ist beim schwach exportorientierten Modell teils vom Export, teils von den inländischen Sektoren getragen; beim stark exportorientierten Modell dominiert eindeutig der Export und der private Sektor realisiert einen Überschuss.

Indikatoren, die die ökologische Seite einer Volkswirtschaft abbilden, sind bislang nicht systematisch in diesen Ansatz integriert. Dennoch hat natürlich wirtschaftliche Aktivität einen Einfluss auf die Umwelt, indem sie Ressourcen der Umwelt entnimmt, diese mittels Energie und Arbeit in Produkte umwandelt, so zwar Nutzen für Konsumentinnen und Konsumenten stiftet, aber auch Ressourcenverbrauch und Abfallprodukte bei der Produktion erzeugt. Je nach Umfang der erzeugten Güter und Dienstleistungen und je nach verwendeter Technologie hat dies mehr oder weniger schädliche Folgen für die Biodiversität, den Ressourcenbestand oder das Klima.

Interessant aus Sicht der Wachstumsregimetheorie ist es, herauszufinden, ob das Ausmaß ökologischer Folgen oder die Struktur der Beeinflussung der Umwelt wachstumsregimespezifisch ist oder ob sich hier keine Muster ergeben. Gewissermaßen als Null-Hypothese könnte man formulieren, dass es keinen systematischen Zusammenhang zwischen Wachstumsregimen und ökologischem Fußabdruck gibt. (Das hieße natürlich nicht, dass Wachstumsregime keinen Einfluss auf die Umwelt hätten, es hieße nur, dass der Einfluss nicht spezifisch vom Wachstumsregime abhinge.) Alternativ könnte man vermuten, dass exportorientierte Regime anders die Umwelt belasten als verschuldungs- bzw. binnenorienterte. Allerdings sind die Zusammenhänge hier nicht eindeutig. So lässt sich etwa argumentieren, dass eine erfolgreich auf Exporte ausgerichtete Ökonomie wie die deutsche angesichts der hohen Wertschöpfung sicherlich umfangreich Ressourcen nutzt und Emissionen und anderen Abfall produziert. Gleichzeitig aber ist die deutsche Wirtschaft international verflochten und technologisch recht weit entwickelt. Dementsprechend wäre zu vermuten, dass ein nennenswerter Anteil des Ressourcenverbrauchs bzw. der Umweltbelastung nicht in Deutschland, sondern da anfällt, wo Vorprodukte für die deutsche Wirtschaft produziert werden. Ein hoher Entwicklungsstand deutet in der Regel auf einen sorgsameren Umgang mit Ressourcen und Energie hin. Damit würde sich in der Tendenz eine relativ gesehen geringere Belastung der Umwelt durch die deutsche Produktion ergeben. Bei verschuldungsorientierten Regime ließe sich vermuten, dass – so denn die Schulden zu einer hohen realen Wachstumsrate und einer prosperierenden Binnenkonjunktur führen – der Umweltverbrauch (etwa im Bauwesen) relativ hoch liegen müsste. Andererseits würden viele Produkte importiert, so dass negative Auswirkungen auf die Umwelt in der Produktion anderswo anfallen würden.

Ziel dieses Beitrags ist es daher, falls möglich, Muster der Umweltbelastung zu identifizieren und Wachstumsregimen zuzuordnen – oder zu zeigen, dass dies nicht oder zumindest nicht angesichts der hier präsentierten Datenlage möglich ist.

4. Indikatoren für Wachstumsregime und ökologische Folgen

Um eine erste Einschätzung zu geben, ob unterschiedliche Wachstumsregime unterschiedliche ökologische Folgen haben, kontrastiere ich im Folgenden die im theoretischen Teil herausgearbeiteten Wachstumsregime mit Indikatoren, die den ökologischen Zustand (und seine Entwicklung) anhand von Daten zu Energie- und Ressourcenverbrauch sowie Emissionen messen.

Zwar kennt die Literatur zahlreiche Indikatoren, um Wachstumsregime zu identifizieren und zu beschreiben, so spielen etwa die Realzinsen, Lohnstückkosten oder der Umfang öffentlicher Investitionen eine große Rolle. Allerdings reichen in der Regel bereits einige wenige Indikatoren zur Identifikation der Wachstumsregime, anhand derer gleichzeitig auch die möglichen Kausalitäten deutlich gemacht werden können. Dies sind die im Theorieteil bereits genannten sektoralen Bilanzen, ihre Wachstumsbeiträge und die Leistungsbilanz. Datenquellen sind die AMECO-Datenbank und Eurostat. Für ergänzende Indikatoren und empirische Untersuchungen sei hier auf Arbeiten wie Hein/Martschin (2021), Hein et al. (2021) oder Kohler/Stockhammer (2021) verwiesen, die den aktuellen Stand der Diskussion abbilden.

An Indikatoren zur Messung ökologischer Folgen herrscht mittlerweile kein Mangel mehr. Allerdings sind leider viele Indikatoren nicht über längere Zeiträume und nicht für alle hier untersuchten Länder vorhanden. Basis der Untersuchung sind Daten von Eurostat, da hier die Erhebungsmethoden standardisiert sind und für europäische Länder umfangreiche Daten vorliegen, wobei auch hier die Zeitreihen nicht unbedingt weit zurückreichen.

Die Auswahl der Länder erfolgte theoriegeleitet. In der Wachstumsregimetheorie werden mittlerweile vier Typen unterschieden, was sich auch in den hier behandelten Ländern widerspiegelt. Spanien repräsentiert den Typ eines verschuldungsgetriebenen Binnenwachstums, dominiert vom privaten Sektor. Deutschlands Wachstum dagegen ist getrieben vom Export, wohingegen die private Nachfrage kaum zum Wachstum beiträgt. Dazwischen liegen Frankreich und Italien. Frankreich repräsentiert ein Wachstumsregime, das auch von der Binnennachfrage dominiert wird, dies geht aber nicht mit einer hohen Verschuldung gegenüber dem Ausland einher. Italien steht für ein Land, das auch exportorientiert ist, jedoch nicht die hohen Exportüberschüsse wie Deutschland aufweist. Folglich sind alle Wachstumstypen durch ein Land vertreten, was einen Vergleich zwischen den Wachstumsregimen möglich macht. Um eine erste Einschätzung dazu abgeben zu können, ob die so feststellbaren Übereinstimmungen und Differenzen tatsächlich auf die unterschiedlichen Wachstumsmodelle zurückgehen oder möglicherweise andere Ursachen haben, wird zusätzlich Deutschland als Repräsentant eines stark exportorientierten Wachstumsregimes mit zwei weiteren ähnlich vom Export dominierten Ländern verglichen: Österreich und Belgien. Zeigten alle drei exportorientierten Länder das gleiche Muster, wäre dies ein weiterer Hinweis auf stabile, wachstumsregimespezifische Folgen des Wirtschaftens für die Umwelt. Die Zeitreihen der Länder beginnen ab dem Jahr, für das für alle ausgewählten Länder Daten vorliegen. Zu beachten ist, dass zwar alle genannten Länder mittlerweile den Euro nutzen und somit Wechselkursschwankungen zwischen diesen Ländern keine Rolle mehr spielen, dies aber für die ersten hier betrachteten Jahre nicht der Fall ist, da die Wechselkurse im Zuge der Währungsunion erst ab 1999 endgültig fixiert wurden und somit Wechselkursschwankungen vor 1999 die sektoralen Bilanzen beeinflusst haben. Wie die gesamte Literatur über Wachstumsregime auch, konzentriert sich die Betrachtung hier auf entwickelte Volkswirtschaften, speziell: westeuropäische Volkswirtschaften, um ein einigermaßen ähnliches Technologieniveau sicherzustellen, so dass technologiebedingte Verzerrungen der Ergebnisse wenigstens zum Teil ausgeschlossen werden können.

5. Wachstumsregime und ökologische Folgen des Wachstums

Bei der Beschreibung der sektoralen Bilanzen der ausgewählten Länder ist es hilfreich, zwei Perioden zu unterscheiden. Denn bei den meisten Ländern zeigen sich deutliche Unterschiede nach 2007/8 gegenüber den Vorjahren, was sich anhand der Entwicklung der Leistungsbilanzen zeigen lässt (vgl. Abbildung 1).

Hintergrund der Veränderungen und damit auch Verschiebungen in den Wachstumsregimen ist die globale Finanz- und Wirtschaftskrise, der Einbruch der Wirtschaftsleistungen in den Folgejahren und den zum Teil durch die 2007/8er Krise verursachten, zum Teil aber auch in den Wachstumsregimen angelegten Problemen privater und öffentlicher Verschuldung sowie zuletzt der Covid-19-Pandemie mit ihren negativen Folgen für die Volkswirtschaften. Wie Niechoj (2014b) zeigt, wurde durch die in vielen Ländern umgesetzten Austeritätspolitiken die Binnennachfrage des privaten

Abbildung 1: Nach Defiziten und Überschüssen summierte Leistungsbilanzen in Prozent des jeweiligen BIP, ausgewählte Länder, 1999-2011 (Belgien: 2003-2021)

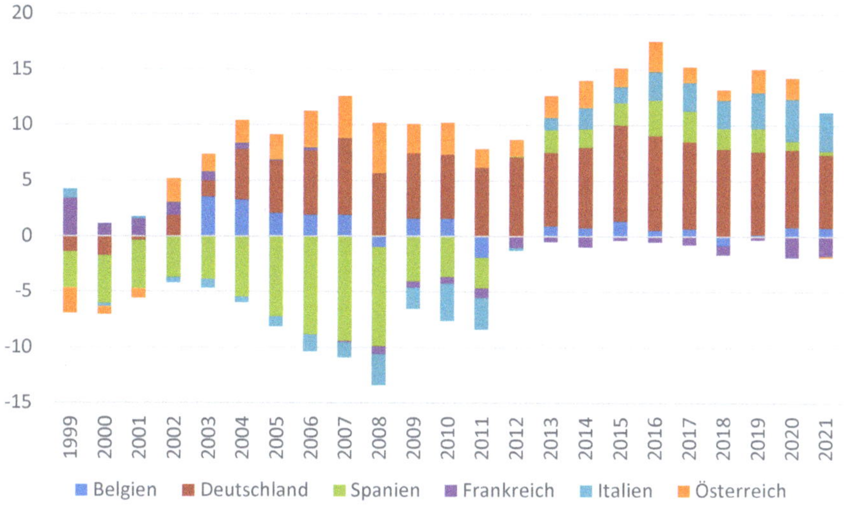

Quelle: Eurostat, eigene Berechnungen und eigene Darstellung

Sektors reduziert, so dass in der Folge die Importe zurückgingen, wohingegen die Exporte tendenziell konstant blieben oder sogar stiegen. Damit konnten alle hier behandelten Länder nach 2011 ihre Leistungsbilanz in etwa ausgleichen oder Überschüsse erzielen – auch Spanien, das in der Periode davor über Jahre deutliche Defizite aufgewiesen hatte.

In dieser ersten Periode hatte der Euroraum als Ganzes eine in etwa ausgeglichene Leistungsbilanz (vgl. Niechoj 2014b: 299). Nimmt man hinzu, dass ein großer Teil des Handels in dieser Periode innerhalb des Euroraums stattgefunden hat, lässt sich so ableiten, dass die Leistungsbilanzüberschüsse eines Euroraumlandes im Großen und Ganzen den Defiziten anderer Euroraumländer entsprochen haben. Die erkennbaren Ungleichgewichte der Verschuldung waren also Intra-Euroraum-Ungleichgewichte. Dies hat sich mit der Periode ab 2009 und insbesondere ab 2012 deutlich geändert. Ab dem letztgenannten Jahr weisen bis auf Frankreich alle betrachteten Länder eine in etwa ausgeglichene oder sogar deutlich im positiven Bereich liegende Leistungsbilanz auf. Grund sind die Exportüberschüsse, die zu einer Verschuldung des Auslandes gegenüber den Ländern mit positiver Leistungsbilanz führen. Die Ungleichgewichte haben sich nunmehr von Intra-Euroraum-Ungleichgewichten zu globalen Ungleichgewichten zwischen Euroraum und dem Rest der Welt verschoben.

Nach diesem ersten Blick auf die Leistungsbilanzen sollen nun alle sektoralen Bilanzen in den Blick genommen werden (vgl. Abbildung 2a bis f auf S. 24-27). Daten für die die Bilanzen liegen vollständig seit 1995 für alle hier betrachteten Länder vor und reichen bis in das Jahr 2021.

Abbildung 2a bis f: Bilanzen des öffentlichen Sektors, des privaten Sektors – aufgeteilt nach Haushalten und Unternehmen – und des Auslands in Prozent des BIP, ausgewählte Länder, 1995–2021

a) Spanien

b) Deutschland

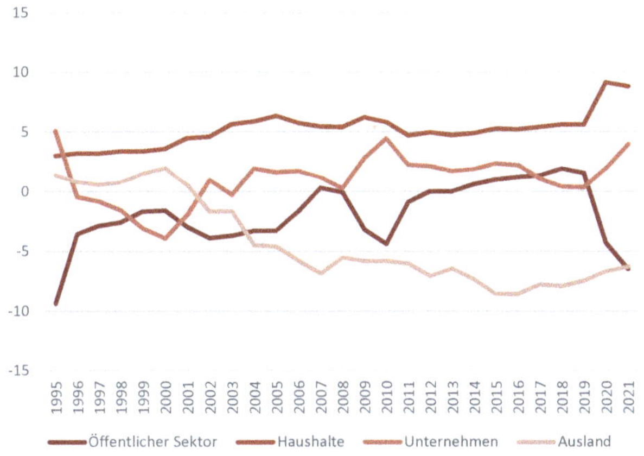

c) Italien

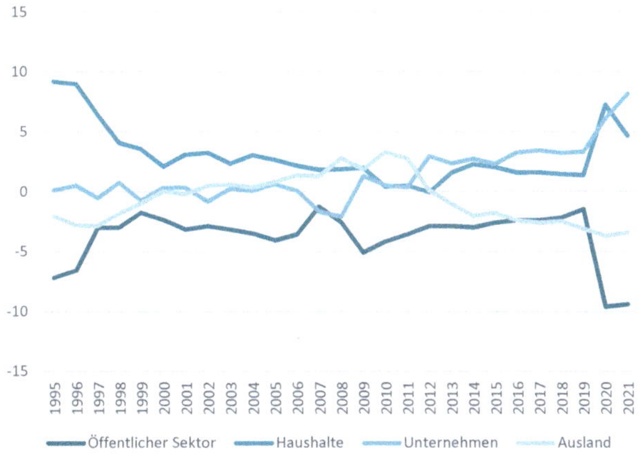

d) Belgien

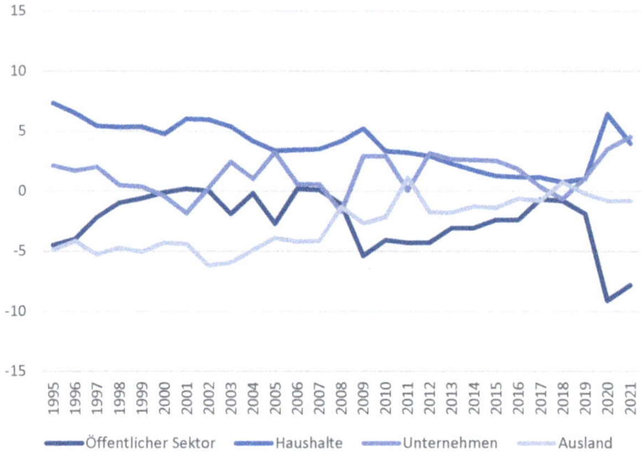

e) Frankreich

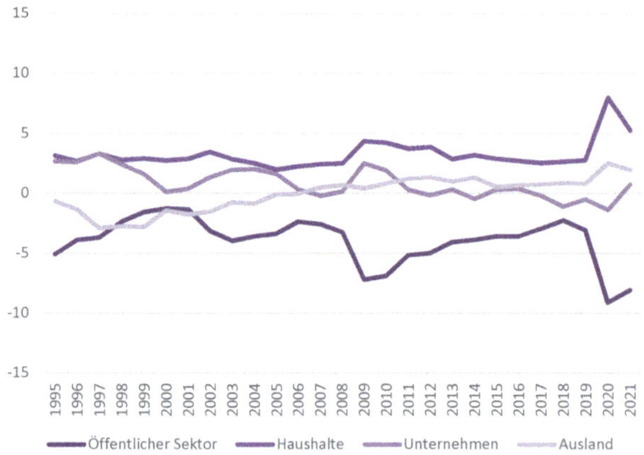

f) Österreich

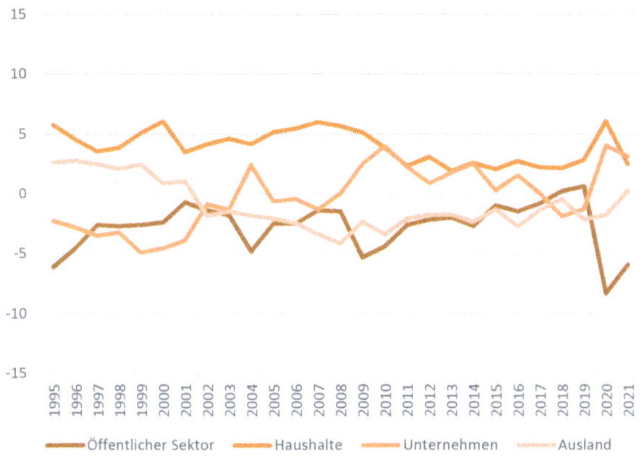

Quelle: AMECO-Datenbank, eigene Berechnungen und eigene Darstellung

Für die Jahre 1995 bis 2008 zeigt sich für Spanien ein in der Tendenz steigender Überschuss des Auslandssektors, was bedeutet, dass das Land sich immer mehr gegenüber dem Ausland verschulden musste, um Leistungen aus dem Ausland beziehen zu können. Während anfangs der öffentliche Sektor stark im negativen Bereich war, ist zunehmend der private Sektor in den negativen Bereich gewandert, hat sich also verschuldet. Dies ist für den Unternehmenssektor verständlich, da dieser Kredite aufnimmt, um Investitionen zu tätigen. Ein negativer Haushaltssektor verweist aber darauf, dass die Haushalte aus den laufenden Einkommen ihre Ausgaben nicht bestreiten können, sich also verschulden müssen. Damit entspricht Spanien in dieser Periode dem Regime eines verschuldungsgetriebenen Binnenwachstums. Das Gegenmodell dazu ist Deutschland mit einem Auslandssektor, der anfangs noch leicht positiv ist, dann aber deutlich in den negativen Bereich gerät. Hintergrund sind die Exportüberschüsse, die zu Forderungen gegenüber dem Ausland führen. Bemerkenswert ist auch, dass nicht nur der Haushaltssektor einen Überschuss aufweist, also spart, sondern auch der Unternehmenssektor in der zweiten Hälfte der Periode Überschüsse aufweist. Der öffentliche Sektor ist weitgehend im Defizit, verschuldet sich also, um einen Teil der Ausgaben bestreiten zu können. Diese Konstellation deutet darauf hin, dass aufgrund der Überschüsse der private Sektor wenig zum Wachstum beiträgt, nur der öffentliche Sektor stützt über seine Defizite das Binnenwachstum. Getragen wird das Wachstum von der Nachfrage des Auslands, was sich in Leistungsbilanzüberschüssen und einem Defizit des Auslandssektors widerspiegelt. Deutschland steht hier folglich für ein Regime der starken Exportorientierung. Ein ganz ähnliches Bild zeigt sich für das gleichfalls exportorientierte Österreich. Belgien, gleichfalls exportorientiert, weist gegenüber Österreich und Deutschland seit 1995 einen Leistungsbilanzüberschuss bzw. ein Defizit des Auslandssektors auf und unterscheidet sich insofern von den beiden anderen Ländern, dass der öffentliche Sektor in vier der Jahre 1995 bis 2008 eine ausgeglichene oder positive Bilanz aufgewiesen hat und der Haushaltsektor in der Tendenz sinkende Überschüsse ausweist.

Italien zeigt sich in der ersten Periode als anfangs export-, dann moderat binnenorientiert. Der Auslandssektor ist zuerst defizitär, wechselt dann aber in den positiven Bereich. Während der Unternehmenssektor eine mehr oder weniger ausgeglichen Bilanz aufweist, reduziert sich im Zeitablauf der Überschuss der Haushalte deutlich, was den Binnenkonsum stärkt. Der öffentliche Sektor verschuldet sich über die betrachtete Periode hinweg und trägt so das Binnenwachstum mit. Für Frankreich gilt, dass der Auslandssektor defizitär beginnt und am Ende des Zeitraums einen leichten Überschuss ausweist, was auf eine Zunahme der Rolle des Binnenwachstums hindeutet. Dieses wird vorrangig vom defizitären öffentlichen Sektor getragen, während der private Sektor (Haushalte plus Unternehmen) eine positive Bilanz aufweisen. Frankreich kann damit als Land mit geringer Verschuldungszunahme gegenüber dem Ausland und Binnenmarktorientierung in dieser Periode bezeichnet werden.

Zusammengefasst ergibt sich damit, dass Frankreich als ausgeglichen binnenorientiert und Spanien als Land mit verschuldungsgetriebenem Binnenwachstum im ersten Betrachtungszeitraum bezeichnet werden kann. Italien erweist sich als teils schwach exportorientiert, teils binnenorientiert. Deutschland, Belgien und Österreich können als (in unterschiedlichem Ausmaß) exportorientiert gekennzeichnet werden.

Wie bereits angedeutet, ändert sich dies zum Teil im Zeitraum ab 2009. In allen Ländern bis auf Deutschland weist der öffentliche Sektor krisenbedingt eine deutlich negativere Bilanz für diesen zweiten Zeitabschnitt auf, da den Ländern Steuereinnahmen wegbrechen und sie öffentliche Gelder für die Rettung des Bankensystems und für Arbeitsmarktmaßnahmen aufwenden müssen. Deutschland ist insofern ein Sonderfall als nach anfangs gleichfalls hohen Defiziten sich der Arbeitsmarkt schnell erholt, da erstens die Regierung mit Fiskalprogrammen im Ländervergleich relativ expansiv ausgerichtet ist, zweitens die durch Mitbestimmung und Instrumente wie Kurzarbeit geprägten Arbeitsverhältnisse Entlassungen weitgehend vermeiden und da drittens die Auslandsnachfrage rasch in Märkten wieder anzieht, in denen Deutschland eine gute Marktposition aufweist (Herzog-Stein et al. 2010, Herzog-Stein/Seifert 2010). Daraus ergeben sich hohe Staatseinnahmen und in der Folge Überschüsse über mehrere Jahre hinweg. Spiegelbildlich zu den Leistungsbilanzen aus Abbildung 1 zeigen sich in Abbildung 2 die zunehmenden Defizite des Auslandssektors, weil bis auf Frankreich die Länder Exportüberschüsse erzielen oder jedenfalls die Leistungsbilanz ausgleichen können. Frankreich ist hier die Ausnahme und weist eine positive Auslandssektorbilanz im zweiten Betrachtungszeitraum auf, so dass das Ausland Forderungen gegenüber Frankreich aufbaut. Spanien und Italien erzielen im Betrachtungszeitraum Exportüberschüsse, weisen also nun einen defizitären Auslandssektor auf, während der private Sektor positiv ist. Legt man die sektoralen Bilanzen als Maßstab zugrunde, dann verändert sich Italien von einem moderat exportorientierten zu einem stark exportorientierten Land; Spanien verändert sich von einem verschuldungsgetriebenen Binnenwachstum zu einem exportorientierten Land. Deutschland bleibt ein stark exportorientiertes Land, wohingegen sich die Exportorientierung ausweislich der vorliegenden Daten für Belgien und Österreich etwas abschwächt.

Die Wachstumsbeiträge der jeweiligen Sektoren in Abbildung 3a bis f (auf S. 30-32) unterstützen die aus den sektoralen Bilanzen abgeleiteten Ergebnisse. Zu beachten ist allerdings, dass zu Krisenzeiten die Wachstumstreiber aus Aufschwung- oder Normalphasen sich in ihr Gegenteil verkehren können. Deutschland im Jahr 2009 kann hier als Beispiel dienen. Hier ist nicht nur das Binnenwachstum eingebrochen, auch der Wachstumsbeitrag der Auslandsnachfrage, da sich die Exporte stark abgeschwächt haben, so dass sich die Exportorientierung Deutschlands in diesem Krisenjahr (wie auch in anderen Krisenjahren) als Nachteil auswirkt, da die Auslandsnachfrage das Wachstum dominiert und ein Wegbrechen der Auslandsnachfrage zu einem deutlichen Wachstumseinbruch führt.

Abbildung 3a bis f: Reale Wachstumsrate und Wachstumsbeiträge, ausgewählte Länder, 1992–2021

a) Spanien

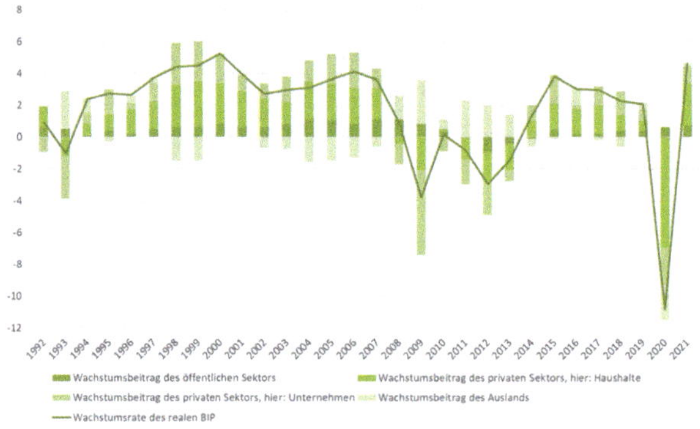

b) Deutschland

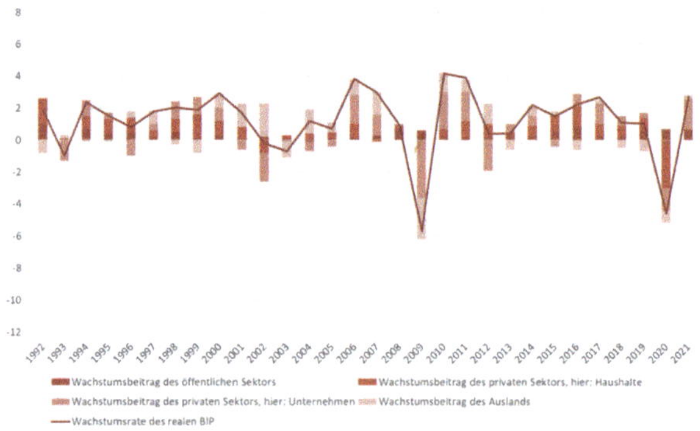

c) Italien

d) Belgien

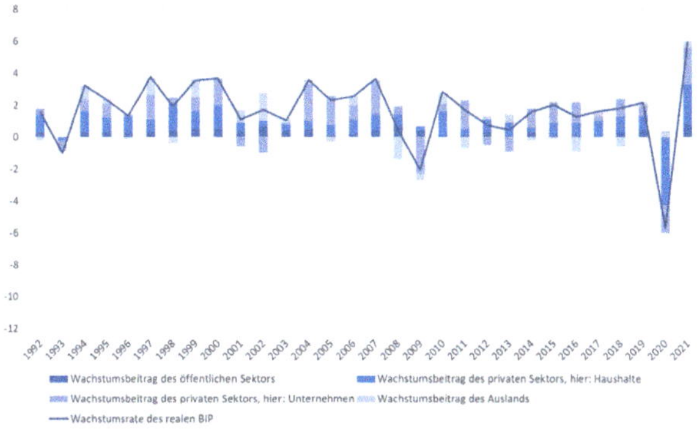

e) Frankreich

f) Österreich

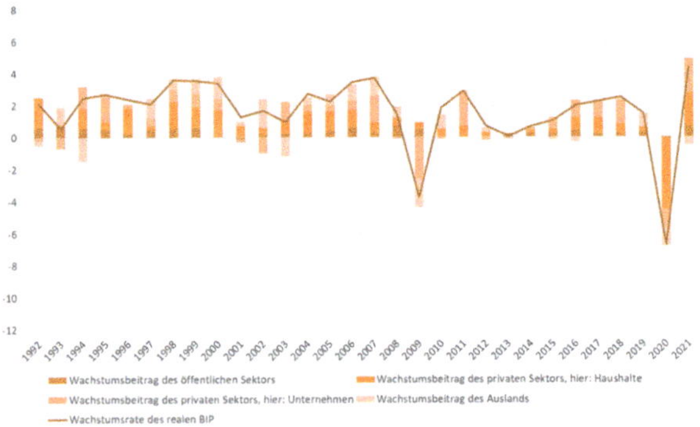

Quelle: AMECO-Datenbank, Unternehmen inkl. Lagerveränderungen, eigene Berechnungen und eigene Darstellung

Für den Zeitraum 1995 bis 2008 zeigen Spanien und Frankreich bis zur Krise 2007/8 hohe Wachstumsbeiträge des privaten Sektors – Haushalte und Unternehmen –, vorhandene, doch weniger ausgeprägte Beiträge der öffentlichen Hand und geringe oder häufig sogar negative Wachstumsbeiträge des Auslandssektors, was alles auf die Binnenorientierung der beiden Länder hindeutet. Spanien kann über diese Periode aber deutlich höhere reale Wachstumsraten als Frankreich erzielen, wenngleich dies, wie oben erwähnt, mit Verschuldung beim Ausland einhergeht. Italien zeigt ein etwas gemischteres Bild, wobei doch die Wachstumsbeiträge des privaten Sektors in diesem Zeitbereich dominieren. Die reale Wachstumsrate Italiens liegt in fast allen Jahren unter denen Frankreichs und Spaniens. In Deutschland, Belgien und Österreich tragen in den meisten Jahren (nahezu) alle Sektoren zum Wachstum positiv bei. Bemerkenswert ist, dass für diesen Zeitbereich das stark exportorientierte Land Deutschland nur relativ geringe reale Wachstumsraten aufweist. Wenigstens in Hinsicht auf diesen Indikator und für die betrachtete Periode hat sich die Exportorientierung also nicht für das Land ausgezahlt.

Der nachfolgende Zeitraum ab 2009 ist schwieriger zu interpretieren, da aufgrund der Krisen die Wachstumsrate recht volatil ist. Der private Sektor trägt *cum grano salis* in allen Ländern in Krisenzeiten negativ und in Erholungszeiten positiv zum Wachstum bei. In Spanien und Italien trägt in einigen Krisenjahren der Auslandssektor positiv zum Wachstum bei. Gründe dürften hier Exporterfolge bzw. Importrestriktion sein. Für Deutschland zeigen sich höhere Wachstumsbeiträge des öffentlichen Sektors, was auf die relativ expansive Fiskalpolitik in Deutschland hindeutet. In mehreren Jahren trägt der Auslandssektor negativ zum Wachstum in Deutschland, Belgien und Österreich bei, was ähnlich aber für alle Länder gilt und auf Exportprobleme und eine geringere Auslandsnachfrage hinweist.

Nach der genaueren Identifikation der Wachstumsregime in den Ländern kann nun der Frage nachgegangen werden, ob die Wachstumsregime mit spezifischen Mustern ökologischer Belastung einhergehen. Sowohl Indikatoren, die Inputs des Wirtschaftsprozesses abbilden, als auch solche, die die Outputseite darstellen, werden nachfolgend betrachtet.

Um zu erfassen, in welchem Umfang die Wachstumsregime Ressourcen nutzen, findet sich eine Auswahl an Indikatoren, die Hinweise darauf geben, was in den Wirtschaftsprozess hineingeht (inputs). Wie Abbildung 4a (auf S. 34) zeigt, steigt der Energieverbrauch von Industrie, weiteren Sektoren wie Agrar und Fischerei sowie dem Transportwesen tendenziell in den meisten Ländern bis Ende der 1990er Jahre, sinkt dann aber wieder – die Wachstumseinbrüche 2009 und 2020 hinterlassen deutliche Spuren nicht nur in den realen Wachstumsraten, sondern auch im Energieverbrauch aufgrund der rückläufigen Produktion. Die Niveaus deuten an, dass die eher exportorientierten Länder Belgien, Österreich und Deutschland höhere Verbräuche als die mehr auf Binnenkonsum setzenden Länder pro Kopf aufweisen. Italien liegt hier zwischen Spanien und Frankreich.

Der Ressourcenverbrauch der Wirtschaft lässt sich über den direkten Materialeinsatz messen (vgl. Abbildung 4b), der importierte und heimisch extrahierte Ressourcen erfasst, die in den Wirtschaftsprozess einfließen.

Abbildung 4a, b: Ökologische Input-Indikatoren, ausgewählte Länder, verschiedene Zeitbereiche

a) Inländischer Energieverbrauch in Ölequivalenttonnen pro Person, 1995-2020

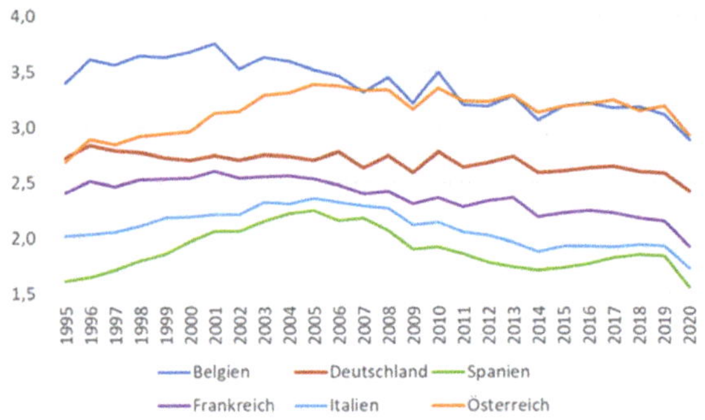

b) Direkter Materialeinsatz in Tonnen pro Person, 2000-2020

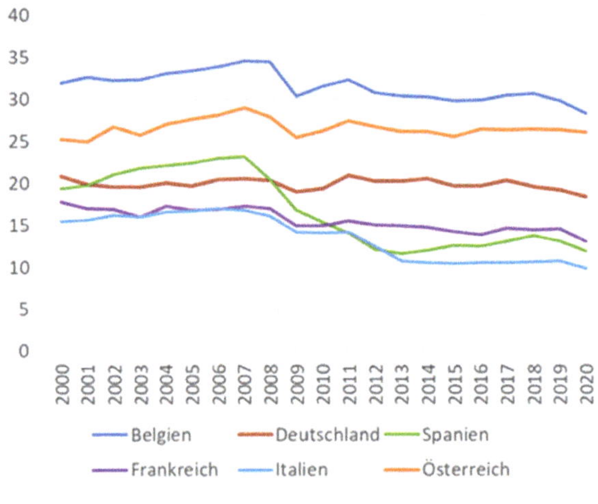

Quelle: Eurostat, eigene Berechnungen und eigene Darstellung

Mit Ausnahme Österreichs sinkt der Materialeinsatz über die Zeit; die Krisenjahre 2009 und 2020 führen wie beim Energieverbrauch zu einer Verminderung des Materialeinsatzes. Bei den Niveaus zeigt sich ein höherer Materialeinsatz der exportorientierten Länder Belgien, Österreich und

Deutschland. Italien weist zusammen mit Frankreich relativ geringe Materialeinsätze auf, während Spanien nach der 2007/8er Krise einen deutlichen Rückgang des Pro-Kopf-Materialeinsatzes zeigt.

Neben der Input-Perspektive ist für die Diskussion der ökologischen Folgen der Wachstumsregime ebenfalls die Output-Perspektive relevant (vgl. Abbildung 5a bis d auf S. 36-37). Wirtschaftsprozesse führen zu Abfallprodukten, die die Umwelt belasten. Eine zentrale Kennziffer sind hier die CO_2-Emmissionen oder genereller alle Gase, die den Treibhauseffekt fördern. Der Ländervergleich zeigt, dass die exportorientierten Wachstumsregime einen höheren Ausstoß aufweisen als die binnenorientierteren Länder. Dabei weisen alle betrachteten Länder eine sinkende Tendenz auf, was auf den Einsatz umweltfreundlicherer Energieträger und umweltfreundlicherer Technologien, aber auch auf krisenbedingte Einschränkung der Produktion – wie im Pandemiejahr 2020 – zurückgehen dürfte. Ein nicht ganz so eindeutiges Bild zeigt sich beim Abfall. Hier liegen die exportorientierten Länder wieder vorne, allerdings weist auch Frankreich als binnenorientiertes Wachstumsregime relative hohe Werte im Vergleich auf.

Auswirkungen auf die Biodiversität werden über den Index gemeiner Feldvogelarten erfasst. Für alle untersuchten Länder lässt sich ein deutlicher Verlust an Biodiversität über einen relativ kleinen Zeitraum (seit 2000) konstatieren. Ein besonderer Einfluss der Wachstumsregime lässt sich jedoch nicht ablesen.

Abbildung 5a bis d: Ökologische Output-Indikatoren, ausgewählte Länder, verschiedene Zeitbereiche

a) Treibhausgase aller Branchen und Haushalte in CO_2-Äquivalenttonnen pro Person und Jahr, 2010-2020

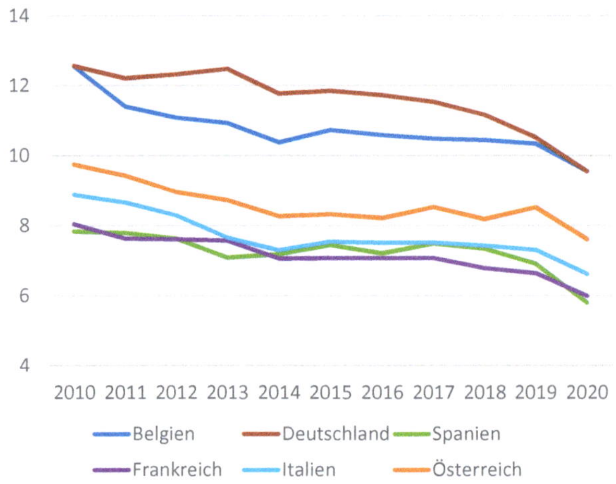

b) Gefahrenabfall in kg pro Person, alle Branchen und Haushalte

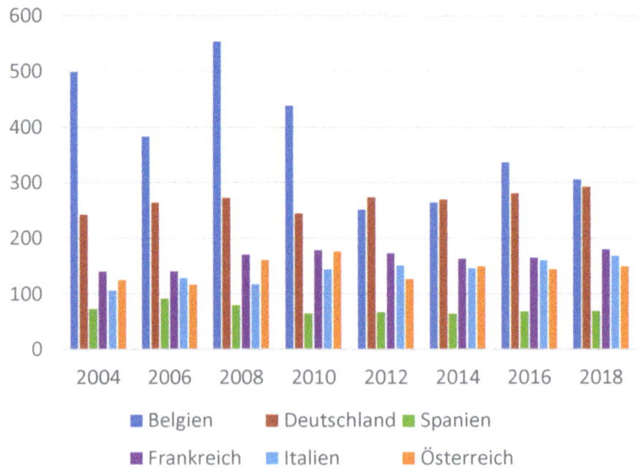

c) Abfall in kg pro Person, alle Branchen und Haushalte

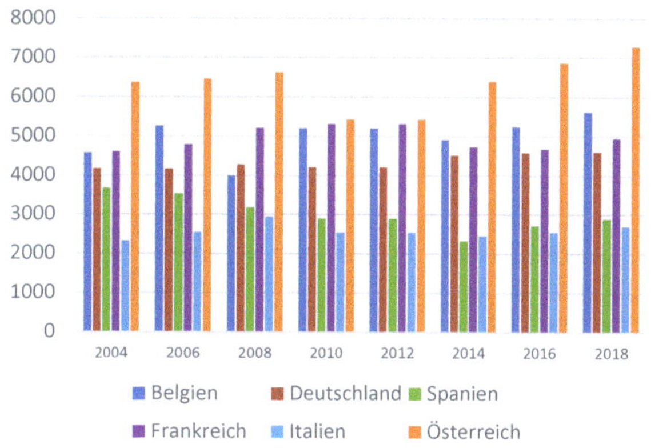

d) Index gemeiner Feldvogelarten, 2000=100, 2000-2019

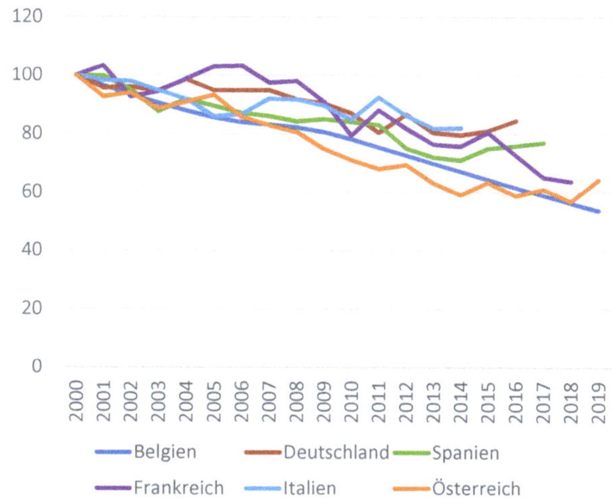

Quelle: Eurostat, teilweise mit von Eurostat geschätzten Werten, eigene Berechnungen und eigene Darstellung

6. Diskussion

Die Literatur zu Wachstumsregimen beinhaltet mittlerweile eine theoriegeleitete Zusammenstellung von Indikatoren, um Wachstumsregime zu identifizieren und die Entwicklung solcher Regime im Zeitablauf zu verfolgen. Für die ökologischen Folgen des Wachstums gibt es mittlerweile gleichfalls ein breites Spektrum an Indikatoren, die Inputs und Outputs des Produktionsprozesses und somit die Folgen ökonomischer Aktivität beschreiben. Dennoch steht die Verknüpfung von Wirtschaftsregimen mit ihren ökologischen Folgen noch am Anfang. Daher und aufgrund der eher kurzen Zeitreihen wurde hier kein elaborierter methodischer Ansatz gewählt, sondern deskriptiv versucht, mögliche Zusammenhänge zu identifizieren. Gleichfalls aufgrund der Datenlage, aber auch um eine gewisse Vergleichbarkeit der Länder herzustellen, liegt der Fokus der Wachstumsregime auf industrialisierten Ländern des Euroraums. Diesem Gewinn an Vergleichbarkeit steht somit ein Verlust an Generalisierbarkeit gegenüber. Alle Indikatoren erfassen auch nur die ökologischen Folgen der Wirtschaftsaktivität in den betrachteten Ländern. Außen vor bleibt, inwiefern die Wachstumsregime über ihre globalen Wertschöpfungsketten für die heimische Produktion Ressourcen anderswo vernutzen und Emissionen in Zuliefererländern anfallen. Aufgrund des hohen Verflechtungsgrads dürfte dies einen bedeutenden Umfang aufweisen.

Mit all diesen Einschränkungen lässt sich aber dennoch sagen, dass für die vorliegende Länderauswahl exportorientierte Wachstumsregime in der Tendenz einen höheren Ressourcenverbrauch und höhere Emissionen als solche aufweisen, die eher binnenorientiert sind. Interessant ist, sich anzuschauen, ob sich dies auch bei Veränderungen des Wachstumsregimes kurzfristig zeigt. Die Leistungsbilanzen von Spanien und Italien weisen ab 2013 Überschüsse aus, was sie im Sinne der Wachstumsregimeperspektive exportorientierter macht und somit, wenn ein positiver Zusammenhang zwischen Exportorientierung und Ressourcennutzung und Emissionen bestünde, zu einem Mehrverbrauch bzw. höheren Emissionen führen müsste. Dies zeigt sich so in den Daten nicht, was aber nicht bedeuten muss, dass es keinen positiven Zusammenhang gibt. Zum einen geht der Leistungsbilanzüberschuss im spanischen Fall in erster Linie auf in Relation zu den Exporten sinkende Importe zurück, so dass auch kein Anstieg von Ressourcennutzung und Emissionen zu erwarten war. Zum anderen führten die Krisen der letzten Jahre auch zu strukturellen Veränderungen in den Ökonomien, die auch Einfluss auf die Umweltnutzung haben. Ein Beispiel: Der Rückgang der vorher für die spanische Wirtschaft wachstumstreibenden

Bautätigkeit nach der 2007/08er Krise müsste in der Folge auch den Energie- und Ressourcenverbrauch im Land gedämpft haben.

Was aber wahrscheinlich die Aussagekraft der hier präsentierten Indikatoren noch deutlicher einschränkt, ist der begrenzte Zeithorizont der vorliegenden Daten. Die hier vorgestellten Wachstumsregime haben sich nach dem 2. Weltkrieg herausgebildet. Herr (1994) zeigt beispielsweise für Deutschland wie sich das exportorientierte Modell nach dem zweiten Weltkrieg entwickelt und etabliert hat. Demgegenüber liegen Daten für die hier genannten Indikatoren erst seit den 1990er Jahren und teilweise auch erst für die 2000er Jahre vor. Zudem wirken Verbrauch und Emissionen zum heutigen Zeitpunkt erst mit teilweise sehr langer Verzögerung auf die Umwelt, gleichfalls sind Kippeffekte zu berücksichtigen, so dass zumindest der Indikator Biodiversität erst zeitlich nachlaufend den Effekt wirtschaftlicher Aktivität misst.

Letztlich kann die hier vorgelegte Analyse auch nur zeigen, dass exportorientierte Länder in der Tendenz eine höhere Umweltbelastung pro Person aufweisen, sie kann aber nicht direkt etwas über die Ursachen aussagen. Naheliegende Kandidatinnen für solche Ursachen sind der höhere Umfang der Produktion, um daraus die Exportüberschüsse zu bedienen, aber auch eine andere Produktionsstruktur. Deutschland ist etwa noch stark durch Industrien wie Automobil, Maschinenbau und Chemie geprägt, während andere Länder stärker im Dienstleistungsbereich engagiert sind. Offensichtlich kann dies zu unterschiedlichen ökologischen Folgen führen. Auch andere Faktoren, wie etwa der Energiemix, spielen eine Rolle. Atomkraftwerke wie in Frankreich stoßen keine Treibhausgase aus, sondern haben aufgrund von Altlasten und Strahlungsrisiken andere Umweltfolgen, die mit den hier vorgestellten Indikatoren aber nicht erfasst werden konnten.

7. Schlussfolgerungen

Das Wirtschaftswachstum von Ländern wird nicht überall von den gleichen Faktoren dominiert. Zumindest für entwickelte, westliche Volkswirtschaften zeichnen sich Muster ab, die sich klassifizieren lassen. Volkswirtschaften sind entsprechend ihrer sektoralen Bilanzen, der Wachstumsbeiträge und der Leistungsbilanz entweder binnen- oder exportorientiert und sie zeichnen sich durch eine schwache oder starke Verschuldung bzw. den Aufbau von Forderungen an den Rest der Welt aus.

Kaum Literatur existiert jedoch aktuell, die die ökologischen Folgen dieser Wachstumsregime beleuchtet. Für die vorliegende Arbeit wurden für jedes Wachstumsregime ein exemplarisches Land ausgewählt sowie für den Typus des stark exportorientierten Landes neben Deutschland zwei weitere Vergleichsländer herangezogen, um im Abgleich mit Indikatoren zu ökologischen Folgen der Wirtschaftsaktivitäten abzuschätzen, ob Umweltbelastung mit bestimmten Regimen korrespondiert.

Im Ergebnis zeigt sich, dass Exportorientierung mit einer höheren Umweltbelastung einhergeht – sowohl auf der Inputseite (Ressourcen inkl. Energie, die in die Produktion eingehen) als auch auf der Outputseite (Emissionen und Abfälle). Hier dürfte der Effekt, dass ein Exportüberschuss mit einer erhöhten Pro-Kopf-Produktion einhergeht, gegenläufige Effekte dominieren. Ein Anstieg der Exportorientierung im Verlauf einiger Jahre führt jedoch nicht direkt zu einem Anstieg der Umweltbelastung. Hier dürften sowohl Verzögerungseffekte als auch Importrestriktion als Ursache des Exportüberschusses eine Rolle spielen.

Aufgrund der eingeschränkten Datenlage und des rein deskriptiven Ansatzes dürfen diese Ergebnisse aber nicht überinterpretiert werden. Weitere, detailliertere Forschungen sind nötig, um zu klären, ob Wirtschaftsregime wirklich nennenswerte Unterschiede hinsichtlich der Umweltbelastungen erzeugen oder ob die Umweltbelastung nicht vorrangig durch tiefer liegende Faktoren wie verwendete Technologien, vorhandene Ressourcen und Energieträger, Umfang der produzierten Waren oder der Branchenstruktur einer Wirtschaft abhängen, so dass die Auswirkungen auf die Umwelt direkt über diese Faktoren erklärt werden könnten, ohne den Umweg über Wachstumsregime gehen zu müssen.

Literaturverzeichnis

Baccaro, L., Pontusson, J. (2016): Rethinking Comparative Political Economy. The growth model perspective, in: *Politics & Society*, 44(2), 175-207.

Behringer, J., van Treeck, T. (2019): Income Distribution and Growth Models: A Sectoral Balances Approach, in: *Politics & Society*, 47(3), 303-332, DOI: https://doi.org/10.1177%2F0 0323 29219861237.

Davermos, Y., Nikolaidi, M., Galanis, G. (2018): Climate Change, Financial Stability and Monetary Policy, in: *Ecological Economics*, 152, 219-234.

Eicker-Wolf, K., Niechoj, T. (2018): Deutschland – ein wirtschaftspolitisches Erfolgsmodell?, in: Gischer, H., Hartwig, J., Sahin, B. (Hg.), *Bewegungsgesetze des Kapitalismus. Festschrift für Fritz Helmedag*, Marburg: Metropolis, 173-201.

Georgescu-Roegen, N. (1971): *The Entropy Law and the Economic Process*, Cambridge, Mass.: Harvard University Press.

Hall, P. A., Soskice, D. (2001): An Introduction to Varieties of Capitalism, in: dies. (Hg.), *Varieties of Capitalism: The Institutional Foundations of Comparative Advantage*, Oxford, Oxford University Press, 1-68.

Hall, P., Gingerich, D.W. (2009): Varieties of Capitalism and Institutional Complementarities in the Political Economy: An Empirical Analysis, in: Hancké, B. (Hg.), *Debating Varieties of Capitalism. A Reader*, New York: Oxford University Press, 135-179.

Hein, E., Jimenez, V. (2022): The macroeconomic implications of zero growth: a post-Keynesian approach, in: *European Journal of Economics and Economic Policies: Intervention*, 19(1), 41-60.

Hein, E., Paternesi Meloni, W., Tridico, P. (2021): Welfare models and demand-led growth regimes before and after the financial and economic crisis, in: *Review of International Political Economy*, 28(5), 1196-1223, DOI: 10.1080/09692290.2020.1744178.

Hein, E./Martschin, J. (2021): Demand and growth regimes in finance-dominated capitalism and the role of the macroeconomic policy regime: a post-Keynesian comparative study on France, Germany, Italy and Spain before and after the Great Financial Crisis and the Great Recession, in: *Review of Evolutionary Political Economy*, 2(3), 493–527.

Herr, H. (1994): Der Merkantilismus der Bundesrepublik Deutschland in der Weltwirtschaft, in: Voy, K., Polster, W., Thomasberger, C. (Hg.), *Marktwirtschaft und politische Regulierung*, Bd. 1, Marburg: Metropolis, S. 227-261.

Herzog-Stein, A., Lindner, F., Sturn, S., van Treeck, T. (2010): From a source of weakness to a tower of strength?, IMK Report, Nr. 56e, Düsseldorf: Macreoeconomic Policy Institute.

Herzog-Stein, A., Seifert, H. (2010): Der Arbeitsmarkt in der Großen Rezession – Bewährte Strategien in neuen Formen, in: *WSI Mitteilungen*, Nr. 11/2010, 551-559.

Hickel, J. (2019): Degrowth: a theory of radical abundance, in: *Real-World Economics Review*, 87, 54-68.

Hotelling, H. (1931): The economics of exhaustible resources, in: *Journal of Political Economy*, 39(2), 137-175.

Intergovernmental Panel on Climate Change [IPCC] (2022): Climate Change 2022: Impacts, Adaptation, and Vulnerability, Contribution of Working Group II to the Sixth Assessment Report of the Intergovernmental Panel on Climate Change, URL: https://report.ipcc.ch/ar6wg2/pdf/ IPCC_AR6_WGII_FinalDraft_FullReport.pdf (letzter Zugriff vom 29.03.2022).

Jackson, T., Victor, P.A. (2020): The Transition to a Sustainable Prosperity. A Stock-Flow-Consistent Ecological Macroeconomic Model for Canada, in: *Ecological Economics*, Bd. 177, 1-14, DOI: https://doi.org/10.1016/j.ecolecon.2020.106787.

Kallis, G., Kerschner, C., Martinez-Alier, J. (2012): The economics of degrowth, in: *Ecological Economics*, Bd. 84, 172-180.

Kohler, K. Stockhammer, E. (2021): Growing differently? Financial cycles, austerity, and competitiveness in growth models since the Global Financial Crisis, in: *Review of International Political Economy*, im Erscheinen, DOI: 10.1080/09692290.2021.1899035.

Lucarelli, B. (2011): German neomercantilism and the European sovereign debt crisis, in: *Journal of Post Keynesian Economics*, 34(2), S. 205-224.

Malthus, T. R. (1789): *Essay on the Principle of Population*, London: Electric Book Company, Wiederabdruck 2000, URL: https://ebookcentral.proquest.com/lib/hrw/detail.action?docID=3008464 (letzter Zugriff: vom 29.03.2022).

Meadows, D.H., Meadows, D.L., Randers, J., Behrens, W.W. (1972) *The Limits to Growth. A report for the Club of Rome's project on the predicament of mankind*, New York: Universe Books.

Niechoj, T. (2012): Germany – best practice for the euro area? The Janus-faced character of current account surpluses, in: Herr, H., Niechoj, T., Thomasberger, C., Truger, A., van Treeck, T. (Hg.), *From crisis to growth? The challenge of debt and imbalances*, Marburg: Metropolis, 389–419.

Niechoj, T. (2014a): How promising is wage restraint for a large economy? The example of Germany before and during the current crises, in: Collignon, S./Esposito, P. (Hg.), *Competitiveness in the European Economy*, London/New York: Routledge, 107–128.

Niechoj, T. (2014b): Kill or cure? Current accounts within the euro area after the austerity measures, in: Dullien, S./Hein, E./Truger, A. (Hg.), *Makroökonomik, Entwicklung und Wirtschaftspolitik / Macroeconomics, Development and Economic Policies*, Marburg: Metropolis, 291–303.

Niechoj, T. (2016): Price and Non-price Competitiveness – Can it Explain Current Account Imbalances in the Euro Area?, in: Truger, A., Hein, E., Heine, M., Hoffer, F. (Hg.), *Monetäre Makroökonomie, Arbeitsmärkte und Entwicklung / Monetary Macroeconomics*, Labour Markets and Development. Festschrift für | for Hansjörg Herr, Marburg: Metropolis, 263-281.

Priewe, J. (2012): European Imbalances and the Crisis of the European Monetary Union, in: Herr, H., Niechoj, T., Thomasberger, C., Truger, A., van Treeck, T. (eds.), *From Crisis to Growth? The Challenge of Debt and Imbalances*, Marburg: Metropolis, p. 331-360.

Priewe, J. (2018): A time bomb for the euro? Understanding Germany's current account surplus, IMK Study No. 59, Düsseldorf: Hans-Böckler-Stiftung.

Priewe, J. (2022) Growth in the ecological transition – green, zero or de-growth?, in: *European Journal of Economics and Economic Policies: Intervention*, 19(1), 19-40.

Schröder, E., Storm, S. (2020): Economic Growth and Carbon Emissions: The Road to "Hothouse Earth" is Paved with Good Intentions, in: *International Journal of Political Economy*, 49(2), 153-173.

Statistisches Bundesamt (2019): *Statistisches Jahrbuch. Deutschland und Internationales*, Wiesbaden: Statistisches Bundesamt.

Stockhammer, E. (2011): Peripheral Europe's debt and German wages: the role of wage policy in the Euro area, in: *International Journal of Public Policy*, 7(1/2/3), 83–96.

Storm, S., Naastepad, C.W.M. (2015): Crisis and recovery in the German economy: The real lessons, in: *Structural Change and Economic Dynamics*, 32, 11-24.

van Treeck, T., Niechoj, T. (2011): Policy responses to the Euro debt crisis: Can they overcome the imbalances that caused the crisis?, in: *Intervention. European Journal of Economics and Economic Policies*, 8(2), 245–266.

Victor, P.A. (2012): Growth, degrowth and climate change: A scenario analysis, in: *Ecological Economics*, Bd. 84, 206-212.

Zezza, G. (2006): Fiscal policy and the economics of financial balances, in: *Intervention. European Journal of Economics and Economic Policies*, 6(2), 289-310.

Fabian Rockelsberg

Political Corporate Social Responsibility und die Rolle von Nichtregierungsorganisationen

Zusammenfassung

Die Rolle privater Organisationen verändert sich im Zuge der Globalisierung. Neben der ökonomischen Verantwortung von Unternehmen, monetäre Erträge zu erwirtschaften, gewinnt die soziale und politische Verantwortung an Bedeutung. In der PCSR[1]-Literatur nehmen private Organisationen eine neu definierte Rolle ein, in der sie politische Funktionen übernehmen. Die zugrunde liegende Theorie suggeriert einen deliberativen Prozess, in dem NRO[2]s eine wichtige Rolle einnehmen und politische Lücken im nationalen und internationalen Kontext füllen, die für Staaten unerreichbar sind. Indem sie Interessen und Ideen aus der Gesellschaft und sozialen Bewegungen filtern und repräsentieren, wird der NRO eine wichtige Rolle bei der Umsetzung von soft laws und der Gewährleistung wirksamer Selbstregulierung zugeschrieben. Im Rahmen von Multi Stakeholder Initiatives können private Organisationen ihre politische Funktion erfüllen, indem sie freiwillige Standards und Vereinbarungen festlegen, die in einem Prozess der deliberativen Demokratie entwickelt werden. Das Beispiel des MSC[3] zeigt, dass die praktische Anwendung von PCSR es NROs ermöglicht, staatsähnliche Rollen zu übernehmen.

1. Einleitung

In den letzten Jahren haben Wissenschaftler*innen begonnen, eine sich verändernde Rolle privater Unternehmen im politischen Kontext zu erkennen (Scherer und Palazzo, 2011, S. 906-909). Die Globalisierung hat zu einer Situation geführt, in der Regierungen nur noch begrenzt in der Lage sind, nationale Gesetze gegenüber multinationalen Unternehmen durchzusetzen. Infolgedessen gewinnen nichtstaatliche Akteure bei der Teilnahme an politischen Prozessen an Bedeutung (Baur und Arenas, 2012, S. 160f.). Im Folgenden wird die Rolle von Nichtregierungsorganisationen (NRO) vor

1 Political Corporate Social Responsibility
2 Nichtregierungsorganisation
3 Marine Stewardship Council

dem Hintergrund der PCSR näher beleuchtet. Die Forschungsfrage dabei lautet: *Welche Rolle nehmen Nichtregierungsorganisationen im Kontext der PCSR ein?* Es kann davon ausgegangen werden, dass die Rolle privater Einrichtungen einem ständigen Wandel unterworfen ist, wobei manche Literatur für einen rein wirtschaftlichen Schwerpunkt plädiert. Diese Überlegungen gehen von einem liberalen Modell aus, bei dem die Grundsätze vom Staat festgelegt werden und eine klare Trennung zwischen dem privaten und dem öffentlichen Sektor besteht (Friedman, 1970; Scherer und Palazzo, 2007, S. 1106f.). Demgegenüber geht die deliberative Demokratie, in Anlehnung an die Argumentation von Habermas (1996) davon aus, dass private Akteure staatsähnliche Rollen übernehmen und diese durch Selbstregulierung realisieren. Die Rolle von NROs in diesem Zusammenhang wird mit den Worten von Scherer und Palazzo (2007, S. 1107) beschrieben: „*(NGOs) map, filter, amplify, bundle, and transmit private problems, needs, and values (...) in the process of democratic will formation.*“ Mit anderen Worten: NROs erfahren eine Politisierung ihrer Rolle im globalen Kontext und erweitern ihren Einflussbereich, indem sie Interessen und Anliegen, die in sozialen Bewegungen geäußert werden, aufgreifen und gegenüber Unternehmen und anderen privaten Organisationen kommunizieren (de Bakker et al., 2013, S. 574f.).

Die Interessen werden häufig im Rahmen von Partnerschaften zwischen NROs und Unternehmen oder vergleichbaren Foren zum Ausdruck gebracht, in denen die Interessen verschiedener Stakeholder-Gruppen zusammengeführt werden. NROs zielen darauf ab bestehende Gesetzeslücken von Regierungen zu schließen. Diese finden sich oftmals im internationalen Kontext, in dem die nationalen Gesetze nur begrenzt in der Lage sind, global operierende Unternehmen zu erreichen. MSIs[4] werden als ein wichtiges Instrument zur Verwirklichung der deliberativen Demokratie vor dem Hintergrund der PCSR angesehen (Moog et al., 2014, S. 470-472).

Für die Beantwortung der Forschungsfrage und der praktischen Umsetzung der Theorien, wurden Interviews mit Vertretern des WWF Deutschland zum Fall des MSC geführt, der als Beispiel für die Untersuchung des Prozesses von MSIs und der Selbstregulierung dient.

Das folgende Forschungspapier gliedert sich in folgende Bereiche: Zunächst wird die jüngste Entwicklung der PCSR in Verknüpfung mit der Rolle und Bedeutung sozialer Bewegungen und NROs in öffentlichen und privaten politischen Prozessen betrachtet, einschließlich des Konzepts von MSIs. Abgeschlossen wird der Beitrag mit dem Praxisbeispiel eines MSI durch die Analyse der Interviews nach der qualitativen Forschungsmethode von Mayring (1988; 2010, S. 209-213) und dem theoretischen Hintergrund.

---

4 multinational corporation

2. Aktuelle Entwicklung von Political Corporate Social Responsibility

Die Rolle privater Organisationen befindet sich im dynamischen Wandel, einschließlich der Interaktion zwischen verschiedenen privaten und öffentlichen Akteuren. Unternehmen beginnen, Tätigkeiten zu übernehmen, die früher dem Staat zugewiesen waren (Scherer und Palazzo, 2011, S. 899-901; Scherer und Palazzo, 2011, S. 899-901). Ein wichtiger Faktor ist die steigende Zahl von Unternehmensskandalen sowie die sich verändernde Dynamik, die durch die Globalisierung ausgelöst wird (Scherer und Palazzo, 2007, S. 1096f.). Es ist festzustellen, dass multinationale Unternehmen die Themen rund um soziale Verantwortung in die Strategie einbinden (Hussain und Moriarty, 2016, S. 519; Ireland und Pillay, 2010, S. 87): „*(they fullfill) the function of protecting, enabling, and implementing citizenship rights.*" (Scherer and Palazzo, 2011, S. 900). Dies geschieht häufig in wirtschaftlich schwachen Gebieten, in denen Staaten ihre Regierungsfunktion nicht erfüllen können (Scherer und Palazzo, 2011, S. 899-901; Moog et al., 2014, S. 470-472). Mit anderen Worten, dies gilt für Bereiche, „*(…) where governmental authorities are unable or unwilling to do so*" (Scherer et al., 2016, S. 274).

Zudem können MNCs selbst als Grund für ein verändertes Verständnis von politischen Strukturen identifiziert werden, indem sie nationale demokratische Strukturen destabilisieren (Scherer et al., 2016, S. 279-283). Diese Situation bezieht sich auf die „westphalian order", eine Situation, in der der Staat allein die Hauptkapazität hat, Handlungen durchzusetzen (Scherer und Palazzo, 2011, S. 901-903). In einer globalisierten, internationalisierten Welt ist diese Ordnung nicht mehr gültig und wird mit dem Begriff der „post-westphalian order" beschrieben, in der sich der öffentliche und der private Sektor in ihren Aktivitäten überschneiden (ebd.). Dabei entziehen sich einige Anliegen der Reichweite von nationalen Regierungen, so dass andere Akteure diese Rolle übernehmen (ebd.). Die Tatsache, dass multinationale Konzerne verschiedene Rechtssysteme nutzen können, um sich den Gesetzen der einzelnen nationalen Regierungen zu entziehen, wurde auch von der CSR-Disziplin anerkannt (Hussain und Moriarty, 2016, S. 522-523; Scherer et al., 2016, S. 273-275). Die Aspekte werden innerhalb der PCSR-Disziplin diskutiert, deren Kern das Konzept der deliberativen Demokratie im Sinne von Habermas (1996) ist. Seiner Logik folgend werden ethische und wirtschaftliche Aspekte miteinander verbunden, was zu einer neuen politischen Rolle der Unternehmen führt (Scherer und Palazzo, 2007, S. 1096f.). Das Konzept der Demokratie selbst legt nahe, dass die Gesellschaft von mehreren Akteuren und nicht von einer einzigen Einheit regiert wird. Ausgehend von dieser Annahme kann die Idee der deliberativen

Demokratie wie folgt definiert werden: „*(it) requires that social activity that affects important issues of public concern must be regulated by the free, unforced, rational deliberation of citizens*" (Hussain und Moriarty, 2016, S. 520). Im Prozess der Deliberation nutzen die beteiligten Parteien das bessere Argument, anstatt Gegenangebote oder Drohungen zu unterbreiten. In einem idealen deliberativen Prozess haben alle Beteiligten die gleichen Möglichkeiten, sich an den politischen Aktivitäten und Diskussionen zu beteiligen (ebd.). Nach Habermas (1996) bedeutet das folgendes: *"Deliberations are inclusive and public. No one may be excluded in principle (...) Each has an equal opportunity to be heard, to introduce topics, to make contributions, to suggest and criticize proposals."* (Habermas, 1996, S. 305).

PCSR schlägt vor, von einer rein wirtschaftlichen Funktion eines Unternehmens zu einer ethischen und politischen Funktion überzugehen und damit seinen Einfluss auf die Gesellschaft und die Stakeholder auszuweiten. Im Gegensatz dazu vertritt Friedman (1970) die Auffassung, dass es in der Verantwortung des Staates liegt, Konflikte innerhalb der Gesellschaft zu lösen oder auf Forderungen von Stakeholdgruppen zu reagieren. Seine Gedanken stehen im Einklang mit der Idee des traditionellen Shareholder-Kapitalismus, der eine klare Trennung zwischen wirtschaftlichen und politischen Aspekten fordert (Scherer et al., 2016, S. 273-275). Diese Annahmen können mit dem Verständnis des liberalen Modells in Verbindung gebracht werden, das davon ausgeht, dass Unternehmen nicht dazu bestimmt sind, sich an politischen Prozessen zu beteiligen, sondern nur wirtschaftliche Gewinne erzielen und die politische Agenda von Staaten festgelegt wird (Scherer und Palazzo, 2011, S. 917-919). In der PCSR-Literatur wird argumentiert, dass dies nur für Situationen gilt, in denen der Staat diese Funktion erfüllen kann (Scherer und Palazzo, 2007, S. 1100f.) und dass das liberale Modell durch die Globalisierung in Frage gestellt wird (Scherer und Palazzo, 2011, S. 917-919). In einer „post-westphalian order" trifft diese Annahme nicht mehr zu und macht PCSR zu einem wichtigen Instrument in heutigen demokratischen politischen Prozessen. Auf globaler Ebene bedeutet diese Entwicklung, dass nicht nur der Staat, sondern mehrere Akteure globale Governance-Strukturen definieren, was zu einer erweiterten Bedeutung für private Organisationen führt (Scherer und Palazzo, 2011, S. 899-901). Dabei ist es wichtig zu beachten, dass PCSR nicht darauf abzielt, politische Institutionen zu ersetzen. Das Konzept strebt danach, Lücken zu füllen, die nationale Regierungen nicht mehr kontrollieren können (Scherer et al., 2016, S. 283). Manche Argumentation folgt dem Gedanken, dass die Prozesse der PCSR nicht demokratisch sind, weil multinationale Unternehmen dazu neigen, ihre eigenen Interessen zu verfolgen (ebd.).

Die ideale Perspektive auf PCSR berücksichtigt dabei nicht mögliche Machtungleichgewichte zwischen multinationalen Unternehmen und der Gesellschaft (Levy et al., 2015, S. 3-8). Dies unterstreicht die Notwendigkeit einer effektiven Interaktion, um PCSR zum beiderseitigen Nutzen der beteiligten Akteure zu realisieren. Außerdem stellt sich die Frage, wie sich die Idee der deliberativen Demokratie im Rahmen des PCSR-Verständnisses verändert. Traditionell basieren demokratische Prozesse auf einer politischen Institution, z.B. einem Parlament, das von Bürger*innen gewählt wird (Hussain und Moriarty, 2016, S. 522f.). Die Mitglieder privater Organisationen, z.B. der CEO, werden nicht von Bürger*innen gewählt und berücksichtigen daher nicht das Wahlmodell der demokratischen Rechenschaftspflicht (ebd.; Scherer und Palazzo, 2007, S. 1108f.). Hussain und Moriarty (2016, S. 527f.) argumentieren, dass Politically Representative Organisations (PRO) diese Herausforderung bei der Verwirklichung der deliberativen Demokratie lösen können. Es wird angenommen, dass PROs in der Lage sind, die Interessen der Gesellschaft zu vertreten, wobei die Bürger*innen die freie Wahl haben, der Organisation beizutreten oder sie zu verlassen. Es wird argumentiert, dass die meisten Attribute einer PRO mit dem Konzept einer NRO übereinstimmt, da sie in der Lage sind an politischen Prozessen innerhalb der Gesellschaft teilzunehmen und Interessen zu vertreten (Harrison und Wicks, 2013, S. 108-109; Hussain und Moriarty, 2016, S. 527f.). In diesem Zusammenhang zielen NROs darauf ab, Situationen und Probleme zu lösen, die der Gesellschaft und den verbundenen Akteuren schaden (Scherer und Palazzo, 2016, S. 275-279). NGOs zeigen eine steigende Relevanz bei der Auseinandersetzung mit Aktivitäten von Unternehmen und kooperieren mit solchen, um bestimmte Ziele zu erreichen (Scherer und Palazzo, 2011, S. 914-917). Die Interaktion zwischen NROs und Unternehmen kann mit der Idee von soft-laws oder der Selbstregulierung in Verbindung gebracht werden. Sie besagt, dass jede Interaktion zwischen privaten Akteuren zu unverbindlichen Vereinbarungen führen kann, die durch die bewussten Aktivitäten der beteiligten Akteure geregelt werden (ebd.).

3. Political Corporate Social Responsibility und die Rolle von Nichtregierungsorganisationen

Es wird davon ausgegangen, dass soziale Bewegungen und Dynamiken eng mit der Interaktion mit Unternehmen verbunden sind. Laut de Bakker et al. (2013, S. 574-579) hat die Bedeutung von Unternehmen im Leben eines jeden Menschen in den letzten Jahren an Bedeutung gewonnen und damit auch der Einfluss auf und von sozialen Bewegungen (Jamali und

Keshishian, 2008, S. 277f.). Nicht nur der Einzelne passt sich an die neue und sich verändernde Rolle von MNCs an, auch das Unternehmen selbst ist stärker in die Gesellschaft eingebunden. Folglich verringert sich die Distanz zwischen Gesellschaft und Unternehmen, und beide Parteien können sich gegenseitig beeinflussen. Private Unternehmen, die die Interessen der Gesellschaft gestalten, stellen somit eine wichtige Variable in der demokratischen Regulierung öffentlicher Märkte dar (Scherer und Palazzo, 2011, S. 900f.). Dies ermöglicht eine Vielzahl unterschiedlicher Ergebnisse, die aus der Interaktion zwischen Gesellschaft und Unternehmen hervorgehen und von strukturellen Veränderungen über politische Entscheidungen bis hin zu neuen Geschäftsansätzen reichen können (de Bakker et al., 2013, S. 579-582). Diese Ergebnisse können auch als eine mögliche Quelle für Innovationen als Reaktion auf, die von sozialen Bewegungen aufgeworfenen Probleme identifiziert werden. Eines dieser Konzepte sind Partnerschaften mit der Gesellschaft, zum Beispiel mit NROs (Camilleri, 2017, S. 3-20).

NROs können die in sozialen Bewegungen aufgeworfenen Interessen bündeln und vertreten (Baur und Arenas, 2012, S. 158-160) und werden als ein wichtiges Instrument gesehen, um diese gegenüber Unternehmen zu präsentieren. NROs werden als Einrichtungen gesehen, die eine Verbindung zwischen sozialen Anliegen und Unternehmen herstellen (Camilleri, 2017, S. 1351). In Anbetracht der Tatsache, dass nationale Regierungen einen Machtverlust erleiden, verändert sich die Rolle von NROs und entwickelt sich gleichzeitig weiter, da sie ein wichtiges Element der CSR-Disziplin sind (Ireland und Pillay, 2010, S. 87; Rasche et al., 2017, S. 220). Nach Scherer und Palazzo (2007, S. 1108) hat CSR begonnen, sich über den Nationalstaat hinaus zu bewegen, wodurch ihr eine politische Dimension hinzugefügt wurde und folgendes erkannt wurde: *„(…) globalization has led to growing attention to the interaction between corporations and NGOs (…)“* (ebd.). NROs haben sich davon entfernt, direkten Einfluss auf den Staat auszuüben und wenden sich direkt an multinationale Unternehmen, um ihre Ziele zu verwirklichen (Scherer und Palazzo, 2011, S. 901-903). Dies kann als eine weitere Möglichkeit betrachtet werden, die CSR von Unternehmen grundlegend zu beeinflussen. Ireland und Pillay (2010, S. 96f.) argumentieren, dass Vorschriften, die außerhalb des Unternehmens selbst festgelegt werden, z.B. nationale Gesetze, weniger wirksam sind als Veränderungen, die von innerhalb der Organisation ausgelöst werden. Dies unterstreicht die Bedeutung einer effizienten Governance-Struktur und die Möglichkeiten der NRO, diese in einer verändernden Weise zu beeinflussen. Beide Akteure haben sich zu politischen Akteuren entwickelt, wobei die NRO die Rolle als Vertreter der Gesellschaft in Bezug auf ihre Interessen übernimmt. Dabei nimmt sie eine wichtige Aufgabe ein, indem sie die politische Verantwortung von Unternehmen adressiert (Baur und Arenas, 2012, S. 158-160). Mit anderen Worten: Staaten sind zunehmend außerstande, ihre Gesetze gegenüber Unternehmen durchzusetzen, so dass NROs am Prozess der deliberativen Demokratie teilnehmen (Baur und Arenas, 2012, S. 160-163; Scherer und Palazzo, 2007, S. 1108). Im Rahmen dieses Prozesses zielen NROs darauf ab, die Sphäre der Unternehmen in Bezug auf ihr operatives Geschäft und ihre Strategie zu beeinflussen. Ein wesentliches Kriterium ist, dass NROs und Unternehmen die Bereitschaft zur Interaktion zeigen, z.B. im Rahmen von Partnerschaften mit dem Ziel, beiderseitige Nutzenpositionen zu schaffen (Rasche et al., 2017, S. 230f.). Dabei wird davon ausgegangen, dass NROs eine hohe Bereitschaft zur Zusammenarbeit mit einem Unternehmen zeigen, wenn dies zur Realisierung gemeinsamer Ziele führt (Jamali und Keshishian, 2008, S. 277f.). Dabei können NROs als Gegengewicht zum globalen Kapitalismus und der zunehmenden Macht der multinationalen Unternehmen betrachtet werden (Doh und Guay, 2006, S. 51-54). Dies bedeutet, dass NROs ihre Macht und ihre Ressourcen in Richtung multinationaler Konzerne und weg von nationalen Regierungen verlagern (Winston, 2002, S. 71-87). Folglich kann davon ausgegangen werden, dass NROs auf den Aspekt der Selbstregulierung abzielen: „*(NGOs move) the CSR agenda from voluntary compliance to "soft law" approaches.*" (Winston, 2002, S. 87) mit dem Ziel der Umsetzung von freiwilligen Vorschriften und Standards (Ireland und Pillay, 2010, S. 95). Diese Verlagerung kann auch als Abkehr von der reinen sozialen Verantwortung hin zur sozialen Rechenschaftspflicht beschrieben werden, die weniger freiwillig ist (Ireland und Pillay, 2010, S. 96f.).

Die Interaktion zwischen NROs und Unternehmen kann in verschiedenen Formen stattfinden. In Anlehnung an die Überlegungen von Baur und Arenas (2012, S. 163f.) lässt sich das Erscheinungsbild durch das „two-track modell" der deliberativen Demokratie, bestehend aus der formellen und der informellen Sphäre, veranschaulichen.

Anders als die formelle Sphäre, die klare Prozesse aufweist, ist die informelle Sphäre durch ein hohes Maß an Nichtregulierung und unorganisierten Informationsflüssen gekennzeichnet, die sensibel auf neue Probleme oder Anliegen reagiert (Baur und Arenas, 2012, S. 164-166). Es wird davon ausgegangen, dass NROs auf diese Art der Interaktion spezialisiert sind und die Interaktion mit Unternehmen in der Regel in der informellen Sphäre des „two-track modells" der deliberativen Demokratie stattfinden soll. Nach Habermas (1996) sind beide Wege als relevant vor dem Hintergrund der deliberativen Demokratie zu verstehen. Dabei sind beide Sphären wichtig für eine effektive Interaktion, wobei vorgeschlagen wird, diese zu verbinden, indem politische Institutionen in den Prozess einbezogen werden, um die Funktion der formellen Sphäre zu erfüllen (Baur und Arenas, 2012, S. 166-171). Insgesamt ist zu beobachten, dass NRO-Aktivismus, der die Interessen der Gesellschaft berücksichtigt, damit beginnt, einen stärkeren Einfluss auf Unternehmen zu haben. Folglich werden Unternehmen stärker durch Aktivismus beeinflusst. In Anbetracht der oben dargestellten Überlegungen kann davon ausgegangen werden, dass in der Praxis eine verstärkte Interaktion zwischen diesen privaten Akteuren zu beobachten ist. Es wird davon ausgegangen, dass die Kommunikation der Logik des „two-track models“ folgt, bei dem das Zusammenspiel mit der Logik der informellen Sphäre in Einklang steht. Ein Beispiel für die praktische Umsetzung dieser Idee ist der Marine Stewardship Council, auf den in Kapitel 3 eingegangen wird und der auch die Notwendigkeit der Selbstregulierung als wichtiges Instrument zur Realisierung der Interaktion zwischen NROs und Unternehmen bestätigt. NROs können dadurch ihre Funktion als Ausdruck sozialer Bewegungen erfüllen, in denen Aktivist*innen ihren Einfluss und ihre Agenda verwirklichen wollen (Georgallis, 2016, S. 737). Es wird angenommen, dass dieser Ansatz positive Auswirkungen auf die Legitimität hat. Durch die aktive Einbindung von NROs können Unternehmen mit Stakeholdern interagieren und die vorgebrachten Bedenken selbst regulieren (ebd.).

MSIs gelten als wirksamer Ansatz zur Lösung komplexer Probleme und zur Bündelung der Interessen verschiedener Interessengruppen (Levy et al., 2015, S. 3-8). Sie dienen der Idee des „two-track modell“ und stellen ein praktisches Szenario der Kommunikation und Interaktion zwischen NROs und anderen Stakeholdergruppen dar. In der „post-westphalian order“ zeigen Staaten ein geringeres Potenzial, nationale Gesetze durchzusetzen. Eine Möglichkeit, diese Situation zu überwinden, besteht in der Zusammenarbeit mit dem privaten Sektor, um Wissens-, Geld- und Machtlücken zu schließen (Pérez-Pineda und Wehrmann, 2021, S. 649-651). In dieser Entwicklung lässt sich folgendes beobachten: „*(scholars) regard the private sector as a crucial partner for development cooperation.*“ (Pérez-Pineda und Wehrmann, 2021, S. 649).

Neue Vorschriften und der Druck von Stakeholdergruppen verlangen von Unternehmen eine Zusammenarbeit mit NROs. Das MSI-Konzept baut auf der Stakeholder-Theorie auf und kann von der einfachen Kennzeichnung über die Verifizierung durch Dritte bis hin zur Einführung neuer Formen der Governance reichen (Moog et al., 2014, S. 496-472). In Anlehnung an die oben dargelegten Überlegungen, wonach ein wesentlicher Bestandteil von PCSR die Zusammenarbeit und der Austausch von Ideen und Gedanken in einem deliberativen Prozess ist, kann folgendes festgehalten werden: „*(...) MSIs are seen by many commentators as spaces where political debate, and the administrative of rights take place (…)*" (Moog et al., 2014, S. 470). Dies kann sich auf die Idee beziehen, dass private Unternehmen an politischen Prozessen teilnehmen und sich aktiv an der Schaffung von soft-laws und Selbstregulierung beteiligen. Im Rahmen von MSIs können Unternehmen das Thema Nachhaltigkeit ganzheitlich angehen und beweisen, dass sie CSR-Strategien nicht ausnutzen, um neue Märkte zu erobern (Pérez-Pineda und Wehrmann, 2021, S. 652-654). Für den weiteren Verlauf der Arbeit wird die folgende Definition von MSI von Moog et al. (2014, S. 470) herangezogen:

> *"Multi-stakeholder initiatives (MSIs) aim to create solutions to problems that increasingly evade competent resolution through nation-state regulation or multilateral agreement."*

4. Das Beispiel des Marine Stewardship Council

4.1 Hintergrund zum MSC

Im Jahr 1996 wurde eine Partnerschaft zwischen dem WWF und Unilever mit der Absicht angekündigt, den internationalen Fischhandel zu regulieren bei der Beachtung des folgenden Ziels: „*(…) encourage behavioural change in fisheries.*" (Gulbrandsen, 2009, S. 3, S. 1-5). Im Laufe der Zeit entwickelte sich der MSC zu einer unabhängigen Organisation, die die Interessen ihrer Stakeholder vertritt (Gulbrandsen, 2009, S. 1-5). Der MSC etablierte sich als größtes Öko-Siegel-Angebot zur Nutzung der weltweiten Fischerei und folgt dem Prinzip und der Motivation des zuvor gegründeten FSC[5] (Christian et al., 2013, S. 10f.; Gulbrandsen, 2019, S. 1-5). Heute sind 14% des weltweiten Fischfangs nach dem MSC-Standard zertifiziert, mit dem Ziel, bis zum Jahr 2030 mehr als ein Drittel der globalen Fischerei zu erfassen (MSC, 2021b). Im Leitbild des MSC heißt es:

> „*Our vision is of the world's oceans teeming with life, and seafood supplies safeguarded for this and future generations.*" (MSC, 2021).

Es wird davon ausgegangen, dass der MSC das Ergebnis von sozialem Aktivismus ist: "*Social movement activism and consumer concern were key drivers behind the first eco-labeling initiatives in the fisheries sector.*" (Gulbrandsen, 2009, S. 1). In den vergangenen Jahren konzentrierten sich die ergriffenen Gegenmaßnahmen oft auf einen einzelnen Sektor oder eine einzelne Art,

5 Forest Stewardship Council

hatten aber nie einen globalen Ansatz. Im Rahmen dieses MSI hat sich diese Sichtweise geändert und zielt auf eine Vielzahl von Sektoren innerhalb der Fischereiindustrie ab, einschließlich einer Vielzahl von Arten und Fischereien (ebd.), mit dem Ziel, dass die Fischbestände nachhaltig sind, die Umweltauswirkungen gering und ein effektives Management identifiziert werden kann (MSC, 2021a).

4.2 Methodik

Es wurden zwei Experteninterviews mit Vertretern des WWF Deutschland geführt, die sich mit dem Management und dem historischen Hintergrund des MSC befassen. Das gesammelte Material wurde nach den Prinzipien der qualitativen Inhaltsanalyse von Mayring (1988; 2010, S. 209-213) ausgewertet. Es ist zu beachten, dass die erhaltenen Antworten und die im Folgenden dargestellten direkten Zitate auf der Perspektive des WWF Deutschland basieren. Die Ergebnisse und Erkenntnisse sind in Tabelle 1 und 2 zusammengefasst.

Ergebnisse

Tabelle 1: Induktive Kategorisierung der in den Interviews mit Vertretern des WWF Deutschland erhobenen Daten.

PCSR und Deliberative Demokratie *WWF Perspektive*	**Post-westphalian order** *WWF Perspektive*	**Prozesses und der Kommunikation des MSC** *WWF Perspektive*	**Selbstregulierung und soft-law** *WWF Perspektive*
– Unternehmen schaffen sozialen Wert und verfolgen andere Ziele als Profit – MSC wurde von verschiedenen wissenschaftlichen Stakeholdern entwickelt – WWF agiert als Interessenvertreter im Zertifizierungsprozess – Hauptziel: Lobbyarbeit zur Änderung der Gesetzgebung	– WWF ist politischer und konzentriert sich stärker auf indirekten Einfluss auf die Wirtschaft – Internationale Fischereiabkommen unwirksam – Die Rolle der Politik bleibt wichtig – Private Organisationen werden als letzter Ausweg gesehen, wenn die Gesetzgebung nicht wirksam ist	– Ausgangspunkt: Partnerschaft von WWF und Unilever – Das Geschäftsmodell basiert auf Einnahmen aus Lizenzgebühren – MSC arbeitet unabhängig vom WWF – Die Zusammenarbeit basiert auf Vertrauen und ist frei von Eigeninteressen	– MSC ist ein freiwilliger Standard – Selbstregulierung als letztes Mittel mit dem Ziel, staatliche Regeln zu schaffen – Politische Institutionen zur Kontrolle und Gewährleistung von Gerechtigkeit auf dem Markt

Tabelle 2: Deduktive Kategorisierung der Daten aus den Interviews mit Vertretern des WWF Deutschland.

Effektivität *WWF Perspektive*	**Verbesserungen** *WWF Perspektive*	**Motivation** *WWF Perspektive*
– 50% des europäischen Marktes – Die negativen ökologischen Entwicklungen wurden gebremst – Mehr Transparenz in der Fischereiwirtschaft – Bewusstsein und Wandel für nachhaltigen Konsum – Falsche Zertifizierungen aufgrund von Geschäftsmodell und Unternehmensführung	– Ein höheres Maß an Unabhängigkeit im Zertifizierungsprozess – Mehr Kontrolle über die Auslegung im Rahmen des Zertifizierungsprozesses – Änderung des Geschäftsmodells und der Kostenstruktur, um die Hürden für kleine Fischereien zu senken – Einbeziehung sozialer Faktoren	– Umweltschutz umfasst den Schutz von Lebensräumen – Das Artensterben, die Überfischung und den Klimawandel zu stoppen – Der Idee von FSC folgen – Unilever hat die Gefährdung seines Fischgeschäftes festgestellt – Den MSC als Voraussetzung für den Marktzugang und als Barriere für diejenigen, die den Standard nicht haben, zu etablieren

Der MSC-Standard wurde von Vertretern des WWF und von Unilever sowie von Expert*innen aus der Fischerei- und Umweltwissenschaft entwickelt, wie die Befragten zum Ausdruck brachten: *„Dazu brauchen wir die Wissenschaft. Und zwar sowohl die Fischerei Wissenschaft, aber eben auch die Ökologie und die sollen uns hundert Prozent wissenschaftsbasiert (…) den Standard entwickeln (…)"* (Interview WWF). Dies kann als ein **deliberativer Prozess** angesehen werden, in dem jede Partei die Möglichkeit hat, ihre Ideen und Bedenken einzubringen. Dies wird noch durch die Aussage unterstrichen, dass keine der beteiligten Parteien ein Eigeninteresse an der Erfüllung ihrer persönlichen Agenda gezeigt hat. Es wird anerkannt, dass *„Wirtschaft (ist) kein Wert an sich, sondern muss sich orientieren am gesellschaftlichen Nutzen und entsprechend ist ein Wirtschaftsunternehmen in der Lage, sich auch andere Ziele als nur das Streben nach Profit zu setzen."* (Interview WWF). Dies unterstreicht die Annahme, dass sich **PCSR** auf eine erweiterte Rolle von multinationalen Unternehmen bezieht, die über den aktionärsorientierten Ansatz der monetären Wertschöpfung hinausgeht, bei dem private Unternehmen politische Funktionen übernehmen und Regierungen als weitere Beteiligte in diesem Prozess gesehen werden (Gulbrandsen, 2009, S. 5f.).

Die jüngste Entwicklung des WWF Deutschland steht im Einklang mit dem theoretischen Konzept der **post-westphalian order**: *„(…) wir sind dann sehr stark in den internationalen Raum (…) gegangen, (…) und haben da gesehen, da gibt es keine Gesetze. Da gibt es höchstens Vereinbarungen, die aber komplett zahnlos sind und das trifft natürlich für die Ozeane nochmal mehr zu (…)"* (Interview WWF). Auf der Gegenseite wäre es im Interesse des WWF Deutschland gewesen, ein verbindliches Gesetz für die Fischereiwirtschaft durchzusetzen. In Anbetracht der geringeren Wirksamkeit nationaler Gesetze im internationalen Kontext wurde dies als beste Möglichkeit gesehen, *„(…) obwohl es ein freiwilliger Standard ist“* (Interview WWF). Dennoch weisen die Befragten auf die Bedeutung der nationalen Politik hin, indem sie deren Funktion bestätigen *„(…) weiterhin Lobbyarbeit (zu machen) (…) um (die) Gesetzgebung zu ändern.“* (Interview WWF).

Im Rahmen des **Prozesses und der Kommunikation des MSC** haben der WWF und Unilever die Initiative auf der Grundlage unterschiedlicher Interessen gestartet. Die Motivation des WWF war die Beantwortung der Frage: *„Was müssen wir denn neben dem klassischen Schutz tun, damit, das Problem der Artenvernichtung und dann auch schon das deutlich merkbare Problem der Klimaerhitzung (…) auf Dauer nachhaltig und naturverträglich (ist)?“* (Interview WWF). Dieses Ziel wurde nur teilweise erreicht, in dem *„(…) wir die negative Entwicklung abgebremst haben“*. (Interview WWF). Unilever wollte seinen langfristigen Erfolg in der Fischereiindustrie sichern, indem es die globale Überfischung stoppte. Dennoch gelang es beiden Parteien, sich auf das gemeinsame Ziel zu einigen, *" (…) die Kräfte des Marktes und die Nachfrage der Verbraucher nach nachhaltigen Produkten zu nutzen"* (Interview WWF). Dieser Prozess führte dazu, dass sich der MSC als unabhängige Organisation etablierte. Das gewählte Geschäftsmodell konzentriert sich auf die Erwirtschaftung von Lizenzgebühren, was als Hauptkritikpunkt gesehen wird: *„Das hätte man nie machen dürfen, weil damit automatisch eine Abhängigkeit vom MSC Produkt (…) besteht, je mehr zertifiziert ist, desto besser geht es dem Standardsetzer.“* (Interview WWF). Ein wichtiger Verbesserungsvorschlag ist, dass das Geschäfts- und Verwaltungsmodell geändert werden muss, um sicherzustellen, dass die Zertifizierung von Fischereien und die Prüfung wirklich unabhängig sind und dass soziale Faktoren stärker in den Zertifizierungsprozess einbezogen werden. Diese Sorge wird auch von Christian et al. (2013, S. 10f.) geäußert, wonach der Zertifizierungsprozess Raum für Fehlinterpretationen zulässt und dies zu falschen Zertifizierungen führt. Darüber hinaus begünstigen die Strukturen Großfischereien gegenüber der Kleinfischereien, insbesondere im Hinblick auf die Kosten des Zertifizierungsprozesses, wie auch Gulbrandson (2009, S. 1-5) feststellt.

Abgesehen von der Tatsache, dass der MSC als wirtschaftlicher Erfolg gilt, da er mehr als 50 % des europäischen Marktes abdeckt, betrachten beide Interviewpartner den Aspekt der **Selbstregulierung und von soft-law** als letzten Ausweg: *„(…) wo man hin muss, ist, dass die Regierung Regeln aufstellt.“* (Interview WWF). Dennoch wird anerkannt, dass der MSC als Selbstregulierungsinstrument sicherstellen kann, dass *„(…), wenn sich ein Unternehmen an diesen Standard hält, dann ist das ein positiver Marktzugang, wenn sich ein Unternehmen nicht daran hält, (…) soll das zu Marktproblemen führen.“* (Interview WWF). Dieser Aspekt steht auch im Einklang mit der

Idee von Porter (1979) und dem Konzept der Wettbewerbskräfte, insbesondere der Bedrohung durch den Markteintritt (Porter, 1979, S. 138-140).

5. Zusammenfassung und Diskussion

Anhand der Forschungsfrage „*Welche Rolle nehmen Nichtregierungsorganisationen im Kontext der PCSR ein?*“ wurde die Bedeutung von NROs im Prozess der PCSR und der deliberativen Demokratie definiert. Im Rahmen des theoretischen Hintergrunds wurden Kriterien identifiziert, die auf die verbindende Rolle von NROs, sozialen Bewegungen und Unternehmen hinweisen. PCSR argumentiert, dass die Globalisierung zu einer Situation führt, in der Regierungen nur noch begrenzt in der Lage sind, ihre politischen Instrumente in der gleichen Weise wie in der Vergangenheit einzusetzen. Dies unterstreicht die Notwendigkeit, dass andere Parteien an politischen Prozessen teilnehmen, indem sie von einem liberalen Ansatz zu einem deliberativen Ansatz übergehen, an dem private und öffentliche Organisationen gleichzeitig teilnehmen, mit dem Hauptziel, politische Lücken zu füllen.

Diese Akteure können staatsähnliche Rollen übernehmen, indem sie sich von einer reinen Konzentration auf politische Lobbyarbeit wegbewegen und Einfluss auf das Verhalten und die Verantwortung von multinationalen Unternehmen nehmen, insbesondere in einem internationalen Kontext. Diese Interaktion findet häufig im informellen Bereich des von Baur und Arenas (2012, S. 164-166) vorgestellten „two-track modell“ statt. Insgesamt wurde eine klare Verbindung zur Idee der deliberativen Demokratie und der Idee des PCSR in Anlehnung an die Interpretation von Scherer und Palazzo (2007, 2011) festgestellt. MSIs bieten Raum für deliberative Kommunikation, indem sie verschiedene Akteure zusammenbringen. Der Fall des MSC zeigt eine praktische Umsetzung der deliberativen Demokratie in Form einer MSI. Da der Standard von Vertretern verschiedener wissenschaftlicher Disziplinen entwickelt wurde, kann er mit der informellen Sphäre des „two-track modell“ in Verbindung gebracht werden und dient der Idee der deliberativen Demokratie und einer sich wandelnden Rolle von Nichtregierungsorganisationen im internationalen Kontext, in dem sich der WWF Deutschland abwendet *"(...) von der direkten Einflussnahme auf Politik und Gesetzgebung hin zur indirekten oder zur direkten Einflussnahme auf die Wirtschaftskräfte"* (Interview WWF). Dennoch zeigt der MSC, dass die Beteiligung privater Akteure das Risiko eines unzureichenden Maßes an Unabhängigkeit und Interpretationsspielraum innerhalb des Zertifizierungsprozesses des ausgewählten Beispiels birgt. Dies unterstreicht die Notwendigkeit, dass freiwillige und selbstregulierende Standards die unabhängige Beteiligung mehrerer Stakeholder-Gruppen benötigt, um entworfen und umgesetzt zu werden (Wijen Chiroleu-Assouline, 2019, S. 114-116).

Literaturverzeichnis

Baur, D. und Arenas, D. (2012). The Value of Unregulated Business-NGO Interaction. Business & Society, 53(2), S. 157-186. DOI 10.1177/0007650312452868

de Bakker, F., den Hond, F., King, B. und Weber, K. (2013). Social Movements, Civil Society and Corporations: Taking Stock and Looking Ahead. Organization Studies, 34(5-6), S. 573-593. DOI 10.1177/0170840613479222

Camilleri, M. (2017). Corporate Sustainability, Social Responsibility and Environmental Management. Cham: Springer International Publishing, S. 3-20.

Christian, C., Ainley, D., Bailey, M., Dayton, P., Hocevar, J., LeVine, M., Nikoloyuk, J., Nouvian, C., Velarde, E., Werner, R. und Jacquet, J. (2013). A review of formal objections to Marine Stewardship Council fisheries certifications. Biological Conservation, 161, S. 10-17. DOI 10.1016/j.biocon.2013.01.002

Doh, J. und Guay, T. (2006). Corporate Social Responsibility, Public Policy, and NGO Activism in Europe and the United States: An Institutional-Stakeholder Perspective. Journal of Management Studies, 43(1), S. 47-73. DOI 10.1111/j.1467-6486.2006.00582.x

Friedman, M. (1970). The Social Responsibility of Business is to Increase its Profits.

Georgallis, P. (2016). The Link Between Social Movements and Corporate Social Initiatives: Toward a Multi-level Theory. Journal of Business Ethics, 142(4), S. 735-751. DOI 10.1007/s10551-016-3111-0

Gulbrandsen, L. (2009). The emergence and effectiveness of the Marine Stewardship Council. Marine Policy, 33(4), S. 1-11. DOI 10.1016/j.marpol.2009.01.002

Habermas, J. (1996a). Between facts and norms. Cambridge, UK: Polity Press.

Harrison, J. und Wicks, A. (2013). Stakeholder Theory, Value, and Firm Performance. Business Ethics Quarterly, 23(1), S. 97-124. DOI 10.5840/beq20132314

Hussain, W. und Moriarty, J. (2016). Accountable to Whom? Rethinking the Role of Corporations in Political CSR. Journal of Business Ethics, 149(3), S. 519-534. DOI 10.1007/s10551-016-3027-8

Hysa, X., Zerba, E., Calabrese, M. und Bassano, C. (2018). Social business as a sustainable business model: making capitalism anti-fragile. Sustainability Science, 13(5), S. 1345-1356.

International Organization for Standardization (2010). ISO 26000:2010 Guidance on social responsibility. Genf: International Organization for Standardization.

Ireland, P. and Pillay, R. (2010). Corporate Social Responsibility in a Neoliberal Age. Corporate Social Responsibility and Regulatory Governance, S. 77-104. DOI 10.1057/9780230246966_4

Jamali, D. und Keshishian, T. (2008). Uneasy Alliances: Lessons Learned from Partnerships Between Businesses and NGOs in the context of CSR. Journal of Business Ethics, 84(2), S. 277-295. DOI 10.1007/s10551-008-9708-1

Kalfagianni, A. und Pattberg, P. (2013). Global fisheries governance beyond the State: unraveling the effectiveness of the Marine Stewardship Council. Journal of Environmental Studies and Sciences, 3(2), S. 184-193. DOI 10.1007/s13412-013-0118-z

Levy, D., Reinecke, J. und Manning, S. (2015). The Political Dynamics of Sustainable Coffee: Contested Value Regimes and the Transformation of Sustainability. Journal of Management Studies, 53(3), S. 364-401. DOI 10.1111/joms.12144

Mayring, P. (2010). Qualitative Inhaltsanalyse. In: Handbuch qualitative Forschung: Grundlagen, Konzepte, Methoden und Anwendungen. München: Beltz - Psychologie Verl. Union., S. 209-213

Mayring, P. (1991). Qualitative Inhaltsanalyse. In U. Flick, E. v. Kardoff, H. Keupp, L. v. Rosenstiel, & S. Wolff (Hrsg.), Handbuch qualitative Forschung: Grundlagen, Konzepte, Methoden und Anwendungen (S. 209-213). München: Beltz

Moog, S., Spicer, A. und Böhm, S. (2014). The Politics of Multi-Stakeholder Initiatives: The Crisis of the Forest Stewardship Council. Journal of Business Ethics, 128(3), S. 469-493. DOI 10.1007/s10551-013-2033-3

MSC. (2021). What is the MSC - Marine Stewardship Council | Marine Stewardship Council. [online] Available at: <https://www.msc.org/uk/about-the-msc/what-is-the-msc> [Accessed 21 July 2021].

MSC. (2021a). Is seafood with the MSC label really sustainable | Marine Stewardship Council. [online] Available at: <https://www.msc.org/uk/about-the-msc/is-seafood-with-the-msc-label-really-sustainable> [Accessed 21 July 2021].

MSC. (2021b). Our Strategy | Marine Stewardship Council. [online] Available at: <https://www.msc.org/about-the-msc/our-strategy> [Accessed 21 July 2021].

Pérez-Pineda, J. und Wehrmann, D. (2021). Partnerships with the Private Sector: Success Factors and Levels of Engagement in Development Cooperation. In: S. Chaturvedi, S. Klingebiel, E. Sidiropoulos, D. Wehrmann, L. Xiaoyun and A. e Souza, ed., The Palgrave Handbook of Development Cooperation for Achieving the 2030 Agenda, 1st ed. Cham: Palgrave Macmillan, S. 649-671. DOI 10.1007/978-3-030-57938-8

Rasche, A., Morsing, M. und Moon, J. (2017). Corporate social responsibility. 1st ed. Cambridge: Cambridge university press, S. 220-245.

Scherer, A. und Palazzo, G. (2011). The New Political Role of Business in a Globalized World: A Review of a New Perspective on CSR and its Implications for the Firm, Governance, and Democracy. Journal of Management Studies, 48(4), S. 899-931. DOI 10.1111/j.1467-6486.2010.00950.x

Scherer, A. und Palazzo, G. (2007). Toward a political conception of corporate responsibility: Business and society seen from a habermasian perspective. Academy of Management Review, 32(4), S. 1096-1120. DOI 10.5465/AMR.2007.26585837

Scherer, A., Rasche, A., Palazzo, G. und Spicer, A. (2016). Managing for Political Corporate Social Responsibility: New Challenges and Directions for PCSR 2.0. Journal of Management Studies, 53(3), S. 273-298. DOI 10.1111/joms.12203

Werther, W. und Chandler, D. (2011). Strategic corporate social responsibility. 2nd ed. Los Angeles: Sage Publications, S. 1-23.

Winston, M. (2002). NGO Strategies for Promoting Corporate Social Responsibility. Ethics & International Affairs, 16(1), S. 71-87. DOI 10.1111/j.1747-7093.2002.tb00376.x

Wijen, F. und Chiroleu-Assouline, M. (2019). Controversy Over Voluntary Environmental Standards: A Socioeconomic Analysis of the Marine Stewardship Council. Organization & Environment, 32(2), S. 98-124. DOI 10.1177/1086026619831449

Elena Breuer, Hilke Patzwall und Daniela Lud

Erfolgreiche Akkreditierung eines unternehmenseigenen Standardsystems durch Gewährleistung der Unabhängigkeit und Einbeziehung der Interessengruppen

Der Akkreditierungsprozess als Teil einer nachhaltigen Unternehmensstrategie

1. Herausforderungen in der Textilindustrie, Umweltstandards und Label

Die Textilindustrie, seit Jahren enormen ökologischen und sozialen Herausforderungen ausgesetzt, steht vor großen Veränderungsprozessen. Dabei spielt nicht nur die gestiegene Nachfrage nach nachhaltigen Produkten eine Rolle. Ebenso rechtliche Anforderungen, wie im kürzlich verabschiedeten Lieferkettengesetz formuliert, fordern produzierende Unternehmen heraus und geeignete Maßnahmen müssen gestaltet und umgesetzt werden. Um die Einhaltung von Menschenrechten und Umweltstandards in Lieferketten zu gewährleisten, greifen immer mehr Unternehmen auf Labels und Standards zurück. Diese sollen als Signalwerkzeug für Konsument*innen dienen, Transparenz erhöhen und helfen, die Einhaltung von Normen zu garantieren (Blind und Mangelsdorf 2016). Aufgrund der Vielzahl an Textil- und Umweltstandards und Labeln fällt es Verbraucher*innen jedoch immer schwerer, glaubwürdige von nicht glaubwürdigen Standards zu unterscheiden. Besonders firmeneigene Standards können dabei schnell als „Greenwashing-Labels" wahrgenommen zu werden. Um dem entgegenzuwirken und Transparenz und Glaubwürdigkeit zu erhöhen, setzen Unternehmen und Organisationen somit in der Gestaltung ihrer Nachhaltigkeitsstandards auf bestehende und anerkannte Zertifizierungen. Zu diesen sogenannten 3rd-Party-Zertifizierungen, die von einer unabhängigen dritten Partei durchgeführt werden, zählen etwa der Global Organic Textile Standard (GOTS), Global Recycling Standard (GRS) oder bluesign.

Im weiteren Schritt können sich Standardgeber entscheiden, das komplette Standardsystem akkreditieren zu lassen. Als Akkreditierung wird laut der Internationalen Organisation für Normung (ISO) die formale Anerkennung durch eine unabhängige (Akkreditierungs-)Stelle bezeichnet, die bestätigt, dass eine Zertifizierungsstelle nach internationalen Normen arbeitet (Arnold 2017). Der Begriff Akkreditierung leitet sich von dem lateinischen Wort accredere ab, welches "glauben" bedeutet. Es geht darum, dass den Aussagen der Prüfer und Prüforganisationen Glauben geschenkt werden kann, weil sichergestellt ist, dass sie für diese Aufgabe geeignet sind (Loew 2016). Die Akkreditierung bestätigt somit die fachliche und organisatorische Kompetenz einer Konformitätsbewertungsstelle. Als Konformitätsbewertungen werden dabei alle Aktivitäten bezeichnet, die ein Unternehmen durchlaufen muss um sicherzustellen, dass ein Produkt oder Prozess alle technischen Spezifikationen erfüllt, um ordnungsgemäß funktionieren zu können (Deutsche Akkreditierungsstelle 2021).

Der Akkreditierungsprozess von firmeneigenen Standards ist jedoch ein selten praktizierter Schritt. Neben der Akkreditierung von Green Shape ist nur das Akkreditierungsvorhaben vom Grünen Knopf bekannt, beim Grünen Knopf handelt es sich jedoch nicht um einen firmeneigenen Standard.

2. Green Shape

Mit der Einführung des firmeneigenen Umwelttextillabels Green Shape hat der Hersteller von Outdoor-Produkten, die VAUDE Sport GmbH & Co. KG, ein Instrument geschaffen, um die Nachhaltigkeit seiner Produkte zu kennzeichnen. VAUDE engagiert sich schon seit geraumer Zeit für nachhaltige Produktions- und Geschäftspraktiken und gilt damit als Vorreiter in der Textil- und Outdoorbranche im Bereich des nachhaltigen Wirtschaftens (Deutscher Nachhaltigkeitspreis 2021). Das Standardsystem Green Shape wurde 2010 entwickelt, da es keinen vergleichbaren Standard auf dem Markt gab, welcher sich vor allem auf VAUDE‘s Produkte aus synthetisch hergestellten Materialien anwenden ließ. Green Shape bezieht sich auf alle Schritte entlang des Produktzyklus, vom Design, den Materialien, der Produktion, Nutzung und Reparatur bis hin zu Recycling und Entsorgung. Die Kriterien, welche im Prozess der zweiten Überarbeitung des Standards noch stringenter gemacht wurden, basieren zum einen auf 3rd-Party-Zertifizierungen wie GOTS oder bluesign und zum anderen auf den firmeneigenen Brand Material Goals (BMGs). Diese hat VAUDE eingeführt, um das Ambitionsniveau des Standards noch weiter zu erhöhen (VAUDE 2021). Ein Green Shape Produkt, welches die BMGs erfüllt, muss aus über fünfzig Prozent biobasierten oder recycelbaren Material bestehen.

3. Der Akkreditierungsprozess von Green Shape

Trotz des hohen Standards von Green Shape, setzt und überprüft VAUDE als Standardgeber die Einhaltung seiner Kriterien selbst. Die Akkreditierung eines Standardsystems ist jedoch kein einheitlicher Prozess, sondern ist von Fall zu Fall unterschiedlich. Zum einen gibt es konkrete Anforderungen, welche von der zu akkreditierenden Stelle festgelegt werden, wie die Dokumentation des Standardsystems, das Einrichten einer Inspektionsstelle und das Festlegen der Inspektionstätigkeiten. Diese müssen konkret definiert werden und auf ISO-Normen (17067, 17020) basieren. Eine sachverständige Person der Inspektionsstelle prüft anschließend, ob die Produkte mit den definierten Anforderungen, welche etwa in einem Inspektionsprogramm festgelegt werden, übereinstimmen. Weiterhin gibt es Anforderungen, bei denen VAUDE Spielraum in der Ausgestaltung hat, welche aber im gleichen Maße für eine erfolgreiche Akkreditierung erfüllt werden müssen. Dies umfasst zum einen die Einbindung von Stakeholdern in den Akkreditierungsprozess, sowie in die zukünftige Weiterentwicklung des Standards. Zum anderen bedarf es der Unabhängigkeit des Standards, welche z. B. durch die Übertragung des Standards auf einen externen Standardgeber hergestellt werden kann.

In einer Studie von Diekel et al. (2021) wurde Green Shape mit verschiedenen Ecolabeln (Blauer Engel, bluesign, Cotton made in Africa (CmiA), Cradle to Cradle Certified™, Global Organic Textile Standard (GOTS), Global Recycled Standard (GRS)) verglichen. Unter den untersuchten Ecolabeln ist Green Shape das einzige Second-Party-zertifizierte Label. Die Autor*innen bestätigen Green Shape Transparenz für Zertifizierungskriterien und Zertifizierungsempfänger, jedoch nicht für die Aspekte der Überarbeitung der Vergabekriterien und Einbindung der Stakeholder (Diekel et al. 2021). Andere Arbeiten bestätigen für Green Shape, dass sehr detailliert alle Kriterien offengelegt werden (Grimm und Malschinger 2021, S. 197). Zusammenfassend kommen Diekel et al. (2021) zu dem Schluss, dass alle in der Studie untersuchten Label einen hohen Grad an Transparenz aufweisen und exzellente Umweltleistungen anstreben (Diekel et al. 2021).

Die von Diekel et al. (2021) genannten Punkte (Transparenz der Konformitätsbewertungsprozesse und Stakeholder-Einbindung) werden im Rahmen der Weiterentwicklung des firmeneigenen Standards durch im Rahmen des in Entwicklung befindlichen Akkreditierungsprozesses weiter verbessert. Die Akkreditierung des Standards ist für VAUDE ein wichtiger Schritt zu höherer Glaubwürdigkeit und Transparenz. Gleichzeitig wird durch die Akkreditierung die Einbindung von Stakeholdern besser garantiert und kommuniziert.

Die Einbindung von Stakeholdern ist ein wichtiges Element im Standardentwicklungs-, Review- und Akkreditierungsprozess. Stakeholder können dabei auf verschiedene Arten eingebunden werden, etwa im Rahmen von Stakeholder-Dialogen, in Form von Konsultationen oder Kooperationsvereinbarungen. Am Beispiel von Multi-Stakeholder-Standards wie GOTS oder dem Grünen Knopf hat sich gezeigt, dass die Einbindung am erfolgversprechendsten ist, wenn sie auf unterschiedlichen Ebenen erfolgt. Bei beiden Standards wurden Stakeholder etwa in Formaten wie Beiräten, Standardausschüssen, öffentlichen Konsultationen und im Review-Prozess einbezogen.

Auch im Entwicklungsprozess von Green Shape wurden Stakeholder auf verschiedene Weise eingebunden. Zum einen hat das VAUDE Green Shape Review Team, welches bisher die Kriterien entwickelte, konkretes Wissen externer Expert*innen eingeholt. Nach der Überarbeitung der Kriterien im Rahmen des Review-Prozess von Green Shape 3.0 wurde eine Stakeholder-Konsultation durchgeführt und der komplette Standard einer Auswahl an Expert*innen vorgestellt. Im Rahmen der Konsultation wurden die Expert*innen auch zum Thema „Green Shape Beirat" befragt und die Verfahrensweise, Struktur, Rollen und Aufgaben des Beirats entwickelt. Der Beirat soll eingerichtet werden, um die zukünftige Einbindung von Stakeholdern in den Standardentwicklungsprozess zu gewährleisten und Unabhängigkeit zu garantieren. Verschiedene Expert*innen aus der Umwelt- und Textilbranche, welche den Beirat bilden, sollen konkret zur fachlichen Weiterentwicklung des Standards beitragen können. Die Beiratsmitglieder müssen dabei über fundiertes Fachwissen in Bezug auf Vorschriften, Materialien und die Lieferkette verfügen, welches idealerweise über die Expertise von VAUDE hinausgeht. Es wurde herausgearbeitet, dass die Struktur und die Verantwortlichkeiten klar definiert werden müssen. Dabei ist das Zusammenspiel mit VAUDE als dem Standardnutzer, dem Green Shape Team, welches bisher für die Ausgestaltung des Kriterienkatalogs zuständig war, sowie einem externen Standardgeber fundamental.

4. VAUDE Sport GmbH & Co. KG als Vorreiter nachhaltigen Wirtschaftens

Neben der Entwicklung von Green Shape, setzt sich VAUDE seit langem ambitionierte Ziele, um ein durch und durch nachhaltiges Unternehmen zu werden. Dies bezieht sich nicht nur auf Produkte und Lieferkette, sondern auch auf die Mitarbeiter*innen vor Ort und den Firmenhauptsitz in Obereisenbach (Baden-Württemberg). Das Ziel des Unternehmens ist es, neben der Entwicklung hochwertiger Outdoorprodukte die Natur und die Umwelt so wenig wie möglich zu beeinflussen. Dies geschieht durch einen minimalen Materialverbrauch, die Entwicklung nachhaltiger Materialien und ein Design, das die Wiederverwendung oder Reparatur der Produkte berücksichtigt. Für VAUDE ist das Prinzip der Gemeinwohl-Ökonomie die Grundlage des wirtschaftlichen Handelns. Unternehmerischer Erfolg soll nicht nur finanziellen Gewinn im Blick haben, sondern auch einen Beitrag zu Solidarität, Menschenwürde, ökologischer Nachhaltigkeit, sozialer Gerechtigkeit, demokratischer Mitbestimmung und Transparenz leisten (Fiedler 2019).

VAUDE wurde von der Agentur für nachhaltige Kommunikation in der Outdoorbranche GreenroomVoice (GRV) bewertet und erhielt 14 von 15 möglichen Punkten. VAUDE wird damit als „Deutschlands nachhaltigste Outdoormarke“ bezeichnet. Drei Bereiche wurden von GRV analysiert: Brand Management, Brand Committment und Products. Weiterhin veröffentlicht GRV eine Übersicht der Zertifizierungen über die VAUDE verfügt: Grüner Knopf, Responsible Down Standard (RDS), EMAS, GROI, GOTS, bluesign Systempartner, OEKO-TEX Standard 100 FairWear und myclimate (GRV GreenroomVoice 2021).

VAUDE’s Nachhaltigkeitsansatz zieht sich durch alle Unternehmensbereiche. Das CSR-Team, welches aus Mitarbeiter*innen aus allen Abteilungen besteht, ist dafür verantwortlich, das VAUDE-Ökosystem mit den Jahreszielen in die Unternehmensziele zu integrieren. Als erstes Unternehmen aus der Outdoorbranche ist VAUDE’s Umweltmanagement nach EMAS (= Eco-Management and Audit Scheme) und ISO 14001 zertifiziert (Wagner 2021). VAUDE ergreift Maßnahmen in den folgenden Umweltbereichen: Abfall und Abwasser, Biodiversität, Emissionen, Energie, Verkehr, Wasser und Lieferanten. Ökologisch verantwortungsbewusstes Arbeiten zeigt sich auch in der Verwendung von Recyclingmaterialien.

Weiterhin hält sich VAUDE an das Greenpeace Detox Commitment und verfolgt Science Based Targets (SBTs) z. B. durch den Bezug von Ökostrom, Nutzung von Biogas am Hauptsitz und das Bestreben klimaneutral zu produzieren und weiteren Maßnahmen. Bei den SBTs handelt es sich um wissenschaftlich fundierte Ziele zur Verringerung der klimaschädlichen Treibhausgasemissionen, die nachweislich zum internationalen Ziel der Begrenzung der globalen Erwärmung auf maximal 1,5°C beitragen (Science Based Targets 2021). Dieses Engagement weitet VAUDE auch auf die globalen Lieferketten aus und setzt sich weitere Ziele: Bis 2024 sollen mindestens 90 % aller VAUDE-Produkte einen biobasierten oder recycelten Materialanteil von über 50 % aufweisen. Um diese Ziele zu erreichen, bedarf es enger Zusammenarbeit mit der Lieferkette, z. B. mit einer Plattform zum Austausch von Best Practices, Fachvorträgen und Workshops. Durch die Zusammenarbeit mit verschiedenen Institutionen, NGOs und Partnern wie

Lieferanten und Produzenten sollen auch andere Unternehmen inspiriert werden (Stahlhofer et al. 2018). Als Mitglied bei Fair Wear (FW), einem der anerkanntesten und strengsten Standards im Bereich der sozialen Verantwortung, werden auch die sozialen Probleme in der Lieferkette thematisiert. VAUDE hat sich verpflichtet, den Fair Wear-Kodex für Arbeitspraktiken in der Lieferkette umzusetzen, wird dabei jährlich auditiert und wurde in der bestmöglichen Kategorie (Leader-Status) mit einer Punktzahl von 88 von 100 Punkten ausgezeichnet (FairWear 2020).

5. Fazit

VAUDE zeigt somit mit den beschriebenen Maßnahmen und Mitgliedschaften, dass nachhaltige Geschäftspraktiken nicht nur kommuniziert, sondern tatsächlich umgesetzt werden. Mit der Akkreditierung des firmeneigenen Standards geht das Unternehmen noch einen Schritt weiter und unterstreicht die Wichtigkeit von Transparenz, Einbeziehung von externen Stakeholdern in den Standardentwicklungsprozess und die Orientierung an klaren internationalen Richtlinien. Dabei handelt es sich bei der Akkreditierung um ein bisher einzigartiges Vorgehen unter deutschen Outdoor- und Textilunternehmen, und VAUDE hat mit der Akkreditierung von Green Shape ein zukunftsweisendes Thema angestoßen.

Literaturverzeichnis

Arnold, N. (2017), „Standardisierungsdynamiken im Fairen Handel", Springer Fachmedien, Wiesbaden.

Blind, K. und Mangelsdorf, A. (2016), „Zertifizierung in deutschen Unternehmen. Zwischen Wettbewerbsvorteil und Kostenfaktor", in R. Friedel und E. A. Spindler (Hrsg.) Zertifizierung als Erfolgsfaktor (pp. 23–32). Springer Fachmedien, Wiesbaden.

Deutsche Akkreditierungsstelle (2021), „Prüfung von Konformitätsbewertungsprogrammen" DAkkS - Deutsche Akkreditierungsstelle GmbH. Online verfügbar unter https://www.dakks.de/de/pruefung-von-konformitaetsbewertungsprogrammen.html, zuletzt aktualisiert am 12.11.2021, zuletzt geprüft am 12.11.2021.

Deutscher Nachhaltigkeitspreis (2021), „Deutscher Nachhaltigkeitspreis: VAUDE Sport GmbH & Co. KG", Online verfügbar unter https://www.nachhaltigkeitspreis.de/unternehmen/preistraeger-unternehmen/2015/vaude-sport-gmbh-co-kg/, zuletzt aktualisiert am 12.11.2021, zuletzt geprüft am 12.11.2021.

Diekel, F., Mikosch, N., Bach, V., Finkbeiner, M. (2021), "Life Cycle Based Comparison of Textile Ecolabels", Sustainability Vol. 13, No. 4, p. 1751.

FairWear (2020), "Brand Performance Check: VAUDE Sport GmbH & Co. KG". Online verfügbar unter https://api.fairwear.org/wp-content/uploads/2020/06/BPC-VAUDE-Sport-GmbH-Co.-KG-2020.pdf, zuletzt geprüft am 12.11.2021.

Fiedler, L. (2019), „Durch und durch nachhaltige Unternehmensstrategie bei VAUDE", in M. Englert und A. Ternès (Hrsg.) Nachhaltiges Management. Springer Berlin Heidelberg, pp. 719–730.

Grimm A., und Malschinger A. (2021), „Ökologische Entwicklungspfade", in Green Marketing 4.0. Springer Gabler, Wiesbaden, pp. 187–200.

GreenroomVoice GRV (2021), VAUDE - GRV GreenroomVoice. Online verfügbar unter https://www.greenroomvoice.com/2021/02/vaude/, zuletzt aktualisiert am 10.11.2021, zuletzt geprüft am 13.11.2021.

Loew, T. (2016), „Zertifizierung, Auditierung, Akkreditierung – Einführung in die Funktionsweise von Konformitätsbewertungssystemen und die verwendeten Begriffe", in R. Friedel und E. A. Spindler (Hrsg.): Zertifizierung als Erfolgsfaktor. Springer Fachmedien, Wiesbaden, pp. 449–470.

Science Based Targets (2021), "How it works - Science Based Targets". Online verfügbar unter https://sciencebasedtargets.org/how-it-works, zuletzt aktualisiert am 12.11.2021, zuletzt geprüft am 12.11.2021.

Stahlhofer, N. J., Schmidkonz, C., Kraft, P. (2018), "Conscious Business in Germany", Springer, Cham.

VAUDE (2021), „VAUDE CSR-Report – Greenshape-Konzept". Online verfügbar unter https://nachhaltigkeitsbericht.vaude.com/gri/produkte/greenshape-konzept.php, zuletzt aktualisiert am 12.11.2021, zuletzt geprüft am 12.11.2021.

Wagner, S. M. (2021), "Business and environmental sustainability. Foundations, challenges and corporate functions", Routledge Taylor & Francis Group, London/New York.

Maximilian Sommer

Export von Menschenrechten? – Eine kritische Analyse des deutschen Lieferkettengesetzes

1. Einleitung

Als „eine der höchsten Ausdrucksformen des menschlichen Gewissens in unserer Zeit“ bezeichnete Papst Johannes Paul II die allgemeine Erklärung der Menschenrechte der Vereinten Nationen von 1948. Diese Erklärung ging schon damals über allgemeine Freiheitsrechte hinaus und umfasste bereits soziale Grundrechte. Doch auch etliche länderübergreifende Erklärungen später ist die Situation vieler Arbeitnehmer der heutigen Welt noch immer von Menschenrechtsverletzungen gezeichnet. So sind die alten Ansätze über die Rolle der industrialisierten Welt und deren Unternehmen im Hinblick auf die Achtung von Menschenrechten und Umweltschutz wieder ein zentraler Bestandteil heutiger gesellschaftlicher Diskussionen. Während es aber früher hauptsächlich um die Anhebung nationaler Mindeststandards zum Schutz der Bürger ging, haben die Globalisierungsaktivitäten der letzten Jahrzehnte den Fokus verschoben. Globale Wertschöpfungs- und Lieferketten und hierbei insbesondere die Situation der involvierten Arbeitnehmer in den entsprechenden (Entwicklungs-)Ländern stehen heutzutage viel mehr auf dem Prüfstand.

Eine der großen gesetzlichen Änderungen im Jahr 2021 war der Beschluss Deutschlands, das sogenannte Lieferkettensorgfaltspflichtengesetz („Gesetz über die unternehmerischen Sorgfaltspflichten in Lieferketten“, LkSG) einzuführen. Das in der Gesellschaft nur „Lieferkettengesetz“ genannte Gesetz wird ab dem 1. Januar 2023 in Kraft treten. Im Zentrum dieser Anpassung der Rahmenordnung steht die Ausweitung der Sorgfaltspflichten großer Unternehmen für ihre internationalen Lieferketten in Bezug auf grundlegende Menschenrechte und Umweltbelange. Damit ist Deutschland nach Frankreich (2017) erst das zweite Land innerhalb der Europäischen Union, das eine solche Regelung einführt.

Es stellt sich somit die Frage nach den Beweggründen einer solchen Einführung. Ist es der Versuch, Sorgfaltspflichten in andere Länder zu exportieren? Dabei müssen auch die in der EU geltenden Regelungen und die aktuellen Bestrebungen betrachtet werden. Betritt Deutschland mit dem Lieferkettengesetz neue Pfade oder ist es nur die logische Fortführung grundlegender Bestrebungen? Der vorliegende Beitrag versucht, das Gesetz in die derzeitige ökonomische und rechtliche Situation einzuordnen und kritisch zu hinterfragen. Der Fokus liegt auf den Sorgfaltspflichten bzgl. der Menschenrechte. Im Gesetz angeführte Umweltbelange werden nur sporadisch besprochen. Eine genauere Einordnung würde den Rahmen dieses Beitrags klar übersteigen.

Hierzu wird zuerst der Schutz von Menschenrechten in globalen Wertschöpfungsketten diskutiert, insbesondere mit Blick auf die bestehenden Regularien der Europäischen Union und ihrer Mitgliedsstaaten. Im Anschluss wird dann das deutsche Lieferkettengesetz besprochen. Der Fokus liegt dabei auf seiner konkreten Ausgestaltung und den daran anknüpfenden Diskussionspunkten. Eine kritische Würdigung zu der Erforderlichkeit eines solchen Gesetzes schließt sich daran an.

2. Sorgfaltspflichten in globalen Lieferketten

Ursprung und Auslöser einer Globalisierung von Wertschöpfungs- und Lieferketten liegen grundsätzlich in den potenziellen Kostenersparnissen für Unternehmen aus Industrienationen. Diese können nicht nur durch niedrigere Löhne ausgelöst werden, sondern auch durch die Nähe zu Ressourcen. Gleichzeitig stellt eine im Vergleich zum Heimatland schwache Rahmenordnung einen Vorteil da, so dass „die zum Teil fehlenden oder schlecht funktionierenden rechtsstaatlichen Institutionen […] als wichtiger Outsourcing-Anreiz“ (Lorenzen 2021) anzusehen sind. Somit sind weder die Internationalisierung von Lieferketten noch die dabei zutage tretenden Menschenrechtsverletzungen ein neues gesellschaftliches und politisches Thema.

Ein wichtiger Meilenstein für die aktuelle Diskussion sind die im Jahr 2011 einstimmig verabschiedeten „UN-Leitprinzipien für Wirtschaft und Menschenrechte: Umsetzung des Rahmens der Vereinten Nationen ‚Schutz, Achtung und Abhilfe‘“ im Menschenrechtsrat (Resolution 17/4 vom 16. Juni 2011, siehe United Nations 2011). Während sich der erste Teil der Leitprinzipien auf die Rolle des Staates im Hinblick auf Menschenrechte bezieht, definiert der zweite Teil die Verantwortung von Unternehmen zur Achtung von Menschenrechten.[1]

Innerhalb Europas fällt der erste Blick auf die Charta der Grundrechte der Europäischen Union. Aber schon die Europäische Sozialcharta von 1965

1 International wird diese Diskussion unter der Abkürzung HRDD (human rights due diligence) geführt, siehe z.B. Bueno und Bright 2020.

legte allgemeine soziale Rechte europäischer Bürger fest (für eine detaillierte Analyse siehe z.B. Althammer et al. 2021, S. 342-344). Allerdings liegt hier der Fokus auf der Situation innerhalb Europas. Überlegungen einer Ausdehnung dieser Regelungen auf die gesamte Lieferkette und somit auch auf mittel- und unmittelbare Zulieferer in anderen Ländern werden nicht thematisiert.

Auch wenn es derzeit auf EU-Ebene keine allgemeine Lieferkettensorgfaltspflicht gibt, kennt das EU-Recht für gewisse Bereiche schon länger Sorgfaltsregelungen, die sich auch auf die Situation außerhalb der EU beziehen. So wäre hier zum Beispiel die EU-Verordnung zum Umgang mit Holz (VO (EU) 995/2010, Holzhandelsverordnung) zu nennen, mit der insbesondere versucht wird, den Handel mit illegal gefälltem Holz und den daraus entstandenen Holzprodukten zu unterbinden. Hierdurch werden europäische Unternehmen verpflichtet, den Ursprung des verwendeten Holzes nachzuvollziehen, wobei die gesamte Lieferkette zu betrachten ist. Diese Regelungen werden von Autoren immer wieder als eine mögliche Grundlage einer europäischen Lieferkettenrichtlinie ins Gespräch gebracht (Zamfir 2020, S. 4).

Des Weiteren legt die Verordnung (EU) 2017/821 strenge Restriktionen für den Handel mit Konfliktmineralien fest.[2] Anders als bei den Überlegungen zu einer allgemeinen Sorgfaltspflicht zur Wahrung von Menschenrechten ist diese Verordnung allerdings klar darauf ausgerichtet „die Möglichkeiten für bewaffnete Gruppen und Sicherheitskräfte zum Handel [...] einzuschränken." (§ 1 VO (EU) 2017/821). Hierbei hat sich Deutschland schon früh für eine Ausweitung der europäischen Verordnung ausgesprochen (Bundesregierung 2018). Die Auswirkungen dieser Verordnung sind jedoch aktuell noch nicht quantifizierbar. Auch ein Blick in die USA, wo es mit dem Dodd-Frank Act Section 1502 aus dem Jahr 2010 schon länger eine vergleichbare Einschränkung gibt, führt noch nicht zu besseren Erkenntnissen. Studien zu den dadurch ausgelösten Effekten werden im Moment aufgrund der schwierigen Datenlage und der Überlappung etlicher verschiedener Effekte noch kontrovers diskutiert (für eine Literaturübersicht siehe Koch und Kinsbergen 2018).

In anderen Bereichen – insbesondere in der Kleidungs-, Textil-, und Lederindustrie – setzt die EU hingegen bisher auf eine freiwillige Selbstbindung der Unternehmen bzw. Branchenstandards (für die entsprechende EU-Strategie siehe European Commission 2017). Gleichzeitig stellt die EU den

---

2 Im Sinne der Verordnung betrifft das Zinn, Tantal, Wolfram, deren Erze sowie Gold aus Konflikt- und Hochrisikoregionen. Insbesondere die Demokratische Republik Kongo sowie deren Nachbarstaaten sind dabei im Fokus der Verordnung; vgl. hierzu auch OECD 2016.

Unternehmen Hilfestellungen zum Umgang mit Menschenrechten bereit (z.B. European Union 2021).

Von dieser Basis ausgehend wird auf EU-Ebene immer wieder die Ausweitung solcher Regelungen hin zu einer umfassenden Lieferkettenrichtlinie bzw. einer generellen Sorgfaltspflicht der Unternehmen diskutiert. Insbesondere sind hier die 2018/19 in Auftrag gegebenen Machbarkeitsstudien der EU zu nennen (European Commission 2020, Krajewski und Faracik 2020), die als ein erster Schritt zu der Entwicklung solcher Regularien zu sehen sind. Die Bestrebungen zur Einführung von umfangreichen Sorgfaltspflichten wurden im Jahr 2021 durch eine Empfehlung des Europäischen Parlaments an die Kommission (Europäisches Parlament 2021) nochmals bekräftigt. Des Weiteren macht sich die EU auch auf Ebene der Vereinten Nationen für einen besseren Umgang mit Menschenrechten stark (siehe z.B. Europäisches Parlament 2018).

Durch die EU-Richtlinie 2014/95/EU wurden Regelungen zur Nachhaltigkeitsberichterstattung (non-financial reporting directive) eingeführt. Diese Vorschriften betreffen börsennotierte Unternehmen, Banken und Versicherungen sowie weitere Unternehmen, an denen öffentliches Interesse besteht. Die Unternehmen sind verpflichtet, neben einem Jahresbericht auch einen Bericht über ihre CSR-Aktivitäten zu veröffentlichen. Allerdings sind die Regelungen sehr vage gehalten und sind nicht gleichbedeutend mit einer Verpflichtung zur Einhaltung von Menschenrechten oder ein Verbot von Umweltschäden. Hintergedanke ist hierbei eine erhöhte Transparenz und gleichzeitig eine erhöhte Sensibilität der Unternehmen für diese Themen. Durch diese gestiegene Transparenz wird der Kunde bei seiner Kaufentscheidung unterstützt und der Markt – so die Hoffnung – reduziert „unethisches“ Verhalten der Unternehmen.

Regelungen des Umweltschutzes, die globale Lieferketten in den Blick nehmen, gibt es bislang nicht. Allerdings werden Unternehmen aufgrund internationaler Übereinkommen mittelbar bezogen auf bestimmte Güter oder Umweltverschmutzungen zur Einhaltung von Mindeststandards verpflichtet.[3] Innerhalb der EU steigt aber gleichzeitig der Stellenwert von Umweltschutz wie zuletzt z.B. der Grüne Deal aus dem Jahr 2021 zeigt,

3 Hier ist z.B. das Stockholmer Übereinkommen vom 23. Mai 2001 über persistente organische Schadstoffe zu nennen sowie das Basler Übereinkommen über die Kontrolle der grenzüberschreitenden Verbringung gefährlicher Abfälle und ihrer Entsorgung vom 22. März 1989 zu nennen, zu denen sich Deutschland bekannt hat. Im Jahr 2017 ist dann auch noch das Minamata-Übereinkommen zur Eindämmung der Emissionen und Freisetzungen von Quecksilber, in Kraft getreten.

in dem sich die Mitgliedstaaten zu einer starken Senkung der Emissionen verpflichtet haben.

Sieht man sich innerhalb von Europa nach einem Lieferkettengesetz um, so fällt auf, dass abgesehen von Frankreich kein europäisches Land bisher etwas Vergleichbares verabschiedet hat. Allerdings existieren nationale Regelungen für einzelne kritische Bereiche wie z.B. der „Modern Slavery Act" in Großbritannien (2015). Frankreich hat hingegen schon im Jahr 2017 aufgrund des Loi de Vigilance (Gesetz der Wachsamkeit) umfassende Regelungen zu Sorgfaltspflichten in das französische Handelsgesetzbuch (L. 225-102-4 und -5 code de commerce) aufgenommen. Diese dienten auch dem deutschen Gesetzgeber als Vorlage.

Das französische Recht sieht Sorgfaltspflichten zur Vermeidung von schwerwiegenden Verletzungen von Menschenrechten und Grundfreiheiten, der Gesundheit und Sicherheit von Personen und der Umwelt vor. Diese Sorgfaltspflichten gelten für Unternehmen ab einer Größe von 5.000 Arbeitnehmern in Frankreich oder über 10.000 Beschäftigte weltweit und beziehen sich dabei auch auf ihre Zulieferer. Im Rahmen eines Stakeholder-Dialogs ist ein Plan zu entwickeln, der Risikomanagement, Monitoring- und Warnsysteme bezüglich der Sorgfaltspflichten beinhalten muss. Das französische Recht verzichtet – anders als das deutsche Lieferkettengesetz – darauf, die zu vermeidenden Menschenrechts- und Umweltverletzungen näher zu spezifizieren. Es bietet daher einen großen Interpretationsspielraum, der konkrete Sanktionen erschwert. Andererseits ist das Gesetz somit umfassender und bietet weniger Umgehungsmöglichkeiten. In einer ersten oberflächlichen Analyse konnte das französische Wirtschafts- und Finanzministerium bei einigen Firmen einen echten Fortschritt im Hinblick auf die Verhinderung von Menschenrechtsverletzungen und Umweltschäden erkennen. Bei den meisten Unternehmen herrscht jedoch noch viel Nachholbedarf (Ministere de l'Economie et des Finances 2020).

3. Das Lieferkettensorgfaltsgesetz

Aufgrund der angesprochenen fehlenden, einheitlichen europäischen Vorgaben und des gestiegenen gesellschaftlichen Drucks hat sich der deutsche Gesetzgeber für die Einführung eines Lieferkettengesetzes entschieden. Das im Jahr 2021 in Deutschland beschlossene Lieferkettensorgfaltspflichtengesetz sieht eine zweistufige Einführung vor. So tritt das Gesetz ab dem 1. Januar 2023 erstmal nur für in Deutschland ansässige Unternehmen und Unternehmen mit einer Zweigniederlassung gemäß § 13 d HGB mit mindestens 3.000 Beschäftigten in Deutschland in Kraft. Ab dem 1. Januar 2024 wird diese Beschäftigungsschwelle dann auf 1.000 Beschäftigte gesenkt. Durch diese im Vergleich zum französischen Recht niedrigeren Schwellenwerte betrifft das Gesetz einen größeren Kreis von Unternehmen. Nach Schätzungen des Bundesministeriums für Arbeit und Soziales liegen anfangs ca. 600, ab dem Jahr 2024 dann ca. 2.900 Unternehmen im direkten Geltungsbereich des Gesetzes. Allerdings werden auch viele kleine Zulieferer vom Gesetz getroffen, wenn sie Teil der Lieferkette eines solchen Unternehmens sind.

Das Lieferkettengesetz übernimmt größtenteils bestehende soziale Überzeugungen, wie sie im Grundgesetz oder in den Erklärungen der EU und UN zu finden sind, erweitert aber die Sorgfaltspflicht der Unternehmen auf die gesamte Lieferkette.[4] Die Auswirkungen dieses Gesetzes sollen klar über Deutschland und die EU hinausgehen. Im Gesetzestext heißt es dazu:

> *Die Lieferkette […] bezieht sich auf alle Produkte und Dienstleistungen eines Unternehmens. Sie umfasst alle Schritte im In- und Ausland, die zur Herstellung der Produkte und zur Erbringung der Dienstleistungen erforderlich sind, angefangen von der Gewinnung der Rohstoffe bis zu der Lieferung an den Endkunden und erfasst*
> 1. *das Handeln eines Unternehmens im eigenen Geschäftsbereich,*
> 2. *das Handeln eines unmittelbaren Zulieferers und*
> 3. *das Handeln eines mittelbaren Zulieferers (§ 2 Nr. 5).*

Insbesondere der letzte Punkt ist relevant, da hier keine vertraglichen Beziehungen bestehen und somit ein direkter Einfluss und entsprechende Kontrollmaßnahmen nur sehr eingeschränkt möglich sind.

Obwohl das Lieferkettengesetz oft von Kritikern als „Aktionismus" bezeichnet wird, ist das Thema von der Einhaltung von Menschenrechten in der Wirtschaft schon seit Längerem – wie im vorherigen Abschnitt gezeigt – im Fokus nationaler und supranationaler Entscheider. Für Deutschland muss in diesem Zusammenhang insbesondere der Nationale Aktionsplan Wirtschaft und Menschenrechte (NAP) von 2016 hervorgehoben werden, dessen konsequente Umsetzung Teil des Koalitionsvertrags zwischen CDU/CSU und SPD im Jahr 2018 war (Bundesregierung 2018, S. 18). Der NAP knüpft dabei an die schon erwähnten UN-Leitprinzipien für Wirtschaft und Menschenrechte an. Zu der Entwicklung nationaler Aktionspläne zur Implementierung der besagten Prinzipien hatte die EU-Kommission in deren Mitteilung „Eine neue EU-Strategie (2011-2014) für die soziale Verantwortung der Unternehmen (CSR)" (KOM(2011) 681) aufgefordert.

---

4 Genauer gesagt, wird die Lieferkette bis zum in Deutschland ansässigen Unternehmen betrachtet. Die Sorgfaltspflicht erstreckt sich nicht auf endnähere Unternehmen.

Neben der Implementierung der Prinzipien sollten auch die Pflichten und Verantwortlichkeiten für Staat und Wirtschaft transparenter dargestellt werden und „ein Prozess an[ge]stoßen [werden], der eine Orientierung für die praktische Umsetzung der Leitprinzipien gibt" (Bundesregierung 2017, S. 5). Bezogen auf die in Deutschland ansässigen Unternehmen wurde dadurch das Ziel ausgegeben, dass mindestens 50% der Unternehmen mit mehr als 500 Beschäftigten bis 2020 menschenrechtliche Sorgfalt in ihre Unternehmensprozesse integrieren sollten. Es war somit ein Versuch, auf die Freiwilligkeit der Unternehmen zu setzen, auch wenn schon im NAP selbst auf die Prüfung gesetzlicher Maßnahmen hingewiesen wurde.

Die im NAP festgelegten Ziele wurden klar verfehlt. So lag der Anteil von Unternehmen, die die Kriterien im Jahr 2020 erfüllten, klar unter 20%. Zwar wurden weitere 10% der Unternehmen auf einem guten Weg gesehen, aber selbst in einem Best-case-Szenario war man immer noch weit vom anvisierten Ziel entfernt (Auswärtige Amt 2020). Gleichzeitig sah sich die Bundesregierung durch die Forderung der EU zur Einhaltung der Standards sowie der generellen Stimmung im Land einem gestiegenen Druck ausgesetzt. So befürworteten laut Infratest dimap (2020) 75 % der Deutschen ein Lieferkettengesetz (Herzog 2021). Daraufhin wurde dann im Jahr 2021 ein sektorunabhängiges allgemeines Lieferkettensorgfaltspflichtengesetz beschlossen. Eine Evaluation der Wirksamkeit des Lieferkettengesetzes ist zum ersten Mal für das Jahr 2026 geplant.

Pflichten der Unternehmen

Gegenstand des Gesetzes ist die Bekämpfung von Menschenrechtsverletzungen und Umweltschäden entlang der Lieferkette. Bei der Konkretisierung der Menschenrechtsverletzungen bezieht sich das Gesetz dabei auf die Übereinkommen der ILO. Generell werden jegliche Formen von Sklaverei, Zwangsarbeit und massive Unterdrückung untersagt. Bei Kindern erstrecken sich diese Verbote zudem auf alle schlimmsten Formen von Kinderarbeit (z.B. Prostitution). Für unter 15-Jährige soll ein generelles Arbeitsverbot gelten. Auch der Einsatz von Sicherheitskräften ohne Kontrollmöglichkeiten darf nicht mehr möglich sein. Vorgehen wie Enteignung, Zwangsräumung, etc. werden untersagt. Des Weiteren gilt ein Gleichbehandlungsgebot, um gegen Diskriminierung vorzugehen sowie die Sicherstellung der Koalitionsfreiheit also insbesondere die Möglichkeit zur Gründung von Gewerkschaften. Gleichzeitig wird auf die Einhaltung nationaler Arbeitsschutzrichtlinien verwiesen. Im Rahmen des Umweltschutzes wird hier die Herbeiführung von starken Umweltschäden unterbunden. Das Lieferkettengesetz ist somit viel detaillierter als das französische Recht im Hinblick auf die Bereiche der Sorgfaltspflicht. Somit wird zwar den Unternehmen ein Regelkatalog an die Hand gegeben, es führt aber auch dazu, dass gegebenenfalls übersehene Aspekte, nicht ohne Gesetzesänderung Teil der Sorgfaltspflichten werden können.

Tabelle 1 zeigt in einer vereinfachten Darstellung die Sorgfaltspflichten und entsprechend zu ergreifende Maßnahmen bzgl. des eigenen Geschäftsbereichs, der unmittelbaren und der mittelbaren Zulieferer. Grundsätzlich geht es um ein umfangreiches Risikomanagement, dessen Risikoanalyse sich auf die gesamte bisherige Lieferkette erstreckt. Präventionsmaßnahmen werden auch beim unmittelbaren Zulieferer verankert und müssen vertraglich zugesichert werden. Im Hinblick auf mittelbare Zulieferer müssen Risikoanalyse und Präventionsmaßnahmen erst bei substanzieller Kenntnis über Verletzungen erfolgen. Allerdings muss auch für Menschenrechtsverletzungen bei diesen Zulieferern ein Zugang zum Beschwerdesystem gewährleistet werden. Zusätzlich muss das deutsche Unternehmen neben Dokumentations- und Berichterstattungspflichten noch eine generelle Grundsatzerklärung zur Einhaltung der Menschenrechte und Vermeidung von Umweltschäden abgeben.

Das aktuelle Lieferkettengesetz macht eine interessante Zweiteilung bei den Regelungen bzw. den Verboten, die zum Schutz der Menschenrechte aufgestellt werden. Hierbei ist nicht die Formulierung von Verboten (Kinderarbeit) und den Verpflichtungen zu Gewährleistungen (z.B. Gleichbehandlung, Koalitionsfreiheit) gemeint, sondern der Unterschied absoluter und relativer Regelungen. Absolute Verbote hat man in dieser Form schon an vielen anderen Stellen gesehen (z.B. ILO Übereinkommen Nr. 105, 138, 182). Dabei handelt es sich um zwingend einzuhaltende Mindeststandards, die stark an die Allgemeine Erklärung der Menschenrechte sowie die maßgeblichen UN-Prinzipien angelehnt sind. Ziel ist es, diese Standards über die verknüpften globalen Lieferketten insbesondere in Entwicklungsländern zu etablieren.

Gleichzeitig finden sich in den Regelungen aber auch relative Formulierungen bei den Themen Arbeitsschutz und Lohn. So heißt es im Gesetz bei der Auflistung der Verpflichtungen:

> *[…] das Verbot der Missachtung der nach dem Recht des Beschäftigungsortes geltenden Pflichten des Arbeitsschutzes, wenn hierdurch die Gefahr von Unfällen bei der Arbeit oder arbeitsbedingte Gesundheitsgefahren entstehen, […] (§ 2 Nr. 5 LkSG).*

Tabelle 3: Übersicht über das Lieferkettengesetz (vereinfacht)

	Sorgfaltspflichten	Präventionsmaßnahmen	Abhilfemaßnahmen
Eigener Geschäftsbereich	Grundsatzerklärung Risikomanagement (inkl. Beschwerde-management) Dokumentation und Berichterstattung Verankerung von Präventionsmaßnahmen	Umsetzung der Grundsatzerklärung Entwicklung und Implementierung geeigneter Beschaffungsstrategien und Einkaufspraktiken Schulung/ Weiterbildung Kontrollmaßnahmen	Abhilfemaßnahmen zur Beendigung der Verletzung
Unmittelbarer Zulieferer	Verankerung von Präventionsmaßnahmen Teil der Risikoanalyse Zugang zum Beschwerde-verfahren	Vertragliche Zusicherung Schulung/ Weiterbildung Vereinbarung zu Kontrollmaßnahmen	Angemessene Maßnahmen, um Verletzung zu vermeiden, beenden oder das Ausmaß zu minimieren
Mittelbarer Zulieferer	Umsetzung von Sorgfaltspflichten in Bezug auf konkrete Risiken Zugang zum Beschwerde-verfahren	Bei substantiierter Kenntnis über Verletzungen: Risikoanalyse Angemessene Präventionsmaßnahmen Konzepterstellung	

Es wird also ein direkter Bezug zum nationalen Recht des jeweiligen Landes genommen und somit zusätzlich zu den aus westlicher Sicht absoluten bzw. universellen Standards eine Reihe relativer Standards formuliert. Eine ähnliche Formulierung findet sich auch beim Lohn. So nennt das Gesetz

> *[...] das Verbot des Vorenthaltens eines angemessenen Lohns; der angemessene Lohn ist mindestens der nach dem anwendbaren Recht festgelegte Mindestlohn und bemisst sich ansonsten nach dem Recht des Beschäftigungsortes (§ 2 Nr. 8 LkSG).*

Die Diskussion um einen „angemessenen Lohn" ist komplex und hat eine lange Tradition nicht nur in den politischen, sondern auch in den ökonomischen und philosophischen Debatten, die hier nicht wiedergegeben werden können.[5] Der Gesetzgeber geht dieser Diskussion zum Teil aus dem Weg, indem er eine Untergrenze des Lohns definiert: Das „Minimalziel" des Zahlens des nach anwendbarem Recht geltenden Mindestlohns. Allerdings befinden sich immer noch 57 Mio. Personen (3,1% aller Arbeitnehmer)

5 Als Startpunkt eignet sich z.B. Lesch und Bennett (2010).

weltweit in Ländern ohne jegliche Mindestlohnregelung.[6] Die Zahl der Beschäftigten in Branchen ohne Mindestlohn ist wesentlich höher. Ob zudem der Mindestlohn tatsächlich eine Teilhabe am gesellschaftlichen Leben ermöglicht, ist vielerorts fraglich. So liegt z.B. der Mindestlohn in Bangladesch bei 16%, in Vietnam bei 28% und in Estland bei 43% des dortigen Durchschnittsstundenlohns (vgl. hierzu grundlegend ILO 2020). Des Weiteren sagt der Mindestlohn noch nichts über die tatsächliche Arbeitszeit aus.

Der Gesetzgeber trennt klar zwischen Menschenrechtsbelange sowie Umweltschutz auf der einen Seite und arbeitsrechtlichen Aspekten (inkl. Lohn) auf der anderen Seite. Es wird weder beim Lohn noch bei den Arbeitsschutzvorschriften versucht, höhere Standards durchzusetzen. In die nationalen Rechtsordnungen soll nicht eingegriffen werden, es wird lediglich die Einhaltung vorherrschender Regelungen verlangt. Dafür müssen die deutschen Firmen eine Kontrolle der im Ausland ansässigen Zulieferer gewährleisten, die eigentlich den Behörden des jeweiligen Landes obliegt. Dies zeigt eine Verschiebung des Fokus‘ im Gegensatz zu älteren Diskussionen. War früher der generelle Tenor, dass Niedriglohnländer ihre Gesetze ändern sollten, um so höhere Arbeitsstandards insbesondere im Arbeitsschutz und in der Entlohnung zu etablieren, hält es der deutsche Gesetzgeber nun für erforderlich, zunächst die externe Kontrolle zu erhöhen und um Sanktionen zu erweitern, da eine Rahmenordnung ohne hinreichende Kontrolle nicht zum gewünschten Ergebnis führt.

3.1 Diskussionspunkte

Die Diskussion um das Lieferkettengesetz wird stark von Interessenverbänden, (insbesondere NGOs) geprägt, die sich intensiv für ein solches Gesetzesvorhaben eingesetzt haben. Andererseits fürchten Unternehmens- und Arbeitgeberverbände die Kosten und Einschränkungen, die das Gesetz mit sich bringen kann. Die grundlegenden, zusammengefassten Bedenken aus Industrie und Gesellschaft sollen im Folgenden zusammengefasst werden, um den Kontext des Gesetzes besser nachvollziehen zu können.[7]

---

6 Dies betrifft hauptsächlich Länder im Nahen Osten (Bahrain, Saudi-Arabien, Jemen) sowie Teile Afrikas (Ägypten, Äthiopien, Süd-Sudan, Somalia).

7 Eine Übersicht über die Stellungnahmen vieler Industrievereinigungen und NGOs befindet sich auf https://www.bmas.de/DE/Service/Gesetze-und-Gesetzesvorhaben/gesetz-unternehmerische-sorgfaltspflichten-lieferketten.html (zuletzt abgerufen am 27. Okt. 2021). Allerdings weisen viele Stakeholdergruppen auf die extrem kurze Zeit (weniger als einen Tag) für die Stellungnahme hin, die einen gemeinsamen Dialog über das Gesetz stark erschwere.

Den NGOs geht das Gesetz – wie zu erwarten – in vielen Punkten nicht weit genug. Als erstes wäre da der in vieler Augen zu hohe Schwellenwert für Beschäftigte zu nennen, der zu einer geringen Zahl direkt betroffener Unternehmen führt. Häufig wird hier eine Reduktion der Grenze auf 500 bzw. 250 Arbeitnehmer gefordert.[8] Auch wird die Fallunterscheidung bei den Sorgfaltspflichten bzgl. der Zulieferer kritisiert. Das betrifft besonders die Tatsache, dass bei mittelbaren Zulieferern erst bei substanzieller Kenntnis über eine Verletzung ein Handeln gefordert und somit nicht präventiv vorgegriffen wird. Zudem seien die Regelungen zu Umweltschäden und -belangen entlang der Lieferkette ungenügend, da sie eher auf die Vermeidung extremer irreparabler Umweltschäden abzielen als nachhaltiges, ökologisches Handeln zu fordern. Schließlich wird auch noch auf die ungenügende zivilrechtliche Haftung von Unternehmen hingewiesen (vgl. hierzu z.B. die Stellungnahmen von WWF, Initiative Lieferkettengesetz, Transparency International und EKD).

Kritik kommt auch von Unternehmensseite. Während sich alle Verbände zu der menschenrechtlichen Verantwortung von Unternehmen bekennen, beanstanden sie doch den Zwang der gesetzlichen Regelung und die Schwierigkeiten bei der praktischen Umsetzung. Insbesondere wird hier die fehlende Rücksicht auf kleine und mittlere Unternehmen bemängelt. Diese Unternehmen werden zwar nicht direkt durch das Gesetz verpflichtet, sie sind jedoch häufig selbst Zulieferer eines vom Gesetz betroffenen Unternehmens. Die im Gesetz verankerte, vertragliche Zusicherung der Sorgfalt wird sich zudem auch auf ihre eigenen Zulieferer auswirken. So wird diese Pflicht „in der Praxis zu einer faktischen Verpflichtung zur Vornahme vertraglicher ‚Weitergabeklauseln'" ausarten (BDI 2021). Daher wird von Unternehmensverbänden eine allumfassende Sorgfaltspflicht sehr kritisch gesehen und stattdessen eine Beschränkung auf die unmittelbaren Zulieferer gefordert.

Ein großer Sorgenpunkt der Industrie ist die Mehrbelastung für deutsche Unternehmen. Da das Gesetz nicht nur auf Menschenrechte, sondern auch auf Arbeits- und Sozialstandards sowie Umweltschäden abstellt, sehen sich die Industrieverbände mit einer übermäßigen Belastung konfrontiert. Die Kritik lässt sich dabei auf drei wesentliche Punkte verteilen. Zum einen läge hier eine unverhältnismäßige Belastung kleinerer Unternehmen vor. Für kleine und mittelständische Unternehmen ohne eigene Zweigniederlas-

---

8 Die Beschränkung auf gewisse Unternehmensgrößen findet sich nicht in den UN-Leitprinzipien. So nennt Leitprinzip 14, dass die Verantwortung zur Achtung von Menschenrechten allen Wirtschaftsunternehmen unabhängig von Größe, Aufbau etc. obliegt (United Nations 2011).

sung im Ausland stellt die Kontrolle der Zulieferer ein großes Problem dar. Die Kosten für Risikomanagement und Präventionsmaßnahmen sind hier ungleich größer. Da sie sich dafür als Zulieferer vertraglich verpflichten werden müssen, kommt es hier zu einer starken zusätzlichen Belastung. Zum anderen werden die Branchen unterschiedlich vom Gesetz getroffen. Unternehmen, die in endnahen Stufen der Lieferkette arbeitsintensiv produzieren, werden wesentlich stärker vom Gesetz getroffen als rohstoffnahe, kapitalintensiv produzierende Unternehmen am Anfang der Lieferkette. Insbesondere die Nähe zur Rohstoffgewinnung ist hier von Vorteil, da sich dort meistens ein Großteil der Menschenrechtsverletzungen ereignet (vgl. hierzu auch die Stellungnahme des DGB).

Als letztes muss in diesem Kontext der drohende Verlust von Wettbewerbsfähigkeit in der globalen Wirtschaft aufgrund der gestiegenen Sorgfaltspflichten genannt werden. Somit sei das Gesetz gegenläufig zu den Bestrebungen eines einheitlichen europäischen Marktes, in dem die gleichen Bedingungen für alle Marktteilnehmer herrschen sollen. Die stärkere Belastung für in Deutschland ansässige Unternehmen durch das Lieferkettengesetz führe zu einer „Wettbewerbsverzerrung im Binnenmarkt, wo Waren-, Dienstleistungs- und Niederlassungsfreiheiten herrschen“ (Herzog 2021).

Hinsichtlich des Wettbewerbsnachteils im europäischen Vergleich muss aber auch darauf hingewiesen werden, dass das vielfach gewünschte „level playing field“ innerhalb der EU so nicht existiert. Zwar werden über europäische Richtlinien gewisse Mindeststandards implementiert, aber durch die nationale Besteuerung und Lohnnebenkostenbelastung der Unternehmen liegen hier von vorneherein unterschiedliche Zugangsvoraussetzungen von deutlich stärkerem Gewicht vor (vgl. hierzu BMF 2021).

Die zusätzliche Mehrbelastung und die dadurch eingeschränkte Wettbewerbsfähigkeit deutscher Unternehmen auf globalisierten Märkten macht das Setzen auf eine nationale Lösung umso erstaunlicher. Mit einer allgemeinen Verankerung von Sorgfaltspflichten in den Mitgliedsstaaten der Europäischen Union über eine europäische Richtlinie hätte das Problem umgangen werden können. Allerdings wäre dies zusammen mit der darauffolgenden Umsetzung wesentlich zeitintensiver gewesen als eine Gesetzesanpassung auf nationaler Ebene. An diesem „Vorpreschen“ Deutschlands (Bonschab und Kappel 2020), wird auch das Fehlen einer tiefergehenden Analyse realpolitischer und wirtschaftlich-sozialer Folgen für die Zulieferer-Länder kritisiert.

Oberhofer (2021) macht auf die Schwierigkeiten der praktischen Kontrollmöglichkeiten bei größeren Unternehmen aufmerksam, auf die das Lieferkettengesetz ja ausschließlich abzielt, da die Lieferbeziehungen in der Regel höchst komplex sind. Insbesondere bei Ketten von Subunternehmen ist eine eigene Kontrolle kaum möglich, sondern muss auf den Informationen der internationalen Subunternehmer beruhen. Hier muss man die Frage nach dem Anreiz für ausländische Unternehmen stellen, ehrliche Informationen zu kommunizieren, da eine Haftung für Fehlinformationen häufig ausbleiben wird (Oberhofer 2021). Zwar können deutsche Unternehmen versuchen, Menschenrechtsverletzungen über Vertragsstrafen einzudämmen, eine solche Regelung löst jedoch nicht das Problem des Monitorings bzw. der fehlenden Nachweisbarkeit von Vertragsverletzungen.

Die Unterschiede in den Schwellenwerten werden zudem die Entwicklung einer generellen europäischen Richtlinie schwieriger gestalten. Eine direktere Übernahme des französischen Rechts hätte wahrscheinlich eine Verallgemeinerung der Sorgfaltspflichtregularien für alle Mitgliedsstaaten der Europäischen Union vereinfacht. Alternativ wäre auch eine Anknüpfung an den Schwellenwert für die Pflicht zur nichtfinanziellen Erklärung bei kapitalmarktorientierten Kapitalgesellschaften ab 500 Beschäftigten sinnvoll gewesen.

Aus wissenschaftlicher Sicht sind die fehlenden ökonomischen Analysen insbesondere die Auswirkungsanalyse des französischen Gesetzes nicht überraschend. Die Datenlage ist für Frankreich sehr überschaubar und die Effekte werden durch den Brexit und die seit 2020 anhaltende Pandemie stark überlagert. Dies macht ex-post Analysen nicht belastbar. Gleichzeitig fehlt eine Kontrollgruppe, um es als natürliches Experiment zu behandeln. Kleinere Unternehmen scheiden hier aus, da sich ihr Aufbau substanziell von dem großer, multinationaler Unternehmungen unterscheidet. Ein Vergleich mit den Nachbarländern scheitert an der notwendigen Datenlage und den unterschiedlichen gesetzlichen Vorgaben.

4. Erforderlichkeit des Gesetzes

Die Einführung eines Lieferkettengesetzes wurde aus Sicht des Gesetzgebers erforderlich, da der Markt nicht das gesellschaftlich Geforderte in genügendem Umfang sicherstellen konnte. Die erhoffte Selbstbindung der Unternehmen bzw. Branchen, die im Rahmen des NAP geplant wurde, muss als gescheitert betrachtet werden. Die Verortung der Verantwortung zur Menschenrechtseinhaltung in der Wirtschaft auf der Mesoebene – also bei den Unternehmen, Organisationen, etc. – ist allein nicht ausreichend. Daher wurde mit dem Lieferkettengesetz die aus gesellschaftlicher Sicht defizitäre Rahmenordnung entsprechend angepasst.

Allerdings verwundert der Zeitpunkt der Gesetzesverabschiedung, da erst im Jahr 2018 im Rahmen des CSR-Forums der Bundesregierung der

„Berliner CSR-Konsens zur Unternehmensverantwortung in Liefer- und Wertschöpfungsketten" beschlossen wurde. Obwohl er kein rechtlich bindendes Dokument darstellt, ist der Konsens doch das Ergebnis eines langwierigen Stakeholder-Dialogs in Deutschland über die Rolle von Sorgfaltspflichten der Unternehmen. Der Konsens ist dabei aber umfassender als das Lieferkettengesetz, da er alle Unternehmen betrachtet und einen stärkeren Fokus auf nachhaltiges Handeln legt (BMAS 2018).

Die Idee des NAP war es, die freiwilligen Anstrengungen der Unternehmen zu kanalisieren, sie für diese Thematik zu sensibilisieren und generell die Transparenz zu erhöhen. Da die Implementierung der Sorgfaltspflichten aber mit Kosten für das jeweilige Unternehmen verbunden ist, ist aus Unternehmenssicht die Frage nach der Möglichkeit zur Überwälzung der Kosten an den Kunden entscheidend. Auf Märkten mit nur wenigen Anbietern müssten die gestiegenen Kosten aufgrund des zusätzlichen Gewinns durch die bestehende Marktmacht nicht vollständig an den Kunden übergeben werden. Allerdings werden die wenigsten Unternehmen diese Situation vorfinden. Im Allgemeinen wird es daher auf die Zahlungsbereitschaft bzw. die generelle Preiselastizität der Nachfrage ankommen. Hierbei ist die Abwägung der Kunden zwischen dem Preis und der Bekenntnis zu Menschenrechten und Umweltschutz von zentraler Bedeutung. Die Frage ist daher immer, inwieweit die Kenntnis von Menschenrechtsverletzungen bzw. Umweltschäden entlang der Lieferkette einen Einfluss auf die Profitabilität des zu betrachten Unternehmens hat. Führen unterlassene Sorgfaltspflichten zu einer Reduktion der Verkaufszahlen, so ist eine Gesetzeseinführung nicht notwendig, da der Markt sich aufgrund seiner eigenen Mechanismen selbst anpassen wird. Dies ist hier aber nicht der Fall. Die Gründe hierfür sind aber nicht einfach zu identifizieren. Möglich wären die Komplexität globaler Lieferketten gepaart mit einer hohen Intransparenz unternehmerischen Handelns, was zu hohen Suchkosten für den Kunden resultiert. Andererseits kann es auch tatsächlich eine fehlende Zahlungsbereitschaft für ethisches Verhalten sein. Das bedeutet, dass zwar viele Leute CSR-Aktivitäten, solidarisches Verhalten etc. fordern, aber im tatsächlichen Leben deren Kaufentscheidung doch stark eine Preisabhängigkeit aufweist (vgl. Öberseder et al. 2011).

Dabei muss man sich des globalen Wettbewerbs für deutsche Unternehmen bewusst sein. Insbesondere der europäische Binnenmarkt hat den Wettbewerb wesentlich kompetitiver gestaltet. Unter der Annahme eines funktionierenden Wettbewerbsmarktes bieten Unternehmen ihre Waren und Dienstleistungen zum minimal möglichen Preis an. Eine Erhöhung der Kosten muss daher, um Profitabilität zu sichern, ceteris paribus an den Kunden weitergeben werden. Selbst der Gesetzgeber geht hier bei vollständiger Überwälzung von einem moderaten Preisanstieg für einige Güter und Dienstleistungen aus, ohne das jedoch quantifizieren zu können (siehe Gesetzesbegründung).[9] Dieser Preisanstieg betrifft dabei aber nur in Deutschland ansässige Unternehmen und stellt somit erstmal eine Reduktion der Wettbewerbsfähigkeit dar. Daher stellt sich auch die Frage, ob große Unternehmen nicht noch stärker als sonst versuchen werden, ihre Marktmacht gegenüber kleinen Zulieferern für bessere Konditionen auszuspielen, um so die Kosten wenigstens nicht zu 100% an den Kunden weitergeben zu müssen. Das wiederum könnte zu einer starken Belastung kleiner und mittlere Zulieferer führen.

Es ist davon auszugehen, dass die Monitoring-Kosten für deutsche Unternehmen bei der Zusammenarbeit mit ausländischen Zulieferern steigen werden. Bonschab und Kappel (2020) weisen daher auf eine „Renationalisierung von Wertschöpfungsketten" hin, die durch das Lieferkettengesetz verstärkt werden könnte, was insbesondere in Entwicklungsländern zu starken Auswirkungen führen würde. Allerdings muss man hier zwischen Zulieferern innerhalb und außerhalb der EU unterscheiden. Firmen anderer EU-Mitgliedstaaten müssen sich an die generellen Wettbewerbsregelungen der EU halten, die viele Überschneidungen mit dem Lieferkettengesetz haben. Somit relativieren die Kosten für die Sorgfaltspflichten zum Teil den wettbewerblichen Vorteil ausländischer Zulieferer. Daher muss das Argument einer Tendenz zur Renationalisierung von Lieferketten daher eher als eine Stärkung innereuropäischer Lieferketten gesehen werden.

Ein starker Fokus auf CSR-Aktivitäten allgemein und speziell im Bereich der Menschenrechte und des Umweltschutzes darf aber nicht nur als zusätzliche Belastung wahrgenommen werden. Selbsteinschränkung, Bekennung zu Sorgfaltspflichten und vielerlei CSR-Aktivitäten können einen Wettbewerbsvorteil für Unternehmen darstellen. So besteht die Möglichkeit dadurch die eigene Reputation zu erhöhen, was zu einer stärkeren Kundenbindung sowie zu neuen Kunden führen kann. Eine Selbstbindung von Unternehmen hat daher auch immer eine Kommunikationskomponente, um es in einen Business Case zu transformieren. Allerdings basieren diese Managementüberlegungen auf einer Freiwilligkeit unternehmerischen Handelns und hätte schon längst eingeführt werden können. Tatsächlich ist eine Änderung der Rahmenordnung hin zu einem Zwang zur Sorgfaltspflicht hier hinderlich, denn sie unterbindet das Nutzen der Sorgfaltspflicht als Alleinstellungsmerkmal des Unternehmens und somit als Abgrenzung zum

9 Für die Wirtschaft wird mit einer Erhöhung des jährlichen Erfüllungsaufwands von 43 Mio. Euro gerechnet, sowie ein einmaliger Aufwand von 110 Mio. Euro. Für die Verwaltung wird von jährlichen Zusatzkosten von 5 Mio. Euro ausgegangen (siehe Gesetzesbegründung).

Wettbewerber. Ein nationales Gesetz entfernt also die Möglichkeit einer Selbstbildung und schafft eine identische Ausgangslage für die betroffenen großen Unternehmen in Deutschland. Das mag sich dadurch erklären, dass die häufig unterstellte ethisch handelnde Gesellschaft entweder nicht genug Druck auf die entsprechenden Unternehmen ausübt bzw. ausüben kann, oder dass der Preis eines Produktes unabhängig von anderen Faktoren doch eine große Rolle bei der Kaufentscheidung spielt.

Während die Implementierung des Risikomanagements den Kern des Gesetzes ausmacht und die Kosten verursacht, hat das geforderte Abgeben einer Grundsatzerklärung mehr als nur Symbolcharakter. Sie ist ein klares Bekenntnis des Unternehmens zur Einhaltung von Menschenrechten und Umweltstandards und stellt damit eine Möglichkeit für die Gesellschaft dar, die Integrität des Unternehmens daran zu messen. Die Grundsatzerklärung hat dabei nicht nur eine Außen-, sondern auch eine Innenwirkung. Die Absichtserklärungen eines Unternehmens beeinflussen auch dessen Unternehmenskultur und führen zu einer höheren Sensibilisierung der Mitarbeiter für diese Sorgfaltspflichten.

5. Zusammenfassung und Ausblick

Die Einführung des deutschen Lieferkettengesetzes ist keine wirkliche Überraschung. Dafür ist das Thema der Sorgfaltspflichten für Unternehmen im Hinblick auf Menschenrechte und heutzutage auch auf Umweltschäden schon zu lange Teil der gesellschaftlichen und politischen Diskussion. Allenfalls die dann doch schnelle Umsetzung in nationales Recht kann verwundern. Insbesondere hätte man hier auch stärker auf eine europäische Lösung pochen können. Aufforderungen zu einer Selbstbindung haben nicht den gewünschten Effekt erzielt, da der Markt nicht von sich aus genügend Sorgfaltspflichten generiert. Das Hauptproblem hierbei sind die hohen Kosten der Sorgfaltspflichten und die geringe Möglichkeit zur Überwälzung an den Endkunden. Durch das Gesetz werden zwar alle deutschen Unternehmen, die in den Geltungsbereich fallen, gleichbehandelt, sie sehen sich aber dennoch mit einer zusätzlichen Belastung konfrontiert, die Druck auf die Wettbewerbsfähigkeit ausübt. Da das Gesetz mit seinen finalen Schwellenwerten erst 2024 in Kraft treten wird, wird es noch mindestens fünf Jahre dauern, bis belastbares Datenmaterial zur Verfügung steht und somit die Effekte identifiziert und quantifiziert werden können.

Bezogen auf die Diskussionen innerhalb der EU und der gestiegene gesellschaftliche Druck bzgl. Umweltschutz und Menschenrechten wäre es verwunderlich, wenn es nicht zu einer EU-Richtlinie in diesem Bereich kommen würde. Mit Deutschland und Frankreich haben die beiden größten Volkswirtschaften Sorgfaltspflichten in ihren nationalen Gesetzen verankert. Diese Länder haben ein Interesse daran, ihre nationalen Regelungen zu verallgemeinern, damit es wieder zu einem Angleichen des europäischen Wettbewerbs kommt. Wichtig für die Diskussion innerhalb der Europäischen Union ist dabei auch, dass das deutsche Lieferkettengesetz relativ geräuschlos durchgegangen ist. Es ist zudem nicht davon auszugehen, dass die EU hier so lange wartet, bis verlässliches Zahlenmaterial über Sorgfaltspflichtengesetze verfügbar ist.

Das Lieferkettengesetz ist ein staatlicher Eingriff in den Markt, um die Standards weltweit zu erhöhen. Er wurde nötig, da die Wirtschaft diese Sorgfaltspflichten nicht von sich aus etabliert hat. Inwieweit aber das Gesetz tatsächliche Auswirkungen auf weit entfernte, mittelbarer Zulieferer hat, kann heute nur schwer eingeschätzt werden. Es bleibt zu hoffen, dass die deutsche Gesetzeseinführung zusammen mit den Erfahrungen aus Frankreich den Ausgangspunkt supranationaler Regelungen darstellen könnte. Denn nur dann würden Menschenrechtsverletzungen und Umweltschäden im Wirtschaftskontext weltweit signifikant abnehmen.

Literaturverzeichnis

Althammer, Jörg; Lampert, Heinz; Sommer, Maximilian (2021): Lehrbuch der Sozialpolitik. 10. Aufl. Berlin: Springer Gabler.

Auswärtige Amt (2020): Abschlussbericht des NAP Monitorings (2018–2020). Berlin.

BDI (2021): Stellungnahme: Referentenentwurf des SorgfaltspflichtenG.

BMAS (2018): Berliner CSR-Konsens zur Unternehmensverantwortung in Liefer- und Wertschöpfungsketten. Berlin.

BMF (2021): Die wichtigsten Steuern im internationalen Vergleich 2020. Berlin: Bundesministerium der Finanzen.

Bonschab, Thomas; Kappel, Robert (2020): Lieferkettengesetz: Falsche Signale! In: *Wirtschaftsdienst* 100(8), S. 564.

Bueno, Nicolas; Bright, Claire (2020): Implementing Human Rights Due Diligence through Corporate Civil Liability. In: *International and Comparative Law Quarterly* 69(4), S. 789–818.

Bundesregierung (2017): Nationaler Aktionsplan. Umsetzung der VN-Leitprinzipien für Wirtschaft und Menschenrechte. Berlin.

Bundesregierung (2018): Ein neuer Aufbruch für Europa; Eine neue Dynamik für Deutschland; Ein neuer Zusammenhalt für unser Land. Koalitionsvertrag zwischen CDU, CSU und SPD (19. Legislaturperiode). Berlin.

Europäisches Parlament (2018): The EU's input on a UN binding instrument on transnational corporations with respect to human rights. P8_TA(2018)0382. Brüssel.

Europäisches Parlament (2021): Sorgfaltspflicht und Rechenschaftspflicht von Unternehmen. Entschließung des Europäischen Parlaments vom 10. März 2021 mit Empfehlungen an die Kommission zur Sorgfaltspflicht und Rechenschaftspflicht von Unternehmen (2020/2129(INL)). Brüssel.

European Commission (2017): Sustainable garment value chains through EU development action. SWD (2017) 147. Brüssel.

European Commission (2020): Study on due diligence requirements through the supply chain. Final Report.

European Union (2021): Guidance on due diligence for EU businesses to address the risk of forced labour in their operations and supply chains. Brüssel.

Herzog, Bodo (2021): Lieferkettengesetz: Europäische Lösung nötig. In: *Wirtschaftsdienst* 101(6), S. 412.

ILO (2020): Global Wage Report 2020–21: Wages and minimum wages in the time of COVID-19. Geneva: International Labour Office.

Koch, Dirk-Jan; Kinsbergen, Sara (2018): Exaggerating unintended effects? Competing narratives on the impact of conflict minerals regulation. In: *Resources Policy* 57, S. 255–263.

Krajewski, Markus; Faracik, Beata (2020): Substantive Elements of Potential Legislation on Human Rights Due Diligence. Hg. v. Policy Department for External Relations. European Union. Brussels.

Lesch, Hagen; Bennett, Jenny (2010): Arbeit und Fairness. Die Suche nach dem gerechten Lohn. Köln: Institut der deutschen Wirtschaft Köln (IW-Analysen, 59).

Lorenzen, Stefanie (2021): Lieferkettengesetz – wie wird es wirksam? In: *WSI-Mitteilungen* 74(1), S. 66–70. DOI: 10.5771/0342-300X-2021-1-66.

Ministere de l'Economie et des Finances (2020): Remise à Bruno Le Maire du rapport du Conseil Général de l'économie sur le bilan de loi n°2017-399 du 27 mars 2017. In: *Communique de Presse* (2038).

Oberhofer, Harald (2021): Lieferkettengesetz: Gut gemeint, schlecht gemacht 101(3), S. 152.

Öberseder, Magdalena; Schlegelmilch, Bodo B.; Gruber, Verena (2011): „Why don't consumers care about CSR?". A qualitative study exploring the role of CSR in consumption decisions. In: *Journal of Business Ethics*.

OECD (2016): OECD Due Diligence Guidance for Responsible Supply Chains of Mineral from Conflict-Affected and High-Risk Areas. 3. Aufl. Paris: OECD Publishing.

United Nations (2011): Guiding Principles on Business and Human Rights. Implementing the United Nations "Protect, Respect and Remedy" Framework. HR/PUB/11/04. New York.

Zamfir, Ionel (2020): Towards a mandatory EU system of due diligence for supply chains. Hg. v. European Parliament Research Service.

Kapitel 2:
Umweltperspektiven und Ressourcen

Daniela Lud, Friederike Bartholme, Sabine Portmann und Riana Pohl

Nachhaltigkeit und fairer Handel – globale Zusammenhänge

Ein offener Workshop für Studierende und Teilnehmende des Ethiktages

1. Nachhaltigkeit und fairer Handel

Im Workshop zu Nachhaltigkeit und fairem Handel im Rahmen des Ethiktages der Hochschule-Rhein-Waal treffen internationale Studierende auf interessierte Bürger*innen, um gemeinsam über das Thema zu diskutieren – ergibt sich hier eine besondere Mischung? Gelingt es, Sprachbarrieren zu überbrücken und sachlich auf Augenhöhe zu diskutieren?

1.1 Nachhaltigkeit und UN-Ziele für nachhaltige Entwicklung

Unter Jugendlichen und jungen Erwachsenen besteht großes Interesse an Nachhaltigkeit und globalen Themen (Myers 2020, Gossen et al. 2021). Laut einer Studie des Umweltbundesamtes finden 45 % der jungen Menschen in Deutschland Umwelt- und Klimaschutz sehr wichtig, weitere wichtige Themen sind Bildung und soziale Gerechtigkeit (Gossen et al. 2021). Der Begriff Nachhaltigkeit ist im Alltag allgegenwärtig, dennoch ist es nicht leicht, den Begriff scharf zu definieren. Ein Grund hierfür ist, dass er in unterschiedlichen Disziplinen und Kontexten auf verschiedene Weise benutzt wird. In natur- und umweltwissenschaftlich geprägten Studiengängen liegt es häufig nahe, den Begriff auf Hannß Carl von Carlowitz zurückzuführen, der 1713 in der Schrift Sylvicultura oeconomica über „nachhaltende Nutzung" von Holz schreibt[1] und in einem Kontext von Ressourcenknappheit ein Gleichgewicht von Holzanbau und Nutzung als unerlässlich bezeichnet – im Erzbergbaugebiet in Sachsen wurde der langsam nachwachsende Rohstoff Holz knapp, weil der Verbrauch regional die nachwachsende Menge überschritt.

---

1 Diese Seite des Werks von H.C. von Carlowitz ist einsehbar unter https://digital.slub-dresden.de/werkansicht/dlf/85039/127/0/

Im politischen und internationalen Diskurs wurde der Nachhaltigkeitsbegriff in der näheren Vergangenheit stark geprägt vom Brundtland Report „Our common future" (WECD 1987) und steht dort für intergenerationelle Gerechtigkeit und die Integration der drei Dimensionen der Nachhaltigkeit, also ökonomischer, sozialer und ökologischer Belange. Im Brundtland-Bericht sind verschiedene Bedingungen für nachhaltige Entwicklung beschrieben, z. B. dass die Bedürfnisse der ärmeren Länder prioritär zu berücksichtigen sind, es werden also umfassend Schritte zu einer größeren Verteilungsgerechtigkeit angemahnt. Dies beinhaltet Verteilungsgerechtigkeit innerhalb und zwischen den Generationen ebenso wie zwischen stärker und weniger stark entwickelten Ländern, jeweils innerhalb ökologischer Grenzen (von Hauff und Jörg 2013).

Der Begriff Nachhaltigkeit ist vielschichtig. Auch in den beiden hier genannten unterschiedlichen Definitionen von Nachhaltigkeit schwingen Fragen auf mehreren Ebenen mit (Holzbaur 2020): der normativen Ebene (z. B. der Frage nach dem guten Leben), der wissenschaftlichen Ebene (z. B. der Frage wie der Mensch das Klima beeinflusst) und der politischen Ebene (z. B. Frage nach dem gemeinsamen Aushandeln der künftigen Entwicklung).

Daher wird häufig postuliert, dass Nachhaltigkeit als Diskurs, in einem Dialog von Akteur*innen und Werten auszuhandeln ist (Ratner 2004). Der Ethiktag der Hochschule bietet Raum für diesen Diskurs.

Angesichts knapper Ressourcen und des jetzt schon feststellbaren Klimawandels stellt sich im Zusammenhang mit nachhaltiger Entwicklung auch die Frage nach intergenerationeller und globaler Gerechtigkeit.

1.2 Globale Ziele für Nachhaltige Entwicklung und Bildung für Nachhaltigkeit(shandeln)

Mit den 2015 vereinbarten nachhaltigen Entwicklungszielen (Sustainable Development Goals, SDG), verpflichten sich die UN-Mitgliedsstaaten zur Umsetzung von 17 Nachhaltigkeitszielen, die in 169 Unterzielen detaillierter ausformuliert wurden, um gemeinsam die globale Entwicklung wirtschaftlich, ökologisch und sozial nachhaltig zu gestalten. Stark präsente Ziele sind z. B. die Beendigung von Armut (SDG 1) und Hunger (SDG 2), hochwertige Bildung (SDG 4), Geschlechtergerechtigkeit (SDG 5), sauberes Wasser (SDG 6), menschenwürdige Arbeit und Wirtschaftswachstum (SDG 8), weniger Ungleichheit (SDG 10) und nachhaltiger Konsum und nachhaltige Produktion (SDG 12). Wichtige Schlüsselbegriffe sind wirtschaftliches Wachstum, Resilienz und Teilhabe. Trotz eines breiten Konsenses über die Nachhaltigkeitsziele gibt es kritische Stimmen sowohl in Bezug auf unaufgelöste Widersprüche zwischen den Zielen - dauerhaftes inklusives nachhaltiges Wachstum scheint nicht ohne weiteres vereinbar mit der Bekämpfung des Klimawandels - als auch in Bezug auf die Vorgehensweise, die bis 2015 nicht erreichten acht Milleniumsziele mit neuer Deadline durch eine längere Liste komplexerer Nachhaltigkeitsziele zu ersetzen (Harzbecher 2020).

Seit der Verabschiedung der UN-Nachhaltigkeitsziele sind Hochschulen zunehmend in der Verantwortung, ihren Beitrag zu Bildung für nachhaltige Entwicklung zu leisten, da sich die 2015 vereinbarten Ziele auf alle Bildungsebenen beziehen (Leal Filho 2019). Hochschulen haben im Kontext der nachhaltigen Entwicklungsziele drei wichtige Aufgabenfelder: die Ausbildung von Studierenden auf eine Weise, die Absolvent*innen befähigt, nachhaltige Entwicklung in Zukunft voranzutreiben, wissenschaftliche Forschung für nachhaltige Entwicklung und das Hineinwirken in die Gesellschaft. Der Ethiktag der Hochschule kann als Veranstaltung in diesem dritten Aufgabenfeld betrachtet werden.

In einer Analyse von Strukturen, fachlicher Breite und Inhalten von Nachhaltigkeitsstudiengängen finden O'Byrne et al. (2015) große Unterschiede in Bezug auf Studieninhalte und plädieren für ein Mindestmaß an geteilten Grundlagen. Naturwissenschaftliche Inhalte werden als erforderliche Inhalte angesehen. Auch eine Integration sozial-, wirtschafts- und naturwissenschaftlicher Inhalte beschreiben die Autoren als unverzichtbar, da eine isolierte Betrachtung der Fachinhalte der Interdisziplinarität von Nachhaltigkeit nicht gerecht wird (O'Byrne et al. 2015). In Bezug auf die Zielkompetenzen der Nachhaltigkeitsbildung lässt sich ein gewisser Konsens ablesen, häufig genannt werden die folgenden Kompetenzen (modifiziert nach Habron et al. 2012):

- Nachhaltigkeitsdenken (die Fähigkeit im Diskurs eine Balance zwischen sozialer Gerechtigkeit, wirtschaftlicher Tragfähigkeit, und ökologischer Integrität zu finden),
- Systemdenken/kritisches Denken (die Fähigkeit, Systeme und Lösungsansätze zu analysieren und auf ihre Nachhaltigkeit hin zu beurteilen),
- persönliches Bewusstsein und Entwicklung (die Fähigkeit, das eigene Handeln zu reflektieren und entwickelte nachhaltige Handlungsoptionen umzusetzen).

Vielen universitären Bildungsmodulen im Bereich nachhaltige Entwicklung ist der problembasierte, interdisziplinäre Ansatz gemeinsam (Braßler 2016). Die Fähigkeit von Lehrenden an Hochschulen, über die eigene Disziplin hinaus in der Lehre aktiv zu werden und Lehrinhalte zu reflektieren und innovativ neuen Herausforderungen anzupassen, sind wichtige Voraussetzungen für universitäre Bildung für nachhaltige Entwicklung (Harré 2020).

In Deutschland wird Nachhaltigkeit in der Hochschulbildung auf nationaler Ebene zunehmend besser verankert: Während Singer-Brodowski et al. (2019) für den Zeitraum 2011-2016 berichten, dass eine Verankerung von Nachhaltigkeitsbildung auf breiter Ebene noch nicht erreicht wurde, können laut Holst et al. (2020) für die Folgezeit (2015-2019) Fortschritte verzeichnet werden. In den vier großen formalen Bildungsbereichen (frühkindliche Bildung, schulische Bildung, Hochschulbildung und berufliche Bildung einschließlich Weiterbildung) sind deutliche Fortschritte der Implementierung abzulesen. Nachhaltigkeit und nachhaltige Entwicklung sind bereits in größerem Umfang in Lehrinhalten verankert, in den analysierten Unterlagen wird laut der genannten Studie jedoch selten direkt auf Bildung für nachhaltige Entwicklung Bezug genommen. Die Autor*innen konstatieren auch, dass weitere Anstrengungen erforderlich sind, um zu einer integralen Implementierung von Nachhaltigkeitsbildung in Curricula in Deutschland zu kommen (Holst et al. 2020). Ein Einsatz, der sich lohnt, denn laut einer Studie über die Wirkung von Bildung für nachhaltige Entwicklung in Deutschland wünschen sich Lernende und Lehrende mehr Bildung für nachhaltige Entwicklung innerhalb der formalen Bildungsangebote (Grund und Bock 2020). Dies deckt sich auch mit Ergebnissen der Jugendstudie von Gossen et al. (2021). In Nordrhein-Westfalen ist Bildung für Nachhaltige Entwicklung auch Teil der Hochschulvereinbarungen zwischen Ministerium und Hochschulen[2], dies gilt auch für die Hochschule Rhein-Waal.

Non-formale und informelle Erwachsenenbildung für nachhaltige Entwicklung ist seit langem ein wichtiges Arbeitsfeld der Fair-Trade-Bewegung, ein weiteres Arbeitsfeld ist politische Kampagnen- und Lobbyarbeit. Ziel der Fair-Trade-Bildungsarbeit ist es, globale Zusammenhänge zu vermitteln, verantwortungsvolles Konsumverhalten zu fördern und Wissen über gerechtere wirtschaftliche Rahmenbedingungen weiterzugeben (Forum Fairer Handel 2021). Die von der Fair-Trade-Bewegung betriebene Erwachsenenbildung schafft Räume, in denen die Erfahrungen von strukturell Benachteiligten bei der Produktion vieler Lebensmittel thematisiert und Verbraucher*innen ins Bewusstsein gebracht werden können (McGrath und Deneulin 2021).

---

2 https://www.mkw.nrw/sites/default/files/documents/2020-08/2020_05_15_side_letter_final.pdf

1.3 Fairer Handel und UN-Ziele für nachhaltige Entwicklung

Die Frage inwieweit Fair Trade helfen kann, die Ziele für nachhaltige Entwicklung zu erreichen, ist Gegenstand verschiedener Arbeiten (Blewitt 2017, von Hauff und Claus 2018). Ähnlich wie der Begriff der Nachhaltigkeit schwingt beim Begriff des fairen Handels die normative Ebene mit. Die World Fair Trade Organization WFTO definiert fairen Handel als "…eine auf Dialog, Transparenz und Respekt basierende Handelspartnerschaft, die auf mehr Gerechtigkeit im internationalen Handel abzielt. [Fairer Handel] trägt zu einer nachhaltigen Entwicklung bei, indem er bessere Handelsbedingungen für marginalisierte Produzenten und Arbeiter - insbesondere im Süden - bietet und deren Rechte sichert." (WFTO, 2018). Am Text der Definition lässt sich ablesen, dass die Prinzipien der WFTO formal gut mit dem Text der UN-Nachhaltigkeitsziele in Einklang zu bringen sind. Allerdings ist es hilfreich, die Ziele des fairen Handels mit den Zielen nachhaltiger Entwicklung konkreter zu verknüpfen und eine gerechtere Welt für alle drei Dimensionen gleichrangig anzustreben. Die Ursprünge von Fair Trade liegen u.a. in den USA (Ten Thousand Villages), wo christliche Gruppen in den 1940er Jahren begannen handwerkliche Produkte aus ärmeren Ländern zu verkaufen. In Europa begann die Fair-Trade-Bewegung mit der Stiftung steun voor onderontwikkelde streken in den Niederlanden und Oxfam in Großbritannien. In Europa hat die Maxime „Trade not Aid" starken Einfluss auf die Fair-Trade-Bewegung, der partnerschaftliche Umgang mit Handelspartnern gewinnt an Bedeutung: Während anfangs vor allem handwerkliche Produkte verkauft wurden, kommt es später zu einer immer stärkeren Diversifizierung der im fairen Handel angebotenen Produkte (von Hauff und Claus 2018). Label-Initiativen erhöhen die Sichtbarkeit der fair gehandelten Produkte. Mit 1,8 Milliarden Euro zeigt der Umsatz von fair gehandelten Waren seit Jahren anhaltendes Wachstum. Auf Kaffee als wichtigstes Produkt entfällt fast ein Drittel des Umsatzes fair gehandelter Waren. Fair-Trade-Kaffee ist zu 76 % biologisch produziert. Weitere wichtige Produkte sind Südfrüchte und Blumen mit 12.5 % und 9 % des Umsatzes (Forum Fairer Handel 2021).

Viele Arbeiten zeigen, dass Fair Trade helfen kann, die UN-Ziele zur nachhaltigen Entwicklung zu erreichen, auch wenn es komplex ist, die Wirkung und den Einfluss von fairem Handel zu quantifizieren (Blewitt 2017, Raynolds und Bennett 2015, von Hauff und Claus 2018).

Für die Produzierenden ergeben sich aus vielen Studien positive Effekte auf die Einkünfte (revenues) und auf die Abnahme von Kinderarbeit, wenn die Eltern über ausreichend Mittel verfügen (Raynolds und Bennett 2015). In einer breit angelegten Studie über die Wirkung verschiedener Zertifizierungssysteme, u.a. auch das Zertifizierungssystem Fairtrade, finden Oya et al. (2017), dass Fair Trade sich positiv auf die Schulbildung von Kindern auswirkt, allerdings sind die finanziellen Effekte nicht eindeutig und stark vom Kontext abhängig. Die Uneindeutigkeit der finanziellen Effekte könnte mit bedingt sein durch die Breite der Studie und unterschiedlich strenge Kriterien der untersuchten Zertifizierungssysteme. Das Einkommen aus Produktverkäufen steigt, aber das Haushaltseinkommen nicht unbedingt (Oya et al. 2017), dies ist darin begründet, dass Kinder infolge der Fair-Trade- Zertifizierung nicht mehr in der Landwirtschaft mitarbeiten, sondern stattdessen in die Schule gehen und die Arbeitskraft dann fehlt (Kim et al. 2019). In Bezug auf die Reduzierung von Kinderarbeit wurde durch fairen Handel viel erreicht, weitere Anstrengungen sind erforderlich, um die Situation in Zukunft weiter zu verbessern (von Hauff und Claus 2018). Laut Mook und Overdevest (2017) sind Kleinbauern mit der Fair-Trade-Zertifizierung am stärksten zufrieden in Bezug auf Wirkungen im Bereich sozialer Gerechtigkeit (weniger Kinderarbeit, mehr Schulbildung, mehr Teilhabe). Wirtschaftliche Aspekte sind den Kleinbauern wichtig, allerdings bleiben die Markteffekte hinter den Erwartungen der Produzent*innen zurück, am geringsten ist die Zufriedenheit in Bezug auf den Aspekt nachhaltige Landwirtschaft (Mook und Overdevest 2017), möglicherweise auch durch die Notwendigkeit der doppelten Zertifizierung (Fair Trade und biologische Landwirtschaft) und den damit verbundenen doppelten Lasten (Parvathi und Waibel 2017). Ein weiterer Grund für geringe Zufriedenheit in Bezug auf diesen Aspekt könnte sein, dass nur ein Teil der Erzeugnisse als fair gehandelt vermarktet werden kann (Bacon et al. 2008). Zertifizierungssysteme wie Fairtrade sind sinnvoll: sie haben das Potenzial, zusammen mit anderen Maßnahmen zu einer positiven Veränderung zu gerechteren und nachhaltigeren Lebensmittelsystemen beizutragen, auch wenn es sich bei fair gehandelten Produkten nach wie vor um einen Nischenmarkt handelt (Alho et al. 2021). Auch für die Nachfrage-Seite ist eine deutliche Wirkung zu beobachten, der Markt für fair gehandelte Produkte wächst, viele große Anbieter haben inzwischen eigene fair gehandelte Produktlinien eingeführt. Chancen liegen in verbesserter Kommunikation mit den Konsument*innen, das Fairtrade Siegel ist eines der bekanntesten Label, verfügt über hohe Erkennbarkeitswerte und genießt hohes Vertrauen (Kossmann und Gomez-Suarez 2019). Trotz eines Wachstums der Nachfrage müssen Erzeuger*innen bisweilen einen Teil ihrer unter Fair-Trade-Anforderungen erzeugten Produkte zu einem geringeren Preis als konventionelle Produkte verkaufen, weil die Nachfrage nach fair gehandelten Produkten zu gering ist (Bacon et al. 2008). Weitere Herausforderungen und Bedrohungen für den fairen Handel sind große, stark profitgetriebene Akteur*innen und Interessenkonflikte

z. B. bei der Verifikation der Siegel durch Partner/Importeure (Raynolds und Bennett 2015).

Obwohl viele Befragte unter den Verbraucher*innen angeben, dass sie fair gehandelte Produkte bevorzugen, ist der tatsächlich fair gehandelte Anteil an Waren nach wie vor gering, es existiert also auch für fairen Handel eine Lücke zwischen Nachhaltigkeitsbewusstsein und Nachhaltigkeitshandeln (Kossmann und Gomez-Suarez 2019). Die Gründe, keine fair gehandelten Produkte zu kaufen sind vielschichtig (CEval 2021): In Umfragen wird von Menschen, die angeben, keine fair gehandelten Produkte zu kaufen, der höhere Preis als wichtigster Grund genannt. Weitere Gründe, keine fair gehandelten Produkte zu kaufen sind Markentreue und die als zu kompliziert empfundene Vielzahl der Label/Siegel (CEval 2021). Die Bereitschaft, einen höheren Preis für fair gehandelte Produkte zu bezahlen ist stark vom Land der Befragung und vom Produkt abhängig (Kossmann und Gomez-Suarez 2019). In der Studie von Gossen et al. (2021) werden die Befragten in drei Kategorien von Jugendlichen eingeordnet, die sich in Bezug auf Nachhaltigkeitshandeln unterscheiden: Idealist*innen, Pragmatiker*innen und Distanzierte. Die Idealist*innen sind eher geneigt, nachhaltigen Konsum und fair gehandelte Produkte wichtig zu finden, während sich in der Gruppe der Pragmatiker*innen und in der Gruppe der Distanzierten eher junge Menschen finden, die nicht-nachhaltigen Konsum-Mustern folgen.

Der größte Anteil fair gehandelter Produkte wird in Supermärkten und Discountern gekauft (CEval 2021, Forum Fairer Handel 2021), dort verorten die befragten Verbraucher*innen auch den wichtigsten Berührungspunkt mit fairem Handel im Alltag (CEval 2021).

2. Konzept des Workshops

2.1 Konzept der Workshop-Elemente

Der Ethiktag-Workshop am Nachmittag ist Teil eines Dreiklangs von aufeinander abgestimmten Teilelementen:

- einer curricularen Lehrveranstaltung zur globalen Entwicklung (für Studierende),
- einem kurzen Einstiegsvortrag zur Geschichte und Wirkung von Fair Trade im plenaren Vortragsteil des Ethiktages und
- dem interaktiven Workshop Nachhaltigkeit und fairer Handel - globale Zusammenhänge

Für die Studierenden wurde dem öffentlichen Workshop eine Arbeitsphase im Rahmen einer Vorlesung und Übung vorausgeschaltet. Ziel der Arbeitsphase war eine Aktivierung der Studierenden durch den Einsatz offener Daten von Hans Roslings Stiftung Gapminder (www.gapminder.org). Hier finden sich interaktive Tools für den Vergleich von Carbon Footprint und anderer entwicklungsrelevanter Indikatoren für verschiedene Länder, die es ermöglichen, datenbasiert Entwicklungen zu vergleichen und pauschale Kategorisierungen z. B. in Länder des globalen Nordens und Südens zu versachlichen (Middlemiss 2018, Peterson und Warwick 2014). Weitere ähnliche offene Daten stehen u. a. zur Verfügung auf der Daten-Webseite der Weltbank (datacatalog.worldbank.org) und beim Global Footprint Network (data.footprintnetwork.org). Offene Daten lassen sich gut zur Vermittlung globaler Fragen und Nachhaltigkeitszusammenhängen einsetzen. Coughlan (2020) beschreibt den Mehrwert des Einsatzes offener Daten zur Aktivierung von Lernenden durch Möglichkeiten, mit solchen Daten globale Zusammenhänge und persönliche Lebenszusammenhänge in unmittelbaren Alltagskontext zu setzen und Lernsettings authentisch gestalten zu können. Unter authentisch wird hier verstanden, dass die Lernumgebung so gestaltet wird, dass das Gelernte mit realen angewandten Problemstellungen verbunden und persönliche Bezüge hergestellt werden. Dies ausgehend von dem Grundgedanken, dass Lernende in solchen Lernumgebungen motivierter sind, Neues zu erlernen, und das Erlernte besser auf neue Problemstellungen anwenden können. Der Autor konstatiert, dass offene Daten als solche zwar Lernumgebungen nicht per se authentisch machen, aber für die Lernenden einen guten Ansatz bieten, die Lernsituation nach eigenen Interessen mitzugestalten.

Im Vormittagsteil des Workshops erhielten die Studierenden die Gelegenheit, Entwicklungs-Kennzahlen ihrer jeweiligen Heimatländer wie z. B. pro-Kopf Einkommen, Kindersterblichkeit, Anteil landwirtschaftlicher Produkte an Exporten etc. mit den Kennzahlen wichtiger Fair-Trade-Länder zu vergleichen. So konnten Eindrücke zu den Entwicklungen der vergangenen Jahre gewonnen werden und persönliche Bezüge zur Situation in verschiedenen Ländern hergestellt werden. Rodriguez-Tejedo (2021) beschreibt, dass die Arbeit mit online Tools und offenen Daten in einem Kurs zu global political economy zu einem tieferen Verständnis von Armut und systemischen Zusammenhängen bei den Kursteilnehmenden führt. Die Reaktionen der Lernenden zeigen vor allem, dass es gelungen ist, Perspektivwechsel zu vollziehen und die Komplexität des Themas zu vermitteln.

In der ersten Einheit am Vormittag wurden wichtige Kernbegriffe wie z. B. die UN-Nachhaltigkeitsziele bereits eingeführt, um am Nachmittag besser in die Diskussion einsteigen zu können. Für die später im öffentlichen

Teil des zweiten und dritten Blocks dazukommenden Gäste wurden wichtige Begriffe zusammenfassend eingeführt. Die unterschiedlichen Sprachen der Teilnehmenden wurden dadurch berücksichtigt, dass der Workshop am Nachmittag nach Rücksprache mit allen angemeldeten Teilnehmenden auf Englisch gehalten wurde und die Vortragsfolien der ersten Nachmittagsveranstaltung auch auf Englisch zur Verfügung gestellt wurden.

2.2 *Workshop während des Ethiktags*

Der Workshop selbst bestand aus verschiedenen Elementen, u.a. einem Interview mit einer Studierenden, die ihr Praxissemester in einem nachhaltig wirtschaftendem, Outdoor-Kleidung produzierenden Unternehmen absolviert hat und sich währenddessen u.a. mit Zertifizierung und fairen Arbeitsbedingungen beschäftigt hat, einer Arbeitsphase zu nachhaltigen Entwicklungszielen in einer ausgewählten Sequenz des Films „Make the World a better Place – Fairtrade and the Sustainable Development Goals“ (Fairtrade Deutschland 2020) und einer anschließenden moderierten Diskussion von Ergebnissen und möglichen Handlungsoptionen.

Um Lernende zu Nachhaltigkeitshandeln zu motivieren ist es hilfreich, ein für die Zielgruppe relevantes und alltagsnahes Thema zu finden (Blodgett und Feld 2021, Harré et al. 2020). Mit Kaffee und Schokolade wurde ein für die Lernenden alltagsnahes Thema gewählt. Kaffee und Schokolade sind klassische Fair Trade Produkte, die im Hochschulalltag präsent sind. An der Hochschule Rhein-Waal, die seit Herbst 2017 Fair-Trade-University ist, ist der Kaffee in der Mensa aus fairem Handel und es finden regelmäßig curriculare und nicht-curriculare Veranstaltungen zu Themen wie fairem Kakaohandel statt. Fairer Handel ist also Teil der gelebten Kultur an der Hochschule.

Studierende als Co-Präsentierende einzubinden hat in Lehr- und Lernformaten der Nachhaltigkeitsbildung besonderen Mehrwert (Cassidy et al. 2020). Im Interview mit einer Studierenden wurde anhand von Fragen zu Aktivitäten im Praxissemester versucht, für die Teilnehmenden nachvollziehbar zu erarbeiten, dass es private und berufliche Handlungsfelder gibt, die es ermöglichen, sich für nachhaltigeren Handel einzusetzen.

In der Arbeitsphase des Workshops kam der Film „Make the World a better Place – Fairtrade and the Sustainable Development Goals“ zum Einsatz. Eine ca. 10-minütige Sequenz aus dem Film wurde ausgewählt, die die vielfältigen Verknüpfungen zwischen den verschiedenen Nachhaltigkeitszielen besonders anschaulich verdeutlicht. Gerade bei den Produkten Kaffee und Kakao verbinden Lieferketten Produzierende in Ländern des globalen Südens mit Konsument*innen in Ländern des globalen Nordens. Der Blick der Workshop-Teilnehmenden wurde durch die Filmsequenz auf globale Zusammenhänge entlang der Lieferkette zwischen Produzent*innen und Konsument*innen gerichtet, um zu Perspektivwechseln einzuladen und die positiven Wirkungen von fairem Handel vor Ort (z. B. die Verwendung der Prämien und entstandene Bildungsmöglichkeiten) zu zeigen. So konnte vermittelt werden, dass die höheren Preise für fair gehandelte Produkte vor Ort eine nachhaltige Wirkung entfalten können. Eine weitere wichtige Botschaft des Films ist, dass Produzierende (z. B. von Kakao) einen größeren Teil ihres Ertrags als fair gehandeltes Produkt verkaufen könnten, wenn die Nachfrage nach Fair Trade Produkten höher wäre. Die Nachfrage steht im Zusammenhang mit der individuellen Kaufentscheidung der Verbraucher*innen.

Für den Workshop zu Nachhaltigkeit und fairem Handel wurden zwei Thesen formuliert mit dem Ziel, Handlungsoptionen aufzuzeigen: (1) Es macht einen Unterschied, ob Fair Trade Produkte oder konventionelle Produkte gekauft werden, (2) als Konsument*in kann ich mit meiner Kaufentscheidung Einfluss nehmen für eine nachhaltige Entwicklung. Die Beiträge von Teilnehmenden in der moderierten Diskussion, die mit einem digitalen Whiteboard-Tool unterstützt wurde, verdeutlichten, dass es tatsächlich gelungen ist, durch die Aktivitäten eine Brücke zwischen Produzent*innen und Konsument*innen zu schlagen. Einerseits wurden die positiven Auswirkungen der Fair Trade Prämien zum Beispiel auf Arbeitsbedingungen und Schulbildung für Kinder diskutiert, andererseits listeten die Teilnehmenden eine Reihe von Möglichkeiten auf, wie sie sich persönlich anders verhalten können, z. B. durch den Kauf von fair gehandelten statt konventionellen Produkten. Dies deckt sich mit Beobachtungen bei ähnlichen Workshops (Blodgett und Feld 2021).

Eine weitere wichtige Botschaft, die in der Diskussion auf dem digitalen Whiteboard herausgearbeitet wurde, ist, dass durch fairen Handel mehrere SDGs zugleich adressiert werden, weil es Wechselwirkungen zwischen den Nachhaltigkeitszielen gibt. Auf dem digitalen Whiteboard wurden die Nachhaltigkeitsziele 1, keine Armut, 4, hochwertige Bildung, 5, Geschlechtergleichheit, 8, Menschenwürdige Arbeit und Wirtschaftswachstum, und 10 weniger Ungleichheiten gesammelt und mit der gezeigten Filmsequenz verknüpft. Auf dem digitalen Whiteboard fanden sich z. B. Beiträge über positive Auswirkungen der Verbesserung von Geschlechtergleichheit (SDG 5) auf die Verringerung von Armut (SDG 1) von Frauen. Die an die Bearbeitung der Filmsequenz anschließende Diskussion zeigte, dass der Gedanke, dass fairer Handel auf mehreren Ebenen ansetzt und Wirkung zeigt, bei den Teilnehmenden angekommen ist. Es gab Diskussionsbeiträge, die auf die Wirkung auf wirtschaftlicher Ebene durch gemeinschaftliche

Entscheidungen der Investition der Prämien in bessere Produktionsmöglichkeiten und deren Wechselwirkungen auf sozialer Ebene durch bessere Bildungsmöglichkeiten hinwiesen. Ebenso wurde die positive Auswirkung von mehr Bildung auf geringeren Einsatz von Pestiziden und synthetischem Dünger erwähnt.

3. Handlungsaktivierung

Wie oben beschrieben, gibt es mehrere individuelle Gründe, trotz entsprechenden Wissens nicht nachhaltig zu handeln, z. B. weil dies mit höherem Aufwand, höheren Kosten oder Konsumverzicht verbunden sein kann. Neben dem Verstehen und Bewerten der Zusammenhänge ist Aktivierung zu eigenem Handeln ein wichtiges Ziel in der Bildung für nachhaltige Entwicklung. Gelegenheiten zum eigenen Handeln können über formale curriculare Elemente gegeben werden oder über die gelebte Kultur an der Hochschule, die auch als „hidden curriculum" bezeichnet wird (Chambers et al. 2016). Die gelebte Kultur vermittelt Studierenden Werte und regt zu eigenem Handeln an. Ziel des Workshops zu Nachhaltigkeit und fairem Handel ist es, Anstöße zum Nachdenken zu geben: Wo ist das eigene Handeln mit nachhaltiger Entwicklung verknüpft? Hier wurden die Überlegungen konkret am Beispiel von Schokolade und Kaffee angestellt, also am Beispiel von Produkten, deren Lieferketten die lokale und globale Ebene verbinden.

Neben dem ökologischen Fußabdruck gibt es ein weiteres Wirksamkeitsmaß für nachhaltiges Handeln, - den Handabdruck, der positive gesellschaftliche Wirkungen hin zu einer nachhaltigen Entwicklung misst. Ursprünglich geht die Idee des Handabdrucks zurück auf einen Ansatz des Centre for Environment Education in Indien. Eine Methode den Handabdruck zu messen orientiert sich an der Ökobilanzmethode und den Indikatoren für nachhaltige Entwicklung und versucht, den positiven Beitrag zu nachhaltiger Entwicklung für fünf Bereiche (soziale Aspekte, menschliche Gesundheit, Umweltaspekte, wirtschaftliche Aspekte und Governance) zu quantifizieren (Kühnen et al. 2019). Der Handabdruck bietet den Mehrwert, positive Nachhaltigkeitswirkungen von Projekten oder Aktionen zu bewerten (z. B. Schaffung von Bewusstsein um unfaire Arbeitsbedingungen und Ermöglichung von Aktivitäten, die Kinderarbeit verringern) und kann so zu besser Nachhaltigkeitshandeln motivieren als Wirkungsindikatoren, die starken Nachdruck auf negative Auswirkungen legen. Gerade die Wirkung von Bildungsaktivitäten kann mit dem Handabdruck sichtbar gemacht und durch den stärker motivierenden Ansatz verstärkt werden. Unter https://

www.handabdruck.eu/ gibt es ein online Tool und Material, um den Handabdruck von Projekten und Aktionen zu vergrößern. Der Workshop während des Ethiktages bot Teilnehmenden ebenfalls Möglichkeiten, sich zu vernetzen. Auf diese Weise können Interessierte angeregt werden, sich über den Workshop hinaus für Themen der nachhaltigen Entwicklung und fairen Handel einzusetzen.

4. Diskussion und Fazit

Verschiedene Arbeiten dokumentieren positive Wirkungen von curricularen Angeboten zu nachhaltiger Entwicklung. In einem interdisziplinären Modul über Ernährungssysteme ist es gelungen, die Lücke zwischen Konsument*innen und Produzent*innen zu verkleinern und aus verschiedenen Perspektiven die Nachhaltigkeit von Lebensmittelproduktionssystemen bewerten (Blodgett und Feld 2020). Durch den Kurs konnte mehr Bewusstsein bei den Teilnehmenden für die Situation der Arbeitenden in der landwirtschaftlichen Produktion geschaffen werden, Ansatzpunkte zum Überdenken des eigenen Konsumverhaltens gegeben werden und Wissen über Zusammenhänge zwischen schlechten Arbeitsbedingungen und Umweltauswirkungen vermittelt werden. Auch Harré et al. (2017) berichten über positive Wirkungen eines Moduls über die globale Bekleidungsindustrie, z. B. weniger stark materialistisch geprägte Werte, mehr Wissen über soziale Effekte und Umweltauswirkungen und studentisches Feedback über verändertes Kaufverhalten. Diese Beispiele zeigen, dass es möglich ist, Wissen zu Nachhaltigkeitshandeln zu vermitteln und Teilnehmende zu positiven Beiträgen zu nachhaltiger Entwicklung zu aktivieren.

Wichtige Erfolgsfaktoren hierbei sind: ein Thema mit Alltagsbezug zu wählen, über eine geteilte Anregung (z. B. ein Interview oder eine ausgewählte Filmsequenz) alle Teilnehmenden auf einen ähnlichen Informationsstand zu bekommen, durch die Kombination von verschiedenen Disziplinen einen Perspektivwechsel zu erleichtern und Teilnehmenden positive Lösungs- und Handlungsoptionen aufzuzeigen. Beispiele für solche positiven Handlungsoptionen sind der Kauf von fair gehandelten oder regional erzeugten Produkten oder Solidaritäts-Essen in der Mensa, wobei ein Anteil des Kostenbeitrages für ein vorher definiertes Projekt gespendet wird oder positive Aktionen zu nachhaltigem Konsum wie Tauschbörsen und Umsonstläden. Weitere Aktivitäten im Nachgang zum Ethiktag an der Hochschule sind erwünscht.

Literaturverzeichnis

Alho, C.F.B.V., da Silva, A.F., Hendriks, C.M.J. et al. (2021), "Analysis of banana and cocoa export commodities in food system transformation, with special reference to certification schemes as drivers of change", Food Security 13, 1555–1575.

Bacon, C.M., Jaffe, R., Fox, J.A. et al. (2008), "Confronting the Coffee Crisis: Fair Trade, Sustainable Livelihoods and Ecosystems in Mexico and Central America" MIT Press, Cambridge, p. 171.

Blewitt, J. (2017), "Understanding Sustainable Development". Taylor & Francis Group, Milton, p. 238-240.

Blodgett, D.M. und Feld, M.N. (2021), "Teaching an interdisciplinary course in sustainable food systems: science and history meet in "a world that works"". International Journal of Sustainability. Higher Education, Vol. ahead-of-print No. ahead-of-print. https://doi.org/10.1108/IJSHE-02-2020-0044

Braßler M. (2016), "Interdisciplinary Problem-Based Learning—A Student-Centered Pedagogy to Teach Social Sustainable Development in Higher Education". In: Leal Filho W., Pace P. (Hrsg.) Teaching Education for Sustainable Development at University Level. World Sustainability Series. Springer, Cham, pp. 245–257.

Cassidy, A., Sipos, Y. und Nyrose, S. (2020), "Programs, Workshops, Resources, and Other Supports for Post-Secondary Sustainability Educators". In: Sengupta, E., Blessinger, P., Yamin, T. (Hrsg.) Integrating Sustainable Development into the Curriculum (Innovations in Higher Education Teaching and Learning, Vol. 18), Emerald Publishing Limited, Bingley, pp. 75–89.

CEval (2021), „Ergebnisdarstellung Verbraucher*innenbefragung des Forum Fairer Handel 2021" CEval, Saarbrücken https://www.forum-fairer-handel.de/fileadmin/user_upload/2021.09.29_Bericht_Verbraucherbefragung_2021_final.pdf, Zugriff 04.01.2021

Chambers D.P. et al. (2016), "Engaging Students with Environmental Sustainability at a Research Intensive University: Examples of Small Successes". In: Leal Filho W., Pace P. (Hrsg.) Teach-ing Education for Sustainable Development at University Level. World Sustainability Series. Springer, Cham.

Coughlan, T. (2020), "The use of open data as a material for learning", Educational Technology Research and Development 68, 383–411.

Fairtrade Deutschland (2020), „Make the world a better place – Fairtrade and the sustainable development goals", [Film verfügbar bei youtube in verschiedenen Sprachen & Versionen, genutzt mit Genehmigung].

Forum Fairer Handel (2021), „Datenblatt Fairer Handel 2021" https://www.forum-fairer-handel.de/, Zugriff 04.01.2022

Gossen, M., Müller, R., Holzhauer, B. und Geiger, S. (2021), „Zukunft? Jugend fragen! Teilbericht, Befragung 2019 im Auftrag des Umweltbundesamts https://www.umweltbundesamt.de/sites/default/files/medien/1410/publikationen/2021-03-03_texte_12-2021_ubs_2019_jugend.pdf, Zugriff 04.01.2022

Grund J. und Brock A. (2020), "Education for Sustainable Development in Germany: Not Just Desired but Also Effective for Transformative Action", Sustainability 12(7): 2838.

Habron, G., Goralnik, L. und Thorp, L. (2012), "Embracing the learning paradigm to foster systems thinking", International Journal of Sustainability in Higher Education 13(4), 378–393.

Harré, N., Azizi, A., Brothers, P. et al. (2020), "An Interdisciplinary Teaching Module on the Global Clothing Industry: Lessons from Working across Four Disciplines and Two Universities". In: Sengupta, E., Blessinger, P., Yamin, T.S. (Hrsg.) Integrating Sustainable Development into the Curriculum (Innovations in Higher Education Teaching and Learning, Vol. 18), Emerald Publishing Limited, Bingley, pp. 107–124.

Harzbecher M. (2020), „Zertifizierter Umweltschutz? Zur Rekonstruktion des Nachhaltigkeitsbegriffs von EMAS". In: Roos U. (Hrsg.) Nachhaltigkeit, Postwachstum, Transformation. Springer VS, Wiesbaden, pp. 299–328.

Holst, J., Brock, A., Singer-Brodowski, M. und de Haan, G. (2020), "Monitoring Progress of Change: Implementation of Education for Sustainable Development (ESD) within Documents of the German Education System", Sustainability, 12, 4306.

Holzbaur, U. (2020), „Nachhaltige Entwicklung – Sustainable Development" In: Nachhaltige Entwicklung Springer Fachmedien Wiesbaden, pp. 1–41.

Kim, A., Bansal, P. und Haugh, H. (2019), "No Time Like the Present: How a Present Time Perspective Can Foster Sustainable Development". Academy of Management Journal, 62, 607–634

Kossmann, E. und Gómez Suárez, M. (2019), "Words-Deeds Gap for the Purchase of Fairtrade Products: A Systematic Literature Review". Frontiers in Psychology. 10, 1–13.

Kühnen, M., Silva, S., Beckmann, J. et al. (2019), "Contributions to the sustainable development goals in life cycle sustainability assessment: Insights from the Handprint research project", NachhaltigkeitsManagementForum 27, 65–82.

Leal Filho, W. (2019), „Die Nachhaltigkeitsziele der UN: eine Chance zur Vermittlung eines besseren Verständnisses von Nachhaltigkeitsherausforderungen". In: Leal Filho, W. (Hrsg.) Aktuelle Ansätze zur Umsetzung der UN-Nachhaltigkeitsziele. Springer Spektrum, Berlin, Heidelberg.

McGrath, S. und Deneulin, S. (2021), "Education for just transitions: Lifelong learning and the 30th anniversary Human Development Report", International Review Education 67, 637–658.

Middlemiss, L. (2018), "Sustainable consumption: Key issues", Taylor & Francis Group, London, pp. 20–39.

Mook, A. und Overdevest, C. (2017), "Does Fairtrade Certification Meet Producers' Expectations Related to Participating in Mainstream Markets? An Analysis of Advertised Benefits and Perceived Impact". Sustainable Development 26(3), 269–280.

Myers, J. P. (2020), "Research on Teaching Global Issues: Pedagogy for Global Citizenship Education", Information Age Publishing, Charlotte, NC, pp. 1–16.

O'Byrne, D., Dripps, W. und Nicholas, K.A. (2015), "Teaching and learning sustainability: An assessment of the curriculum content and structure of sustainability degree programs in higher education", Sustainability Science 10, 43–59.

Oya, C., Schaefer, F. und Skalidou, D. (2018), "The effectiveness of agricultural certification in developing countries: A systematic review". World Development. 112. 282–312.

Parvathi, P und Waibel, H. (2017), "An overview of organic agriculture and fair trade systems". In: Parvathi, P., Grote, U., Waibel, H. (Hrsg.). Fair Trade and Organic Agriculture: A Winning Combination? Oxfordshire, UK and Boston, USA: CAB International.

Peterson, A., und Warwick, P. (2014), „Global Learning and Education: An Introduction". London: Taylor & Francis Group, pp. 99–125.

Ratner, B.D. (2004), "Sustainability" as a dialogue of values: Challenges to the sociology of

Development", Sociological Inquiry 74(1), 50–69.

Raynolds, L.T. und Bennett, E.A. (2015), "Handbook of Research on Fair Trade", Edward Elgar Publishing Limited, Cheltenham, pp. 532-548.

Rodriguez-Tejedo, I. (2021), "Bringing the concept of poverty into closer focus using online-games". In: Ivanova, E., Rimanoczy, I. (Hrsg.) Revolutionizing sustainability education: Stories and tools of mindset transformation. Taylor & Francis Group, London, pp. 172-185.

Singer-Brodowski, M., Brock, A., Etzkorn, N., Otte, I. (2019), "Monitoring of education for sustainable development in Germany – insights from early childhood education, school and higher education", Environmental Education Research 25(4), 492–507.

von Hauff, M., und Claus, K. (2018), „Fair Trade: ein Konzept nachhaltigen Handels" (3. Auflage). UVK Verlagsgesellschaft UVK/Lucius, München.

von Hauff, M. und Jörg, A. (2013), "Einführung in das Leitbild nachhaltiger Entwicklung". In: diess. Nachhaltiges Wachstum, De Gruyter Oldenbourg Wissenschaftsverlag, München, pp. 1–13.

WCED (1987), World Commission on Environment and Development, "Our common future", 17(1), 1–91.

WFTO (2018), World Fair Trade Organization, "Die internationale Charta des fairen Handels". https://wfto.com/sites/default/files/2018_FTCharter_Deutsch_SCREEN.pdf, Zugriff 04.01.2022.

Alfred Schumm and Andreas Struck

All eyes on fish: technologies for a transparent and verified management of the marine commons

Abstract

While over-exploitation is threatening a considerable amount of the world's fish stocks, global fish production, consumption and trade are expected to increase. Since the 1980s, Illegal, Unreported and Unregulated Fishing has become a serious problem. In addressing both legal and illegal fishing activities which endanger the sustainable use of the oceans, technologies for transparent and verified management of the marine commons play a paramount role. This article introduces transparency-enhancing and verifying technologies and tools applied and developed by WWF and its technology partner navama as part of WWFs Smart Fishing Initiative and beyond. Examples for successful implementations of satellite-based Automatic Identification System (AIS) are provided, and demonstrate also the use of low-cost solutions for the monitoring of artisanal fisheries.

1. Introduction

The facts are frightening. According to the United Nations Food and Agricultural Organization (FAO) latest report, 33.1% of all fish stocks are fished at biological unsustainable levels. But the true picture may even be worse, given that as much as 80% of the world's catch may come from fisheries that are not formally assessed, and two-thirds of these may be depleted below a level that provides for maximum sustainable yields (Costello et al. 2012). Yet, the hunger for fish remains, and world fish production, consumption and trade are expected to increase. Fish and fish products are some of the most traded food items in the world today, with a 245 percent increase since 1976. Globalization has had a major influence on fisheries worldwide, ranging from easier movement of goods, services, capital, and labour resulting in increasing specialization and geographic segmentation of fishing activities, to longer and more complex supply chains (FAO 2018). Consumer tastes have also gone global. For example, sushi is now a commonplace item in restaurants and supermarkets of the industrialized world (Thara Srinivasan et al. 2012). One result of "sushi gone global" was an enormous rise of the value of Bluefin Tuna (*Thunnus thynnus*), a species formerly typically destined for pet food plants in the Western world (Longo 2011). The consequent impacts on Bluefin Tuna stocks are too well known.

Fish stocks have important functions as integral parts of global marine systems. Fisheries provide vital sources of protein and micronutrients, especially in developing countries (Golden et al. 2016). In addition, global capture fisheries provide employment and income to some 40 million people (FAO 2018).

Effectively governing marine commons such as fisheries represents the greatest challenges to fisheries managers, scientists, and conservationists today. Among the most pressing of these is the phenomenon of "Illegal, Unreported and Unregulated Fishing", or simply "IUU fishing" (Christensen 2016). IUU fishing has been described as a global phenomenon with devastating environmental and socio-economic consequences, in particular for coastal communities in developing countries (Damanaki & Lubchenco 2011). Estimates suggest that global IUU catches correspond to between 13% and 31% of reported fisheries production, with global losses from IUU estimated between US$10 and US$23.5 billion per year (Agnew at el. 2009). In addition, it is often associated with other serious problems such as drug trafficking, human slavery, organized crime and maritime security (EJF 2018). IUU fishing is a multi-billion dollar industry that continues because it is profitable: pirate fishers find it easy to bring their products into ports and across borders. The global seafood supply chain is complex and often poorly regulated, enabling the origin and movements of illegal products to be concealed, making it more difficult for the fishing industry and consumers to ensure products are legally caught. The increasing rise of IUU fishing from the 1980s on must be understood within the context of changes to marine capture fisheries. With fisheries governance shifting towards the adoption of property rights through licensing agreements and quotas even for high sea stocks and highly migratory species, the world's oceans had been enclosed (Hannesson 2006).

Governing large-scale common pool resources like fish stocks poses a number of challenges to theorists and decision-makers alike (Fidelman et al. 2011). Commons theory holds that the effective governance of marine commons depends also on having workable relations for monitoring, control, and surveillance (Ostrom 1990). Illegal fishing, trafficking, organized crime, and modern slavery are alarming indicators for a key problem: Many fisheries are insufficiently managed because of missing transparency. They are out of sight and out of mind, and little is known what is actually happening on fishing vessels. Without any doubt, high seas fisheries remain one of the least transparent global production practices (Toonen & Bush 2018).

Though the value of transparency in marine fisheries is broadly recognized, transparency standards have not yet been applied (Clark et al. 2015). Information such as who fishes what, how, how much, and where, is also needed to verify that management measures are complied with in practice, and that agreements of different kinds are respected. Smart solutions are required for a transparent and verified management of the marine commons. Distance from shore as well as the highly mobile nature of fish stocks, has put attention on new monitoring, control and surveillance technologies to collect spatially referenced data on the location of fishing vessels, gears and even fish stocks and eradicate illegal, unreported and unregulated fishing activity (Toonen & Bush 2018). This is what initiatives such as WWFs global Smart Fishing Initiative aim to reach, starting in the early 2010s when global satellite coverage had begun to provide sufficient coverage. Recently the international Fisheries Transparency Initiative has created an additional perspective to transparency at sea.

2. The Fisheries Transparency Initiative and the Smart Fishing Initiative: from over-fishing to smart-fishing

The Fisheries Transparency Initiative (FiTI) is a global multi-stakeholder initiative aiming to increase transparency and participation in fisheries governance for the benefit of a more sustainable management of marine fisheries. Founded in 2017, it is promoting the FiTI Standard, an agreement on what information on fisheries should be published by public authorities. If a country wants to join, its government has to follow a detailed procedure, including for example the creating of an enabling environment for stakeholder participation, and the designation of a national multi-stakeholder group. Seven principles serve as the cornerstones of FiTI, of which four are concerned with transparency. Principle 5 addresses in particular transparency and verification: "Transparency is most effective when information is shared and verified through the active, free, effective, meaningful and informed participation of governments, business, civil society, scientists, and other stakeholders as equal partners, thereby allowing all stakeholders to ensure that information is credible and legitimate." (FiTI 2019). In addressing transparency and verification as basic principles of good governance for the marine commons, FiTI shares common ground with WWFs Smart Fishing Initiative and its succeeding programmes.

The Smart Fishing Initiative (SFI) has been WWF´s global fisheries programme from 2010-2017. It supported the transformation of fisheries from over-fishing to smart-fishing with a focus on governance and market mechanisms to strengthen fisheries management. The SFI and ongoing WWF programmes advocate good governance by working with Regional Fisheries Management Organizations (RFMOs) with a focus on tuna to get the right management measures and rules in place.

According to the United Nations Fish Stocks Agreement, RFMOs are the institutions through which the high seas resources are to be sustainably managed. While they now cover most parts of the oceans beyond national jurisdiction, it has been argued that RFMOs are at least partly failing to achieve their objectives, also because of the lack of publicly available information concerning compliance and enforcement (Clark et al. 2015, and references therein).

An additional focus are impactful whitefish fisheries fishing with bottom trawl gear, such as groundfish fisheries and parts of the pollock (*Pollachius pollachius*) and cod (*Gadus ssp.*) fisheries. Deep sea fish stocks like orange roughy (*Hoplostethus atlanticus*) and slender armorhead (Pentaceros wheeleri) aggregating on islands slopes and seamounts are of similar vulnerability as their habitats are increasingly threatened by bottom impacting gear types (Norse et al. 2012).

SFI and succeeding programmes also facilitate the creation of sustainable markets through supporting certification schemes which allow the tracing of fish from ocean to plate. Another aspect is the encouragement of responsible investments by collaborating with public and private financial institutions to promote mechanisms that increase the flow of finance to sustainable fisheries. In cooperation with development and ethical banks, SFI supported the investment of money into to the safeguarding of local livelihoods and the long-term recovery of fisheries.

Transparency and verification are of paramount importance for reaching good governance of the marine commons. Similar to other economic sectors acting on global scales, fishing and seafood production are often suffering from a lack of trust, because various steps of the production process and supply chain are not sufficiently transparent. While management authorities can only partly control fishing and trading activities, consumers are unable to make well-informed decisions because they do not have sufficient information on the origin and production methods of a certain product. Technologies can improve the trust among agents within the fisheries sector by increasing transparency and availability of information from ocean to plate (Probst 2019).

This paper introduces transparency-enhancing and verifying technologies and tools applied and developed by WWF and navama as part of the Smart Fishing Initiative and beyond.

Figure 1: New Zealand orange roughy (Hoplostethus atlanticus) fishery, exemplary track of one fishing vessel using bottom trawl gear. The AIS analysis found six vessels of the fishery with bottom trawl pattern in less than 2 km distance to the seamount centrepoint. AIS data from 2016

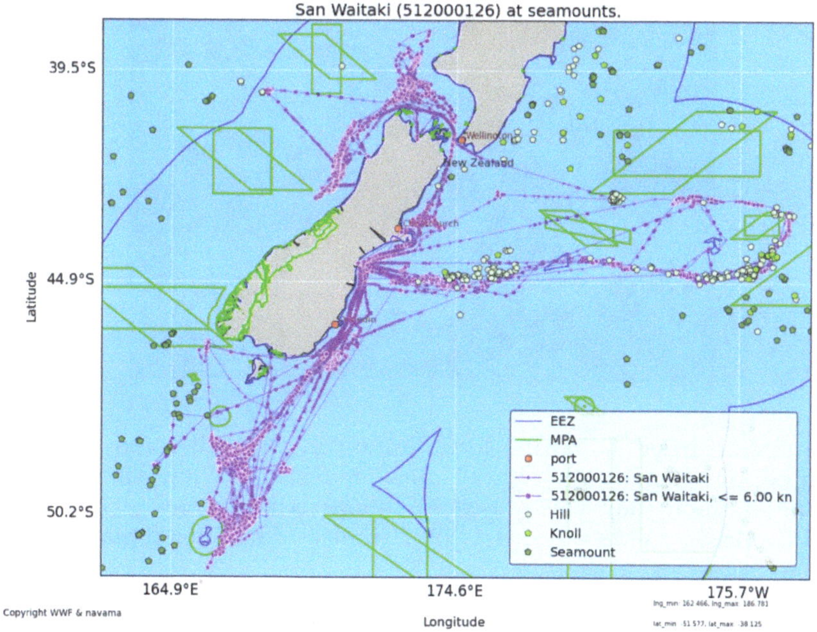

3. Technologies and tools for transparent seas

Increasing the transparency of fisheries requires to focus on different aspects. The first aspect is the **transparency of the position**: who (which vessel) is fishing where and when? The second aspect is the **transparency of fishing activities and their impact**: fishing methods used, targeted species and quantities fished, bycatch and discards, and habitats effected. The third aspect is the **traceability of the product** from ocean to plate, which requires to combine the information from the first two aspects with data on processing, intermediaries and retailers, fishmongers or e.g. restaurants. This paper focuses on the first and the second aspect, because it is here where technologies become most relevant. It is also the information required to verify the compliance with management rules and agreements.

Figure 2: Voluntarily provided AIS (Automatic Identification System) and VMS (Vessel Monitoring System) data from a fishery cooperating with WWF. Industrial tuna purse-seine catch-pattern (VMS (red) and AIS (yellow). Indian Ocean 2018

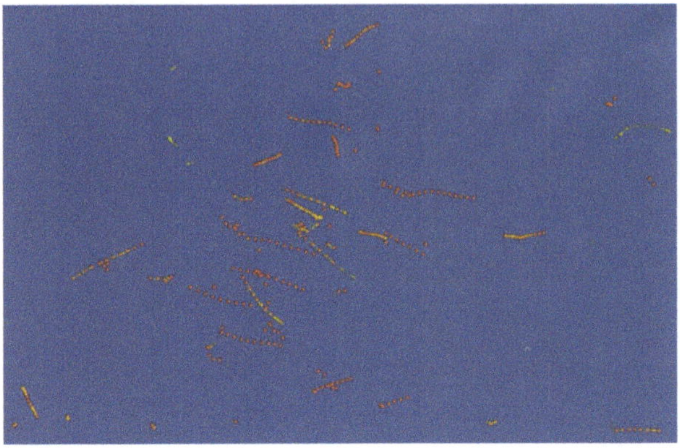

The satellite-based Automatic Identification System (AIS), and the Vessel Monitoring System (VMS) are well known in fisheries. While AIS is an open communication tool widely used in commercial shipping to help ships avoid collisions, VMS was specifically designed to monitor commercial fisheries.

Since 2004, the International Maritime Organization (IMO) has made the carrying of an AIS transponder mandatory for all vessels larger than 300 gross tons or carrying passengers. In the European Union, all fishing vessels larger than 15 m must carry an AIS device and VMS. Both systems use on-board transmitters linked to the vessel's GPS to receive and transmit exact position in time and space on VHF radio frequencies to either coastal ground stations or satellites. VMS usually transmits in time intervals varying from 20 min to several hours, while satellite-based AIS transmissions can be as frequent as every few seconds, enabling the monitoring of fine-scale vessel behaviour and movement patterns (de Souza et al. 2016). While VMS data transmission is usually based on coded point to point satellite communication between the vessel and the ground centres, AIS transmissions is open and can be received by other ships equipped with AIS, making AIS data more accessible and less expensive to transmit than VMS data (Natale et al. 2015).

Table 1: Comparison of AIS (Automatic Identification System) and VMS (Vessel Monitoring System) for tracking fishing vessels and create transparency of location, time, speed and moving pattern.

	VMS	**Class A AIS**	**Class B AIS**
Technological basis	VHF via satellite and antenna (basically a satellite mobile telephone with GPS)	VHF (developed for anti-collision). The reach of satellites and terrestrial antenna is a by-product	VHF via antenna
Output	**High to reach satellites**	**High to reach satellites**	Low to ensure vessel to vessel communication
Data transfer rate	Flexible, depends on the system often only 1/h	**Every few seconds**	**Every few seconds**
Data storage in the transceiver possible	Yes	-	-
Position accuracy	Within +/- 1 meter	Within +/- 1 meter	Within +/- 1 meter
Global system	Works globally, but no uniform global standard	**Yes**	Near-coast only (approx. 80 miles depending on the location of the antenna)
Open data	No: coded data, only available to the MCS authority; code differs from VMS to VMS	**Yes**	**Yes**
Historical data accessible	No	**Yes, since 2009**	**Yes, since 2009**
Is fraud of the system possible?	Yes	Yes	Yes
Is it possible for WWF to access system and data	No	**Yes**	**Yes**
Does the WWF/ navama system and "big data" database include this data	Technically possible to include the decoded data	Yes: global and historical	Yes: global and historical
Are individual vessels identifiable for WWF	No	**Yes**	**Yes**
System increases safety at sea	No	**Yes: anti-collision and even "man over board" rescue opportunity possible**	Yes: anti-collision

	VMS	Class A AIS	Class B AIS
Costs for a vessel-based transceiver	Hardware: > 2000€ plus yearly fee for network usage (around 200€/month)	Between several hundred to above thousand € depending on technology and output, no monthly fee for fisheries	between 400-600€
Costs for receiver, processing and data interpretation	High, due to data access costs and the individual system construction/ coding and dependency on the specific supplier	Medium, due to additional data access costs in comparison to Class B	Medium - Low

In cooperation with navama – technology for nature, a German based company, WWF started in 2012 to evaluate AIS data, in order to retrace the activities of fishing vessels, including those suspected of illegal fishing. The data enable to visualize the specific routes of individual fishing vessels, and to recognize their fishing activities.

It is also possible to see if the boundaries of Marine Protected Areas (MPAs), closed fish nursery habitats and areas reserved for artisanal small-scale fisheries are respected. Harbouring of vessels and potential transshipment positions can be located, and the turning off of AIS devises can be determined with good probability. In combination with other available date like geographical-, biological- or political data, tracking data deliver valuable information, for example about the potential depth of fishing, fishing methods, the impact of fishing and even potential interferences between marine turtles or marine mammals with vessels.

Research has demonstrated the value and potential of AIS and other data (de Souza et al. 2016, James et al. 2018), but two major challenges remain. Firstly, the data need to be available to different stakeholders such as public authorities or NGOs, if they shall serve for the verification of the compliance with management rules and agreements. And secondly, small-scale artisanal fisheries especially in developing countries are hardly equipped with these tools. While the use of satellite AIS data for detecting fishing patterns - after WWF`s successes in using and promoting AIS transparency - is recently becoming a well-established method in fisheries science, a major challenge lies in expanding behaviour identification to small-scale and artisanal fishing vessels which currently remain largely invisible in most tracking systems (de Souza et al. 2016). As a result, comparatively little is known about this fishing activities, although research has shown that their impacts can be significant (Pomeroy et al. 2009). It has been argued that a more comprehensive low cost and open source based approach to collecting

Figure 4: AIS (Automatic Identification System) has been developed as a machine to machine communication-tool based on GPS information aiming to improve safety at sea, and especially as an early anti-collision warning system for marine traffic. The signals reach vessels in about visual range, terrestrial antennas (t-AIS) and if strong enough as well satellites (s-AIS). This information is complemented in the WWF-navama database with optical, geographical, hydrological, political and biological data.

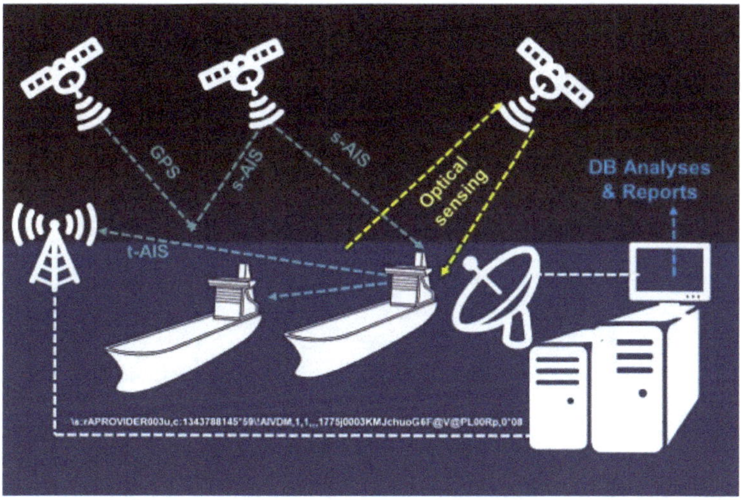

fisheries management data is needed for small-scale fisheries (James et al. 2018).

To address the first of these challenges, WWF and navama introduced **TransparentSea.org** (www.transparentsea.org), a tracking tool and data sharing platform which visualizes the routes of registered fishing vessels on a global scale and makes them available. Each fishery can voluntarily register with the system, and make their fishing activities transparent. With their registration, fisheries agree to share 24/7, either satellite AIS data, VMS data or other location-based information data of their vessels with independent experts from navama or WWF. With the fishing company's approval, the data from their experience can even be shared with other NGOs, governments, science, or can be published on this webpage. Fisheries which cooperate can thus show that they are committed to legal and fully transparent fishing, demonstrate that they respect the boundaries of sensitive areas and no take zones, and use responsible fishing practices.

Figure 5: All s-AIS signals from "fishing" vessels globally. The darker red the more fishing-vessel-signals were observed in the database. The global fishing hotspots are clearly visible. AIS data from 1.4.2011 to 1.3.2012

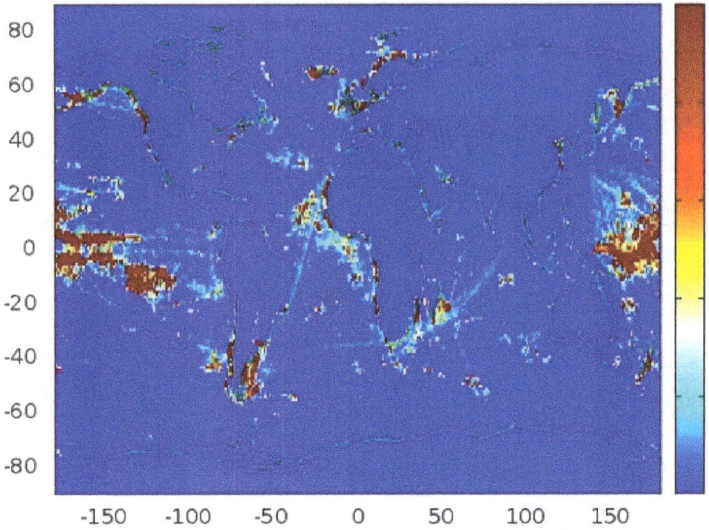

To address the second of these challenges, WWF and navama have established **smartTrack**. SmartTrack is an implementation process for vessel tracking systems for artisanal fisheries based on vendor independent hardware solutions. It is based on various position tracking systems, and employs small, maintenance-free devices (sometimes solar-powered). SmartTrack is a low-cost tool, aiming to support small-scale and artisanal fisheries which need location verification, for example as a means to have access to sustainability certification processes, or simply to increase their safety at sea.

4. Out onto the sea: implementing technologies and tools

To demonstrate that the use of (satellite) technology for the surveillance of fishing activities is an efficient and simple method to promote legal and transparent fishing operations, WWF and navama initiated a number of projects, both with large-scale and small-scale artisanal fisheries.

Figure 6: A "potential transshipment pattern"; fishing vessels and/or reefers at the same time and at the same location. AIS data from 2014

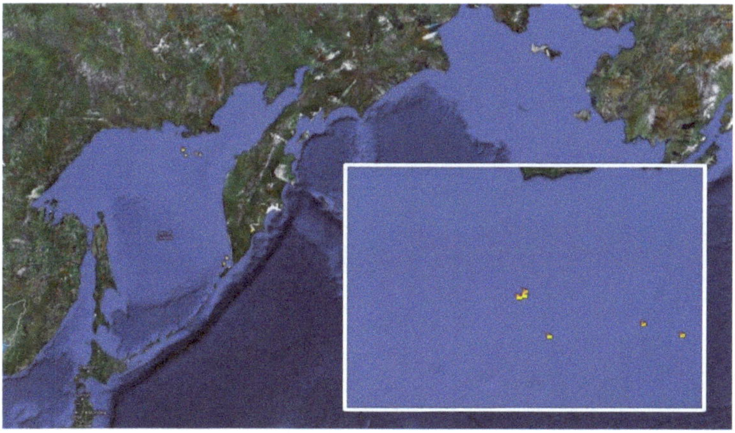

An example for a project with large-scale fisheries is WWFs work with Sea Quest (see *Figure 10*), a locally owned tuna longline-fishing company from Fiji. Sea Quest has currently six longliners harvesting annually approximately 1,000 tons of tuna. About 500 tons are sold fresh and destined for buyers in Japan, the United States, and New Zealand. In 2012, Sea Quests albacore tuna longline fishery was certified with the Marine Stewardship Council (MSC). In 2013, the company agreed in cooperation with WWF to install AIS transmitters on its tuna fishing vessels to demonstrate full transparency of the company´s fishing operations. Since June 2013, AIS transmitters have been activated round-the-clock, with AIS constantly sending signals from the vessels to the WWF/navama database. WWF and navama can retrace the routes and activities of Sea Quest's fishing vessels and ensure that boundaries of sensitive and protected areas and no take zones are respected.

Since 2017, Bolton Food, an Italian company including three fishing companies (Bolton Alimentari, Saupiquet and Garavilla) is also working with WWF. Bolton`s fish fleets Saupiquet and Garavilla are sharing the VMS tracks of their six tuna fishing vessels on a regular basis.

In 2011, WWF launched the Public Private Partnership Program Toward Sustainable Tuna (PPTST) to improve yellowfin tuna (*Thunnus albacares*) management practices for 5,000 fishers in 140 tuna fishing villages. As part of this programme, 13 vessels in the Philippines' Mindoro Strait were using

Figure 7: AIS on-off analysis. This graph shows the result of an algorithm, that compares satellite reachability of AIS from vessels sailing the same longitude (blue dots) with the targeted vessel (red dots). The time window f.e. between 35 and 42 hours shows good satellite coverage, but the target vessel is sending no signals; a clear indication that either AIS on the target vessel has been switched off or is not in function due to other vessel-based reasons. AIS data from 2012

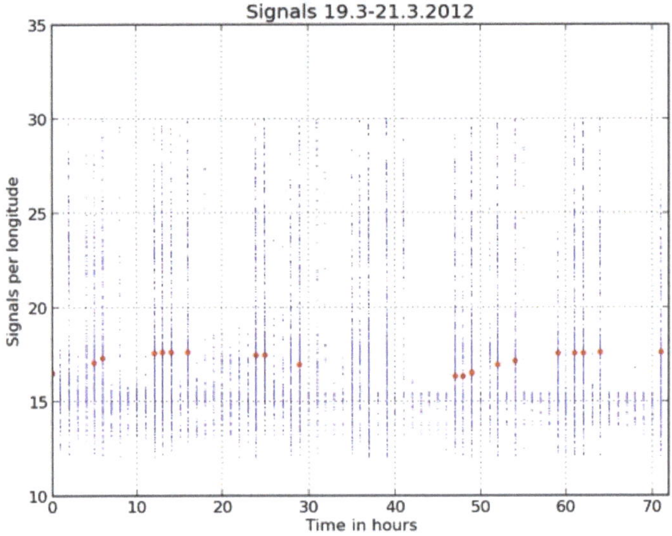

satellite trackers to pilot and promote fisheries transparency and safety at sea. These satellite trackers are the size of a matchbox and can be easily attached. Tuna fishers can verify that they do not fish in sensitive areas.

In 2018, smartTrack was implemented in a pilot project in Senegal, targeting semi-industrial and artisanal fisheries. Senegalese pirogues have just one engine. Vessels and their crew are repeatedly lost at sea because of technical problems, especially when they are fishing far out or even beyond the country's EEZ. The project equipped a number of boats with solar-powered GPS devises. These small, maintenance-free devices also have an emergency alert function, thus providing an additional incentive for fishers to participate due to the improved safety at sea. The devices worked with international SIM cards and a rooming agreement which allowed the transmission of tracking data. The data were collected on a platform specifi-

Figure 8: Fisheries closures (yellow boxes) in the North East Atlantic Fisheries Commission (NEAFC) Regulatory Area. AIS signals from fishing vessels (red dots). Most pattern indicate trespassing; only the cumulative dot in the far-right small closure indicates fishing activities.
AIS data from 2013

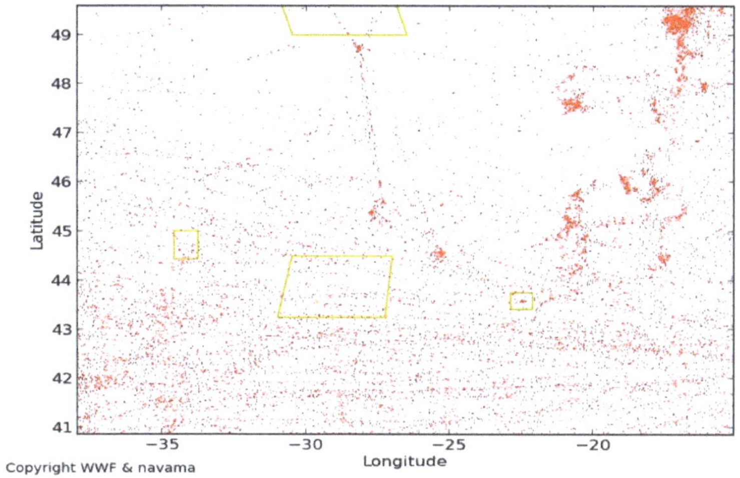

cally created for the project. The platform integrated several services, such as displacing the trajectory of each boat and real-time tracking information on the most recent position of the boats, including the time and position when a SOS signal was sent. The Senegalese project did show, that tracking artisanal fisheries activities is indeed possible, with relatively simple and low-cost equipment. It also showed the willingness of fishers to participate, who were motivated by the chance to increase their safety at sea.

5. Governing the oceans of the future

The rapid development of low cost and easily deployed technologies and processes is paving the way to a transparent management of the marine commons. In the very near future, it is also likely to have global reach in small-scale and artisanal fisheries, providing the potential to monitor previously unregulated fishing activities (James et al. 2018). With more and better information, a more precise and constructive fisheries management is

Figure 9: Additional speed analysis of the fishing vessel track in a seamount closure (see Figure 8) in the NEAFC (North East Atlantic Fisheries Commission) Area. Speed and pattern indicate bottom-trawl fishing within the fisheries closure. AIS data from 2013

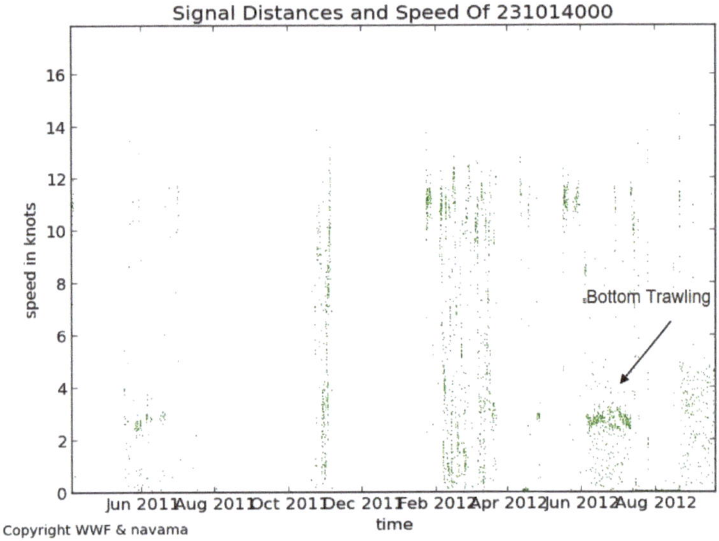

possible. The spread of digital networks has created techniques which can organize, store, and analyse large data volumes in an automized and self-administered manner in real time. A recent paper by Probst (2019) outlines the profound impacts which digital data technologies such as blockchain, data mining, and artificial intelligence may have on commercial fisheries including producers, wholesalers, retailers, consumers, management authorities, and scientists. Technologies such as unmanned drones are also thought to have a role in governing the oceans of the future. A number of projects in which states, NGOs and multi-national aviation companies work together is currently testing the use of drones (Toonen & Bush 2018).

This paper has shown that existing technologies do already allow to extend the monitoring of different fisheries – including artisanal fisheries - and to verify their compliance with management regulations. However, this potential is not yet used to its full extend. For example, the most important certification scheme for seafood - the Marine Stewardship Council (MSC) – has still not integrated credible independent means of verification into

Figure 10: Sea Quest Fiji Ltd. tuna-vessels (different colours) have the AIS switched on 24/7 and do not enter any marine protected areas around the Fiji islands (green). This qualifies the listing on WWFs transparent-sea.org and indicates fully transparent and legal fishing. AIS data from 2015

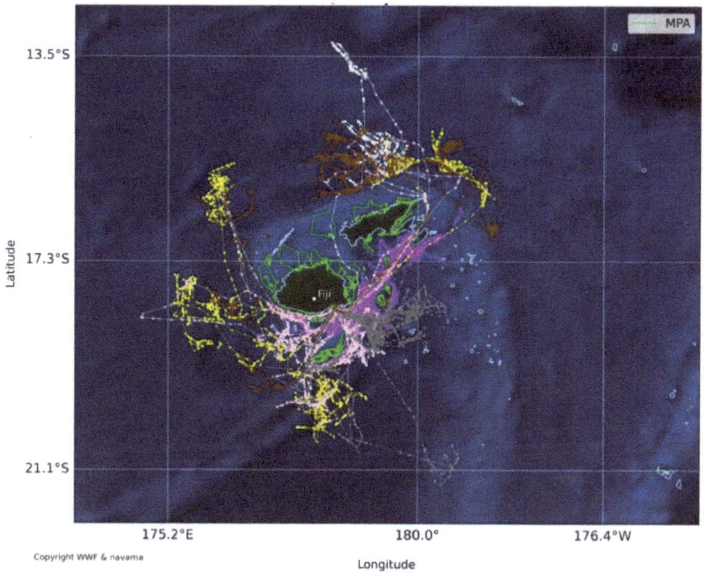

its certification standards and procedures. For this reason, the MSC has been heavily criticized, for instance for not being completely open about what its certification does not cover (Hadjimichael & Hegland 2016). MSC certified large-scale whitefish fleets have been found to fish in vulnerable habitats such as seamounts (see *Figure 3*), or extremely fragile cold-water coral reefs and sponge grounds. In absence of independent electronic verification mechanisms which can not be manipulated, the market dominance of the MSC implies the danger that the concept that the label is meant to be certifying - sustainable fisheries - is appropriated by the label itself (Hadjimichael & Hegland 2016).

A transparent and verified management of the marine commons requires full disclosure and traceability of all harvested resources. Full traceability - from ocean to plate - means tracing the catch from a particular vessel or fisher all the way to its final destination. Missing or limited transparency

Figure 11: Three Senegalese artisanal fishery vessels (coloured tracks) using smart-Track devices. The monitoring results are displayed on the seeOcean platform. Data from 2016

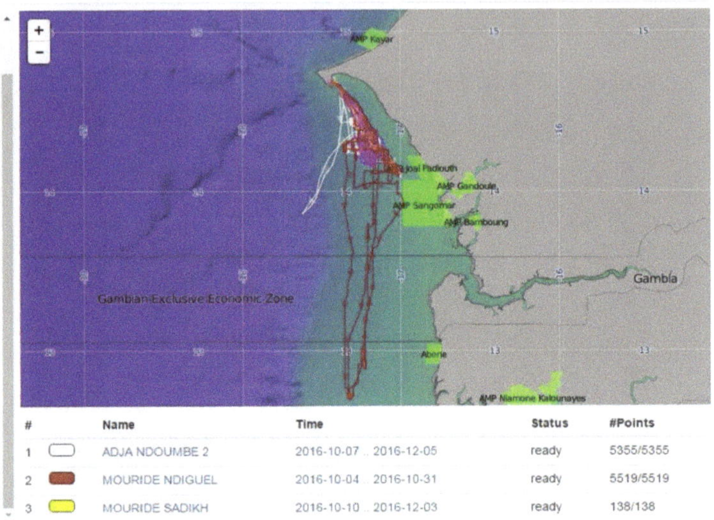

always bears the danger of unaccounted catches, the potential of overfishing and, ultimately, a possible collapse of that particular fishery. Existing technologies and tools can provide the data for the transparency that is required to make fishing sustainable. This needs joint efforts. National governments, Regional Fisheries Management Organisations as well as states flagging fishing vessels operating on the high seas need to make the installation of satellite based AIS mandatory on all commercial fishing vessels. These data must be made publicly available. With all eyes on the fish, the over-exploitation of the seas can be stopped.

Role of the funding source

Alfred Schumm was funded by WWF Germany. Andreas Struck was funded by navama. The founding organisation had no role in the study design, the collection, analysis and interpretation of data, in the writing of the report, and in the decision to submit the article for publication.

Figure 12: The Norwegian coastline (blue) and mapped vulnerable marine ecosystems - VMEs - (black framed areas). Bottom trawl activities of a certified fishery are indicated in yellow (outside the VMEs) and red (inside the VMEsAIS data from 2014

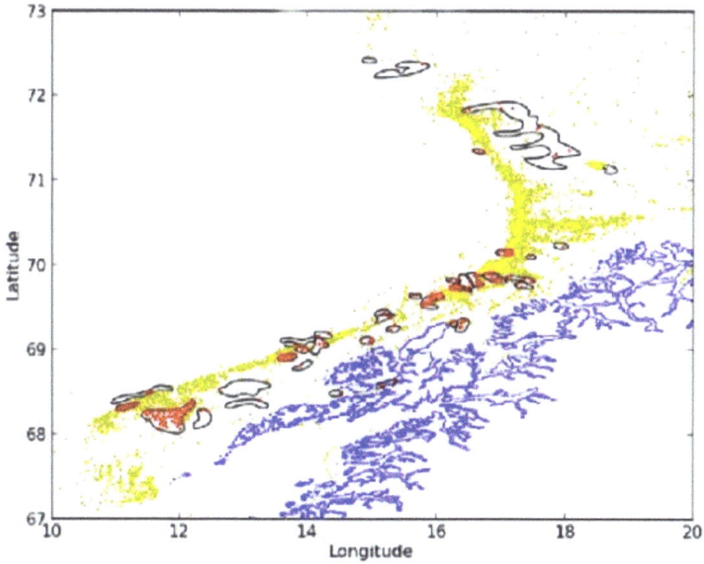

References

Agnew DJ, Pearce J, Pramod G, Peatman T, Watson R, Beddington JR, et al. 2009. Estimating the Worldwide Extent of Illegal Fishing. *PLoS ONE* 4(2): e4570. https://doi.org/10.1371/journal.pone.0004570

Christensen, J. 2016. Illegal, unreported and unregulated fishing in historical perspective. In: Schwerdtner Máñez, K., Poulsen, B. 2016. Perspectives on Oceans Past. A handbook of marine environmental history. Springer, pp.133-153.

Clark, N.A., Ardron, J.A., Pendleton, L.H. 2015. Evaluating the basic elements of transparency of regional fisheries management organizations. Marine Policy 57, 158-166.

Costello, C., Ovando, D., Hilborn, R., Gaines, S.D., Deschenes, O., Lester, S.E. 2012. Statu and solutions for the worlds unassessed fisheries. Science 338, 517-520.

Damanaki, M. Lubchenco, J. 2011. U.S.-EU joint statement on combating IUU fishing. Accessed 16.09.2019.

de Souza, E., Boerder, K., Matwin, S., Worm, B. 2016. Improving fishing pattern detection from satellite AIS using data mining and machine learning. PloS ONE 11(7): e0158248. doi:10.1371/journal.pone.0158248

Environmental Justice Foundation (EJF) 2018. Out of the shadows. Improving transparency in global fisheries to stop illegal, unreported and unregulated fishing. https://ejfoundation.or g//resources/downloads/Transparency-report-final.pdf

FAO (2018). The State of World Fisheries and Aquaculture 2018 - Meeting the sustainable development goals. Rome. Licence: CC BY-NC-SA 3.0 IGO.

Fidelman Pedro, Evans Louisa, Fabinyi Michael, Foale Simon, Cinner Josh, Rosen Franciska. (2011). Governing large-scale marine commons: contextual challenges in the Coral Triangle. Marine Policy 36 (1), 42-53.

Fisheries Transparency Initiative (FiTI). 2019. http://fisheriestransparency.org/fiti-principles (accessed 18.09.2019).

Golden, C., Allison, E. H., Cheung, W. W., Dey, M. M., Halpern, B. S., McCauley, D. J., Myers, S. S. (2016). Fall in fish catch threatens human health. *Nature*, *534* (7607), 317–320.

Hadjimichale, M, Hegland, T.J. 2016. Really sustainable? Inherent risks of eco-labeling in fisheries. Fisheries Research 174, 129-135.

Hannesson, R. 2006. The privatisation of the oceans. Cambridge, Massachusetts Institute of Technology.

James, M., Mendo, T., Jones, E.L., Orr, K.,McKnight, A., Thompson, J. 2018. AIS data to inform small scale fisheries management and marine spatial planning. Marine Policy 91, 113-121.

Longo, S. 2011. Global sushi: the political economy of the Mediterranean Bluefin Tuna fishery in the modern era. American Sociologial Association XVII (2), 403-427.

Natale, F., Gibin, M., Alessandrini, A., Vespe, M., Paulrud, A. 2015. Mapping fishing effort through AIS data, PLoS One 10 (6) (2015) 16, http://dx.doi.org/10.1371/journal.pone.0130 746.

Norse, E.A., S. Brooke, W.W.L. Cheung, M.R. Clark, I. Ekeland, R. Froese, K.M. Gjerde, R.L. Haedrich, S.S. Heppell, T. Morato, L.E. Morgan, D. Pauly, U. R. Sumaila and R. Watson. 2012. Sustainability of Deep-sea Fisheries. Marine Policy 36 (2): 307–320.

Ostrom, E. 1990. Governing the commons. The evolution of institutions for collective action. Cambridge University Press, Cambridge, UK.

Pomeroy, R., Nguyen, K.A.T., Thong, H.X. 2009. Small-scale marine fisheries policy in Vietnam. Marine Policy 33 (2), 419-428.

Probst, W.N. 2019. How emerging data technologies can increase trust and transparency in fisheries. ICES Journal of Marine Science. fsz036, https://doi.org/10.1093/icesjms/fsz036.

Thara Srinivasan, U., Watson, R, Rashid Sumaila, U. 2012. Global fisheries losses at the exclusive economic zone level, 1950 to present. Marine Policy 36, 544-549.

Toonen, H.M., Bush, S.R. 2018. The digital frontiers of fisheries governance: fish attraction devices, drones and satellites. Journal of Environmental Policy and Planning. DOI: 10.1080/1523908X.2018.1461084.

Irmgard Buder

Energie –Zugang zu bezahlbarer, moderner Energie (SDG 7) im Konflikt mit Klimaschutz?

Eine Analyse, ob die Nachhaltigkeitsziele Keine Armut, Zugang zu Energie und Maßnahmen zum Klimaschutz in Einklang gebracht werden können

1. Einleitung: Die Agenda 2030

2015 wurde von der Generalvollversammlung der Vereinten Nationen (United Nations UN) die Resolution „Transformation unserer Welt: Die Agenda 2030 für nachhaltige Entwicklung“ kurz: Agenda 2030 verabschiedet (UN 2015). Grundlage der Resolution sind die Allgemeinen Erklärung der Menschenrechte 1948 (UN 1948), die Millennium Entwicklungsziele, die in der United Nations Millennium Declaration verabschiedet wurden (UN 2000), sowie das Recht auf Entwicklung, das in der „Declaration on the Right to Development“ (UN 1986) beschlossen wurde.

Vision der Nachhaltigkeitsziele ist eine Welt frei von Armut, Hunger, Krankheit, Angst und Gewalt. Gleicher Zugang zu Bildung auf allen Ebenen, Gesundheitsfürsorge und soziale Absicherung werden angestrebt. Die Menschenrechte und die Würde des Menschen sollen respektiert werden, und es soll keine Diskriminierung auf Grund von Geschlecht, Rasse, Ethnizität, Religion oder Kultur stattfinden. Die Wirtschaft soll nachhaltig und inklusiv sein. Ein nachhaltiges Wirtschaftswachstum soll gute Arbeitsbedingungen für alle ermöglichen. Die Entwicklung und Anwendung von Technologien soll widerstandsfähig sein und Auswirkungen auf Klima und Biodiversität berücksichtigen (UN 2015).

Um die Vision der Agenda 2030 zu verwirklichen, wurden 17 Nachhaltigkeitsziele (Sustainable Development Goals SDG) (siehe Abbildung 1) und 169 Zielvorgaben (targets) formuliert. Die 17 Ziele werden als „universal, indivisible and interlinked“, d.h. universell, unteilbar und miteinander verbunden beschrieben (UN 2015 S. 29). Sie haben die gleiche Priorität und sollen gleichermaßen umgesetzt werden (UN 2015 S. 28). Allerdings sind die Nachhaltigkeitsziele auch eng miteinander verknüpft. Die Umsetzung einiger Ziele wirkt sich positiv, d.h. mit verstärkender Wirkung auf die Erreichbarkeit anderer Ziele aus. Zum Beispiel ist die Bekämpfung von

Hunger (SDG 2) eine Grundvoraussetzung für die Beseitigung von Armut (SDG 1) (BMZ 2021). Bei der Erreichung anderer Ziele müssen eventuell Kompromisse gemacht werden, da das Erreichen eines Ziels unter Umständen auf Kosten eines anderen Nachhaltigkeitsziels erfolgt. Ein Beispiel ist die Nutzung von Ackerland für Energiepflanzen zur Erzeugung von Biotreibstoffen, die mit dem Anbau von Pflanzen zur Ernährung konkurrieren kann (Le Blanc 2015).

Abbildung 1: Die Nachhaltigkeitsziele der UN (© Vereinte Nationen abgerufen von https://unric.org/de/17ziele/ 17.12.2021)

2. Forschungsfrage

In dieser Literaturstudie werden die Wechselwirkung zwischen den Nachhaltigkeitszielen SDG 1, keine Armut, SDG 7 den Zugang zu erschwinglicher, zuverlässiger, nachhaltiger und moderner Energie für alle zu erreichen, und dem Ziel SDG 13, dringend Maßnahmen zur Bekämpfung des Klimawandels und seiner Auswirkungen zu ergreifen, untersucht. Zugang zu erschwinglicher, moderner Energie auch für arme Menschen ist auf der einen

Seite ein Beitrag zur Bekämpfung extremer Armut (Practical Action 2014), auf der anderen Seite ist die Energieerzeugung insbesondere mittels fossiler Energieträger (Kohle, Erdgas, Öl) die Hauptursache für den menschengemachten Klimawandel (Hansen et al. 1981, IPCC 1990). Mit steigendem Einkommen steigt in der Regel auch der Energieverbrauch und der damit verbundenen Treibhausgasemissionen (Lamb et al. 2021). Auf der anderen Seite führt der Klimawandel schon jetzt zu einem Anstieg von heißen Tagen (NASA 2021). 2021 wurde eine Erhöhung der mittleren Temperatur um 1,2 °C verglichen mit vorindustriellem Niveau beobachtet (NASA 2021), was zu einem erhöhten Bedarf an Raumklimatisierung gerade in den tropischen und subtropischen Regionen (van Ruijven et al. 2019) und damit zu steigendem Energiebedarf führen wird. Welche Möglichkeiten gibt es, dennoch diese drei Nachhaltigkeitsziele zu erreichen? Welche Kompromisse müssen eventuell dabei akzeptiert werden?

3. Wissenschaftliche Arbeiten zu Wechselwirkungen zwischen den Nachhaltigkeitszielen

In diesem Kapitel wird eine Übersicht über Forschungsarbeiten gegeben, in denen Verbindungen und Wechselwirkungen zwischen den Nachhaltigkeitszielen analysiert wurden.

Le Blanc analysierte Wechselwirkungen und Verbindungen zwischen Zielen und Zielvorgaben anhand des 2014 veröffentlichten Diskussionspapiers einer offenen Arbeitsgruppe (UN 2014), auf dem die später verabschiedete Fassung der Agenda 2030 basiert (UN 2015). Le Blanc definierte als Verbindung, wenn Zielvorgaben sich ausdrücklich auf verschiedene Ziele beziehen. Die Studie berücksichtigt nur Ziele und Zielvorgaben, die sich nicht mit der Umsetzung beschäftigen, d.h. es werden 16 Ziele -nicht Ziel 17, Partnerschaft zur Erreichung der Ziele- und 107 Zielvorgaben analysiert (Le Blanc 2015). Die meisten Interaktionen wurden für SDG 12 Nachhaltiger Konsum und Produktion gefunden. Le Blanc führt an, dass die Verzahnung der Ziele und Zielvorgaben Institutionen, die ein spezifisches Ziel, z. B. Erziehung fördern, motivieren könne, dass sie zukünftig einen breiteren Sektor übergreifenden und intergierten Ansatz verfolgen. Allerdings stellt er auch fest, dass in den Zielen und Zielvorgaben keine Verzahnung von Industrialisierung und Energie berücksichtigt wird, obwohl es lange bekannt sei, dass der Energieverbrauch in der Wirtschaft wichtiger Treiber für den gesamten Energiekonsum darstellt (siehe auch 3.4.1 Kaya Identität). Aus seiner Sicht müssten Strategien zur Verminderung der CO_2-Emissionen diese Verbindung aber berücksichtigen. Dennoch gäbe es nur wenige und schwache Verbindungen zwischen SDG 7 (Energie) und SDG 13 (Klima) und anderen Nachhaltigkeitszielen (Le Blanc 2015).

Wenige Verbindungen werden auch zwischen dem Ziel, Maßnahmen zum Klimaschutz zu ergreifen, und anderen Zielen gemacht, obwohl dieses Ziel zahlreiche physikalische Verbindungen zu anderen Nachhaltigkeitszielen habe. Z. B. sind in der Analyse von Le Blanc keine Verbindung zwischen Klima und Gesundheit aufgeführt, obwohl die kurzfristige Zunahme der Sterblichkeit bei Hitzewellen bekannt ist (Ye et al. 2012, Guo et al. 2018). Auch zwischen der Zielvorgabe, die Übersäuerung der Meere zu begrenzen, und dem Klimawandel würde in den Formulierungen der Nachhaltigkeitsziele keine Verbindung hergestellt. Das überrascht, da die Übersäuerung der Meere hauptsächlich durch verstärkte Aufnahme von CO_2 bedingt ist (Post et al. 1990, Feely et al. 2004), dem wichtigsten Treibhausgas (siehe auch 1.3), was die beiden Ziele durchaus verbindet.

Das zeigt laut Le Blanc, dass es keinen internationalen Konsens über die Bedeutung des Klimaschutzes zur Erreichung anderer Nachhaltigkeitsziele gibt:

> „*The absence of some well-recognized links also reflects that agreement on the importance of these links has not been reached in the international political arena.*" Das Fehlen einiger anerkannter Verbindungen zeigt auch, dass auf der internationalen politischen Bühne keine Einigung über die Bedeutung dieser Verbindungen erzielt wurde. (Le Blanc 2015).

Der Internationale Wissenschaftsrat (The International Council for Science) untersuchte die Wechselwirkungen zwischen SDG 2 (Kein Hunger), SDG 3 (Gesundheit und Wohlergehen), SDG 7 (bezahlbare und saubere Energie für alle) und SDG 14 (Leben unter Wasser) (ICSU 2017). Auf der Ebene der Zielvorgaben fanden sie 91 Wechselwirkungen, von denen 61 positiv bewertet werden, eine neutral und 35 negativ. Allerdings wird bei der Betrachtung von SDG 7 hier nicht berücksichtigt, dass die Erreichung von SDG 1 eventuell auch zu einem Ansteigen des Energieverbrauchs auf Grund steigenden Lebensstandards führen kann.

Die Arbeitsgruppe von Stafford-Smith betonten, dass Sektor übergreifende Zusammenarbeit (zwischen Finanzen, Landwirtschaft, Energie und Transport), zwischen sozialen Akteuren (lokale Behörden, Regierungsstellen, Privatsektor und Zivilgesellschaft) und zwischen Ländern niedriger, mittlerer und hoher Einkommen für die Erreichung der Nachhaltigkeitsziele notwendig sei (Stafford-Smith et al. 2017). Insbesondere müsste beachtet werden, dass eine kurzfristige Erreichung eines Ziels, z. B. extreme Armut durch Förderung von Konsum zu bekämpfen, andere Nachhaltigkeitsziele -sie führen das nachhaltige Wassermanagement an- blockieren könne. Umgekehrt könnten Synergien genutzt werden, z. B. trägt die Förderung erneuerbarer Energie nicht nur zur Reduktion von CO_2-Emissionen bei, sondern auch zur Verringerung der Luftverschmutzung, was sich positiv auf die Gesundheit der Menschen (SDG 3) auswirke (Stafford-Smith et al. 2017).

Tosun und Leininger untersuchten, wie die Nachhaltigkeitsziele Ernährung, Gesundheit, sauberes Wasser, Energie und Maßnahmen zum Klimaschutz miteinander wechselwirken. Sie untersuchten die geplante Umsetzung der Nachhaltigkeitsziele für Äthiopien, Benin, Kolumbien, Türkei, Katar und die Schweiz und analysierten, ob Wechselwirkungen zwischen den Nachhaltigkeitszielen berücksichtigt werden. Obwohl die betrachteten Nachhaltigkeitsziele sich gegenseitig verstärken können, wird laut den Autorinnen deren Umsetzung aber nicht integriert geplant (Tosun und Leininger 2017).

Der Beitrag lokaler Initiativen in Afrika zum Erreichen der Nachhaltigkeitsziele und der Wechselwirkungen zwischen den Nachhaltigkeitszielen wurde ebenfalls analysiert (Jimémez-Aceituno et al. 2020). In mehr als der Hälfte der hier untersuchten Initiativen wurden die SDG 4 Bildung (ca. 65 %), SDG 8 Menschenwürdige Arbeit und Wirtschaftswachstum (ca. 53 %) mittels Bottom-up Ansatz adressiert. Ca. 40 % der Initiativen ließen sich den Zielen SDG 6 Sauberes Wasser, SDG 1 Keine Armut und SDG 2 Kein Hunger, sowie SDG 11 Nachhaltige Städte und Gemeinden zuordnen. In der Regel erfolgte aber keine integrierte Betrachtung der Nachhaltigkeitsziele in den hier untersuchten Projekten.

Um die Nachhaltigkeitsziele umzusetzen wird von zahlreichen Wissenschaftlerinnen und Wissenschaftlern eine integrierte Betrachtung gefordert, die die Wechselwirkungen zwischen den Zielen berücksichtigt. Dennoch werden auf politischer Ebene und in Entwicklungsprojekten in der Regel die Nachhaltigkeitsziele nicht zusammen gedacht.

In den folgenden Kapiteln soll nun auf die hier betrachteten Nachhaltigkeitsziele SDG 1, SDG 7 und SDG 13 im Detail eingegangen werden.

3.1 Keine Armut (No Poverty)

Das Ziel, extreme Armut abzuschaffen, wurde schon in den Milleniumszielen unter Entwicklung und Beseitigung von Armut (Absatz „III Development and poverty eradiction") adressiert (UN 2000). Als extrem arm gelten Menschen, die 2021 mit weniger als 1,90 US$ pro Tag auskommen müssen (UN 2021, S. 26). In früheren Publikationen wird der Betrag 1,25 US$ pro Tag (UN 2015, S. 15.) genannt. Ursache für die Abweichung ist die Berücksichtigung steigender Lebenshaltungskosten (Weltbank 2015).

Fortschritte in der Bekämpfung extremer Armut wurden bis Anfang 2019 gemacht: 2015 wurden noch 10,1 % der Weltbevölkerung (741 Millionen) als extrem arm angesehen, in 2017 waren es 9,3 % (689 Millionen). Um bis 2030 extreme Armut zu beseitigen, reicht dieser Fortschritt aber nicht aus (UN 2021, S. 26). Außerdem hat die Covid-19-Pandemie zu einem starken Anstieg extremer Armut in 2020 geführt. Die Zahl der extrem Armen erhöhte sich um ca. 119 -124 Millionen Menschen auf geschätzte 733 -738 Millionen 2020 (UN 2021, S. 8).

Zugang zu grundlegenden Dienstleistungen (wie z. B. Wasser, Energie, neue Technologien, Finanzdienstleistungen) und zu wirtschaftlichen Ressourcen (Eigentum und Kontrolle über Land, andere Formen von Eigentum) werden in Absatz 1.4. gefordert (UN 2015, S. 15.). Bis 2030 soll erreicht werden, dass alle Männer und Frauen, insbesondere die Armen und Schwachen, gleiche Rechte auf wirtschaftliche Ressourcen, Zugang zu grundlegenden Dienstleistungen, Eigentum und Kontrolle über Land, sowie Zugang zu anderen Formen von Eigentum, Erbschaft, natürlichen Ressourcen, neuen Technologien und Finanzdienstleistungen einschließlich Mikrofinanzierung haben (SDSN n.d.). Die Umsetzung dieses Ziels wird Auswirkungen auf den Energieverbrauch haben und kann sich damit auf den Klimaschutz auswirken, wenn die Energie hauptsächlich durch fossile Energieträger zur Verfügung gestellt wird.

Indikatoren für die Erreichung des Nachhaltigkeitsziels sind der Anteil der Bevölkerung, der in Haushalten mit Zugang zu grundlegenden Dienstleistungen lebt (SDSN n.d.), sowie der Anteil der erwachsenen Gesamtbevölkerung mit Besitzrechten an Land, die über rechtlich anerkannte Dokumente verfügen und der Anteil an Menschen, die ihre Rechte an Land unabhängig von ihrem Geschlecht oder Beschäftigungsverhältnis als sicher ansehen (SDSN n.d.).

Umgekehrt wird die Umsetzung des Ziels 1.5., die Widerstandsfähigkeit der Armen und der Menschen in gefährdeten Situationen zu stärken und ihre Gefährdung und Anfälligkeit gegenüber klimabedingten Extremereignissen und anderen wirtschaftlichen, sozialen und ökologischen Schocks und Katastrophen verringern, durch den Klimawandel erschwert (UN 2015 S. 15). Schon jetzt wird eine Zunahme von Extremwetter-Ereignissen beobachtet (UNCC 2021), was insbesondere arme Menschen gefährdet (Wötzel 2020).

Indikatoren für dieses Kriterium sind Zahl der Todesfälle, Vermissten und von einer Katastrophe betroffenen Personen pro 100.000 Menschen, direkte wirtschaftliche Verluste durch Katastrophen im Verhältnis zum globalen Bruttoinlandsprodukt (BIP) und Anzahl der Länder mit nationalen und lokalen Strategien zur Verringerung von Risiken durch Katastrophen (Ritchie et al. 2018).

3.2 *Bezahlbare und Saubere Energie (Affordable and Clean Energy)*

Energie ist lebensnotwendig, sei es zum Abkochen von Wasser bei Verunreinigung mit Keimen, zum Zubereiten von Speisen, für die Hygiene und zum Schutz vor Kälte oder Hitze. Zugang zu Energie bietet aber auch Menschen neue wirtschaftliche Möglichkeiten und ermöglicht die Schaffung von Arbeitsplätze (Fuso Nerini et al. 2018). Insbesondere Frauen ermöglicht funktionierende Elektrizitätsversorgung Zugang zu besserer Bildung (SDG 4 UN 2021, S. 35) und Gesundheit (SDG 3 UN 2021, S. 33) (Rahman and Alam 2021, Fuso Nerini et al. 2018). Beleuchtung dient der Erhöhung der Sicherheit auf öffentlichen Straßen und ermöglicht das Lernen ohne Tageslicht. Es wird erwartet, dass sich Erreichen von SDG 4 positiv auf SDG 1 auswirkt und somit Zugang zu bezahlbarer und sauberer Energie auch zum Erreichen von SDG 1 (Keine Armut) beiträgt (Fuso Nerini et al. 2018).

Energie ist aber auch notwendig für Mobilität, industrielle Fertigung, Landwirtschaft, Wärmeerzeugung und Beleuchtung (McCollum et al. 2017a) und damit relevant zur Erreichung von SDG 12 Nachhaltige Produktion und Konsum.

In der Landwirtschaft wird Energie für Transport, Bewässerung (Pumpen) und Kühlung von verderblichen Gütern verwendet, damit wirkt sich SDG 7 positiv auf die Erreichung von SDG 2 (Kein Hunger) aus. Es dient auch dem Gesundheitsschutz (SDG 3), wenn leicht verderbliche Speisen länger frisch gehalten werden können.

In 2019 nutzten 2,6 Milliarden Menschen gefährliche und ineffektive Kochmöglichkeiten, z. B. offene Feuerstellen, die mit Holz oder Holzkohle betrieben werden (UN 2021, S. 40). Die Verbrennung von Holz, Holzkohle oder Kohle in offenen Feuerstellen führt zu erheblicher Belastung der Raumluft mit Schadstoffen, insbesondere Feinstaub (Perez-Padilla et al. 2010). Dadurch werden bei den Betroffenen die Atemwege geschädigt und die Menschen werden besonders anfällig für Lungenerkrankungen (Diette et al. 2012). Das Risiko, durch Covid-19-Erkrankungen schwer zu erkranken, wird dadurch ebenfalls erhöht (UN 2021, S. 40). In 2021 führte die WHO vier Millionen vorzeitige Todesfälle pro Jahr auf Luftverschmutzung in Innenräumen durch ineffiziente Verbrennung von festen Brennstoffen (Holz, Holzkohle, Kohle) sowie Kerosin zurück (WHO 2021).

Laut dem Nachhaltigkeitsbericht der UN (UN 2021, S. 40-41) hatten 759 Millionen Menschen 2019 keinen Zugang zu elektrischer Energie. Davon lebten ¾ in der Sub-Sahara-Region in Afrika (UN 2021).

In Ziel 7 wird der allgemeine Zugang zu bezahlbarer, zuverlässiger, nachhaltiger und moderner Energie für alle gefordert (Ziel 7 in UN 2015, S. 19). Dieses wird in 7.1. bis 7.3 spezifiziert: Bis 2030 sollen alle Menschen Zugang zu bezahlbarer, zuverlässiger und moderner Energie haben (UN 2015 7.1.). Der Anteil erneuerbarer Energie im Energiemix soll bis 2030 deutlich erhöht werden (UN 2015 7.2.) und die Energieeffizienz soll weltweit deutlich erhöht werden (UN 2015 7.3). Die Indikatoren für die Zielerreichung werden in 7.a und 7.b beschrieben:

In 7. a wird die Stärkung der internationalen Zusammenarbeit bis 2030 gefordert, um den Zugang zu Forschung und Technologie im Bereich „sauberer“ Energie, einschließlich erneuerbarer Energie, die Erhöhung der Energieeffizienz, sowie fortgeschrittener und sauberer fossiler Brennstofftechnologien zu ermöglichen. Außerdem sollen Investitionen in Energieinfrastruktur und sauberer Energietechnologie gefördert werden (UN 2015, S. 19).

In 7.b wird der Ausbau von Infrastruktur und Weiterentwicklung von Technologien zur Bereitstellung moderner und nachhaltiger Energiedienstleistungen für Entwicklungsländer, insbesondere kleiner Inselstaaten und Entwicklungsländer ohne Zugang zum Meer in Übereinstimmung mit ihren jeweiligen Förderprogrammen gefordert (UN 2015, S. 19).

Die Prioritäten für die Umsetzung von Nachhaltigkeitsziel 7 sind also die Stärkung der internationalen Zusammenarbeit und die Förderung von Investitionen (7.a) sowie der Ausbau der Infrastruktur und die Verbesserung der Technologie in den Entwicklungsländern (7.b).

Im Nachhaltigkeitsbericht 2021 wird beschrieben, dass der Anteil erneuerbarer Energie schneller gesteigert werden muss als bisher (UN 2021 S. 40-41). In 2018 betrug der Anteil erneuerbarer Energie weltweit in der Elektrizitätsversorgung 25,4 %, im Wärmesektor 9,2 % mit moderner erneuerbarer Energie und 14,0 % mit traditioneller Biomasse Kohle und Holzkohle. Die Verwendung traditioneller Biomasse wird kritisch gesehen, da sie zur Entwaldung beiträgt (Kissinger et al. 2012) und ihre Verbrennung in ineffizienten Öfen -wie schon erwähnt- erheblich zu Luftverschmutzung und den damit verbunden Problemen führt (WHO 2021).

Gerade in ländlichen Gebieten, in denen bislang kein Zugang zu Strom und anderer moderner Energie besteht, könnten dezentrale Stromnetze, die mit erneuerbarer Energie versorgt werden, einen kostengünstige Stromversorgung ermöglichen (Practical Action 2019)

Im Transportsektor betrug der Anteil erneuerbarer Energie 3,4 % (UN 2021, S. 40-41). Neben der Erhöhung des Anteils an erneuerbarer Energie ist die Erhöhung der Energieeffizienz ein Nachhaltigkeitsziel. Als Indikator wird die Energieintensität (siehe auch 3.4.1) verwendet. Während pro Dollar Bruttosozialprodukt im Mittel noch 5,6 MJ in 2010 benötigt wurden, sank dieser Wert auf 4,8 MJ/$ in 2018. Allerdings ist die Rate der Effizienzerhöhung von 2 % zu gering, um die Nachhaltigkeitsziele 2030 zu erreichen, benötigt würde eine mittlere Verbesserungsrate von 3% (UN 2021, S. 41), um die Energieeffizienzrate bis 2030 zu verdoppeln (UN 2015, S. 19).

In 2021 führte der Anstieg der Preise für fossile Energien (IEA 2021b) dazu, dass auch in Europa arme Menschen von Energiearmut, zum Beispiel durch Verlust der Stromversorgung oder fehlender Möglichkeiten zu Heizen, bedroht sind (Azeez 2021).

3.3 Maßnahmen zum Klimaschutz (Climate Action)

Die Zunahme von Treibhausgasen in der Atmosphäre durch anthropogene Aktivitäten, z. B. CO_2 durch Verbrennung fossiler Brennstoffe, Methanemissionen durch Öl- und Gasförderung und in der Landwirtschaft, sowie die Emission anderer Treibhausgase wie N_2O (Landwirtschaft) , fluorierte Kohlenwasserstoffe (Kühlmittel), SF_6 (in Transformatoren) und NF_3 (Fluorierungsmittel in der chemischen Industrie) führt zur Erderwärmung (Hansen et al 1981, IPCC 1990), was schon in den achtziger Jahren des letzten Jahrhunderts als Problem erkannt wurde. Im Abkommen von Paris 2015 (UNFCCC 2015) wurde international vereinbart, den Treibhausgasausstoß so zu reduzieren, dass die Erderwärmung auf unter 2 °C, möglichst auf 1,5 °C begrenzt wird. Dieses Abkommen ist Teil des Rahmenübereinkommens der Vereinten Nationen über Klimaänderungen (United Nations Framework Convention on Climate Change UNFCCC), das auch das primäre Internationale Forum für die Aushandlung der Maßnahmen zur Begrenzung des Klimawandels (UN 2015) ist. Vorläufer des Pariser Abkommens ist das Kyoto Protokoll, das 2005 in Kraft trat (UNCC n.d.) und von 2008 bis 2020 völkerrechtlich verbindliche Zielwerte für Treibhausgasemissionen festlegte.

Wichtigstes Treibhausgas ist bislang CO_2, das durch Verbrennung fossiler Brennstoffe, die Eisen-und Stahlproduktion, Zementindustrie, sowie durch Rodung von Wäldern freigesetzt wird (Buder 2020). Seit der Industrialisierung stieg der CO_2-Gehalt der Atmosphäre kontinuierlich auf im Mittel über 410 ppm (parts per million) in 2020 an (UN 2021, S. 52). Verglichen mit den mittleren Temperaturen 1850 -1900 ist die Temperatur 2020 weltweit im Mittel um 1,2 °C gestiegen (NASA 2021). 2020 war eines der drei wärmsten Jahre seit Wetteraufzeichnung (UN 2021, S. 52).

Die Welt ist nach wie vor weit davon entfernt, das Ziel des Pariser Abkommens zu erreichen, die globale Erwärmung auf 1,5 °C über dem vorindustriellen Niveau zu begrenzen und bis 2050 weltweit keine Kohlendioxidemissionen (CO_2) mehr zu verursachen (UN 2021, S. 52).

Im November 2021 fand die 26. Klimakonferenz in Glasgow statt. Die teilnehmenden Staaten einigten sich darauf, dass die Elektrizitätserzeugung durch Kohle schrittweise reduziert werden soll, die weitergehende Forderung nach einem Ausstieg aus der Stromerzeugung durch Kohle wurde von Indien und der Volksrepublik China verhindert (BBC 2021).

In 2020 führte die Covid-19 Pandemie zu einer Verminderung der CO_2-Emissionen von 33,4 Gt (2019) um 1,9 Gt (5,8 %) auf 31,5 Gt (2020), allerdings stiegen die CO_2 Emissionen in 2021 wieder um 1,5 Gt (4,8 %) auf 33,0 Gt an (IEA 2021a).

In den Nachhaltigkeitszielen der UN werden insbesondere Maßnahmen zur Anpassung an den Klimawandel adressiert. Die Stärkung der Widerstands- und Anpassungsfähigkeit gegenüber klimabedingten Gefahren und Naturkatastrophen wird für alle Länder gefordert (UN 2015 13.1, S. 23), Maßnahmen zum Klimawandel sollen in nationale Politik, Strategien und Planungen integriert werden (UN 2015 13.2, S. 23). Durch Bildung und Sensibilisierung im Bereich Klima sollen institutionelle und personelle Ressourcen ausgebaut werden. Ziele sind Abschwächung der Folgen des Klimawandels, Anpassung an den Klimawandel und Entwicklung von Frühwarnsystemen (UN 2015 13.3, S. 23). Die entwickelten Länder haben sich im Rahmenübereinkommen der Vereinten Nationen über Klimaänderungen verpflichtet (13 a in UN 2015, S. 23), 1 Milliarde US $ in einen Green Climate Fund einzuzahlen. Aus diesen Fonds sollen Maßnahmen zur Klimaanpassung in den Entwicklungsländern finanziert werden. In 13 b ist außerdem geregelt, dass die am wenigsten entwickelten Länder und kleinen Inselstaaten bei dem Aufbau von Kapazitäten für eine wirksame Planung und Verwaltung zur Klimaanpassung unterstützt werden sollen. Dabei sollen insbesondere Frauen, Jugendliche, lokale und marginalisierte Gemeinschaften adressiert werden (UN 2015, S. 23).

3.4 Zusammenwirken der drei Nachhaltigkeitsziele SDG 1, SDG 7 und SDG 13

3.4.1 Kaya-Identität (Kaya Identity)

Die Kaya-Identität ist ein Werkzeug zur Analyse der CO_2-Emissionen der Vergangenheit und zur Vorhersage künftiger CO_2-Emissionen entweder weltweit oder für verschiedene Länder (Kaya 1990, Yamaji et al. 1993). Sie besagt, dass die globalen CO_2-Emissionen als Produkt von vier Faktoren ausgedrückt werden können: Bevölkerung, Bruttoinlandsprodukt (BIP) pro Kopf, Energieintensität (Gesamtenergieverbrauch geteilt durch das BIP) und Kohlenstoffdioxid-Effizienz (Kohlenstoffdioxid-Emissionen pro Energieeinheit) (Nakićenović et al. 1998):

Gleichung 1: $F = P \times G/P \times E/G \times F/E$

Mit F: globale CO_2-Emissionen, P: Weltbevölkerung, G: globales BIP, E: globaler Primärenergieverbrauch.

Annahme: Ein Anstieg der Bevölkerung führt zu einem Anstieg der CO_2-Emissionen, da mehr Menschen mehr Energie benötigen. Auch das Wirtschaftswachstum führt zu einem Anstieg der CO_2-Emissionen, da die Produktion von Gütern Energie benötigt. Die Beseitigung extremer Armut (SDG 1) ermöglicht es Menschen, Güter zu konsumieren und kann damit zu einem Anstieg des Bruttosozialproduktes (erwünscht) und eines Anstiegs der CO_2-Emissionen (unerwünscht) führen. Es stellt sich weiter die Frage, wie nachhaltiges Wirtschaftswachstum und Konsum (Nachhaltigkeitsziel 12) erreicht werden können. Angestrebt wird eine Entkoppelung von BIP und CO_2-Emission, d.h. nachhaltiges Wachstum soll erreicht werden, ohne dass die Emission von Treibhausgasen ansteigt (Riahi et al. 2017).

Eine Verringerung der CO_2-Emissionen ist möglich, indem die Energieintensität von Produktionsprozessen verringert wird, z. B. durch Energiesparmaßnahmen und Steigerung der Energieeffizienz, wie sie in 7.3 angestrebt wird. CO_2-Emissionen können auch durch höhere Kohlenstoffdioxid-Effizienz verringert werden, z. B. durch die Umstellung auf weniger kohlenstoffintensive Brennstoffe wie Erdgas, Kernenergie oder auf erneuerbare Energien, wie sie in 7.2 angestrebt werden. Allerdings ist auch die Erzeugung von erneuerbarer Energie mit einem Eingriff in die Umwelt verbunden, sowohl bei der Installation entsprechender Anlagen, dem Betrieb und der Entsorgung. Insbesondere durch den Flächenbedarf kann es zu Konflikten mit Nahrungsmittelproduktion (Le Blanc 2015) und dem Erhalt von Biodiversität kommen (Santangeli et al. 2015). Weiter stellt sich die Frage, welche Energieformen in welchen Regionen zuverlässig und erschwinglich zur Verfügung gestellt werden können.

3.4.2 Wechselwirkungen SDG 1, SDG 7 und SDG 13

Fuso Nerini et al. (2018) halten „Energie" für zentral zur Erreichung der Nachhaltigkeitsziele. Sie definieren „Energiesysteme" sehr weit als alle Komponenten der anthropogenen, ökologischen Umweltsysteme, die mit der Erzeugung, Umwandlung, Bereitstellung und Nutzung von Energie verbunden sind („*'Energy systems' were defined broadly to include all components of anthropogenic and environmental systems related to the production, conversion, delivery and use of energy*") (Fuso Nerini et al. 2018). Aus ihrer Sicht erfordern 113 Ziele Aktionen bezüglich Energie. Für 143 Ziele bestehen Synergien oder negative Wechselwirkungen. Ähnlich zu den Befürchtungen, die Stafford-Smith et al. 2017 bezüglich SDG 1 und SDG 6 formulierten, erwarten sie negative Wechselwirkungen insbesondere für Ziele, deren Erreichung schnelles Handeln erfordert, weil sie Kernthemen menschlichen Lebens betreffen. Als Beispiele werden Bekämpfung extremer Armut, Zugang zu sauberem Wasser (siehe auch Stafford-Smith et al. 2017) und Zugang zu bezahlbarer moderner Energie genannt. Umgekehrt ist Energie zentral zur Erreichung der Nachhaltigkeitsziele SDG 1-4, SDG 6-9 und SDG 11. Die Bekämpfung extremer Armut erfordert einerseits Zugang zu bezahlbarer und verlässlicher Energie (7.1), auf der anderen Seite kann das Erfordernis schnellen Handelns dazu führen, dass die Bereitstellung der Energie nicht durch erneuerbare Energie (7.2.) sondern fossile Energieträger erfolgt und keine Erhöhung der Energieeffizienz angestrebt wird. Interessanterweise wird in diesem Artikel SDG 13 nicht erwähnt. Auf Grund der zentralen Stellung von Energie fordern sie transdisziplinäre Zusammenarbeit in der Wissenschaft und Politik (Fuso Nerini 2018), um eine nachhaltige Entwicklung zu erreichen.

McCollum et al. vertreten die Auffassung, dass die Erreichung von SDG 7 allgemeiner Zugang zu Energie für alle zu erreichen, nur geringe Auswirkungen auf das Ziel SDG 13, den Klimawandel zu begrenzen (McCollum et al. 2017 a und b) hat. In ihrem Arbeitspapier (McCollum et al. 2017 b) stützen sie sich auf zahlreiche Studien, z. B. Roegelj et al. (2013) und Riahi et al. 2017. Roegelj et al. stellen in ihrer Studie dar, dass die Erreichung der drei Energieziele, Zugang zu Energie, Nutzung erneuerbarer Energie und Maßnahmen gegen globale Erderwärmung durchaus mit dem Ziel, extreme Armut zu bekämpfen vereinbar seien. Eine Begrenzung des Temperaturanstiegs auf unter 2°C könnte mit hoher Wahrscheinlichkeit erreicht werden, wenn es nur zu einem „moderaten" Anstieg des Energieverbrauches komme. Das könnte durch Erhöhung der Energieeffizienz und Energiesparmaßnahmen erreicht werden. Zur Erreichung der Klimaziele bei steigendem Lebensstandard schlagen Roegelj et al. eine aggressive Energiepolitik vor, die die CO_2-Kosten konsequent in die Energiekosten einpreist. Dagegen sei bei einem zukünftig hohen Energieverbrauch eine Verdoppelung der Nutzung von erneuerbaren Energie nicht ausreichend, um Klimaschutz zu erreichen (Roegelj et al. 2013).

Zu einem ähnlichen Ergebnis kommen Riahi et al. (2017) in ihrer Untersuchung von verschiedenen Szenarien. Nur in einem der fünf untersuchten Szenarien kommt es zu einem Höhepunkt der Treibhausgas-Emissionen um 2060 und einem darauffolgenden Absinken. Erreicht wird das durch die Entkoppelung von Wirtschaftswachstum und Energieverbrauch, Erhöhung des Anteils von erneuerbarer und Nuklearenergie im Energiemix, Erhöhung der Energieeffizienz, der landwirtschaftlichen Produktivität und Verhaltensänderung der Menschen (z. B. weniger Fleisch und Milchprodukte konsumieren), die ebenfalls zu einem Sinken des Energieverbrauchs und einem Ansteigen von bewaldetem Land, das CO_2 absorbieren kann, beitragen. In diesem Szenario wird auch der geringste Anstieg der globalen Bevölkerung auf ca. 8 Milliarden bis 2060 angenommen (Riahi 2017). Sollte die globale Bevölkerung auf ca. 10 Milliarden Menschen steigen und die Effizienz der Landwirtschaft nur geringfügig erhöht werden, käme es trotz geringfügigem Wachstum des Bruttosozialproduktes und Erhöhung des Anteils von erneuerbaren und Nuklearenergie im Energiemix zu einem kontinuierlichen Anstieg der Treibhausgasemissionen bis 2100.

Die Internationale Energieagentur hat 2021 eine Studie veröffentlicht (IEA 2021), wie Kohlenstoff-Neutralität in 2050 erreicht werden könnte. In der Zusammenfassung für politische Entscheidungsträger (IEA 2021, S. 13-29) wird Folgendes vorgeschlagen:

Das prognostizierte Wirtschaftswachstum von 40 % bis 2030 müsste mit 7% weniger Energieeinsatz als heute erreicht werden. Dazu sei eine Erhöhung der Energieeffizienz von 4 %, was dem dreifachen des jetzigen Zuwachses an Energieeffizienz entspräche, notwendig. Global müssten 630 GW PV und 390 GW Windenergie bis 2030 zugebaut werden. Das entspräche im Falle der Solarenergie des Zubaus einer der weltweit größten PV-Anlagen täglich (IEA 2021, S. 14). Wasserkraft und Nuklearenergie würden laut IEA weiter als CO_2 arme Erzeugungsmethoden für Elektrizität wichtig bleiben (IEA 2021, S. 14). Hervorgehoben wird, dass 785 Mio Menschen, die bislang keinen Zugang zu Elektrizität haben, diesen bekommen sollen. 2,6 Milliarden Menschen sollen saubere Kochmöglichkeiten erhalten (IEA 2021, S. 17).

Allerdings würden sich laut IEA Menschen in den reichen Industrieländern in Zukunft in ihrem Konsum einschränken müssen, d.h. Autofahrten müssen durch umweltfreundlichere Alternativen (öffentliche Verkehrsmittel, Zu Fuß gehen u.a.) ersetzt werden, und die Nutzung von Langstreckenflügen dürfe nicht weiter steigen (IEA 2021 S. 88).

4. Diskussion und Schlussfolgerung

Bei Erreichen des Nachhaltigkeitsziels 7 würden alle Menschen Zugang zu bezahlbarer und moderner Energie haben, was einen wesentlichen Beitrag zur Beseitigung extremer Armut leisten kann. Die Abschaffung extremer Armut (SDG 1) bedeutet aber auch ein Anstieg des Lebensstandards. Das wird auch zu einem höheren Energiebedarf für Kommunikation, Beleuchtung, Klimatisierung und anderen Bedürfnissen führen. Unabhängig vom

Erreichen von SDG 1 wird der fortschreitende Klimawandel zu einem höheren Bedarf an Raumklimatisierung führen.

Die Definition moderner Energie schließt die Nutzung fossiler Brennstoffe, die für den Großteil des CO_2-Anstiegs in der Atmosphäre verantwortlich gemacht werden, nicht aus. Daher kann der erhöhte Energiebedarf zu einem erheblichen Anstieg von Treibhausgasemissionen führen, wenn nicht parallel die Nutzung erneuerbarer Energieformen dramatisch ausgebaut wird. Dabei können erneuerbare Energieformen gerade in ländlichen Gebieten dezentrale Energieversorgung ermöglichen.

Die Internationale Energieagentur schlägt einen erheblichen Ausbau erneuerbarer Energie, insbesondere Wind und Photovoltaik, sowie Maßnahmen zur Steigerung der Energieeffizienz vor. Diese Maßnahmen sollen von Verhaltensänderungen der Bevölkerung in entwickelten Ländern wie Verzicht auf Autofahrten und lange Flugreisen flankiert werden. Riahi et al. 2017 schlagen zusätzlich die Reduktion des Konsums von Fleisch- und Milchprodukten vor. Diese Vorschläge sind in Übereinstimmung mit der hier betrachteten Literatur, bedeuten allerdings auch eine Abkehr vom Paradigma, dass unbegrenztes Wachstum in allen Lebensbereichen möglich ist. Die Covid-19-Pandemie hat gezeigt, dass viele Menschen auch im 21. Jahrhundert bereit sind, sich einzuschränken, wenn es ihrem Wohlergehen und dem ihrer Mitmenschen dient. Die Pandemie hat aber auch zumindest in Deutschland gezeigt, dass staatliche Maßnahmen nicht von allen akzeptiert werden.

Die Fairness gebietet es, Menschen in Entwicklungsländern die gleichen Möglichkeiten zu eröffnen wie in den entwickelten Ländern. Allerdings kann das offensichtlich nicht heißen, dass der energieintensive Lebensstil der reichen Bevölkerungsschichten für alle zugänglich wird, sondern man wird sich auf einen niedrigeren Standard beschränken müssen, da sonst das Ziel, die Erderwärmung auf unter 2 °C zu beschränken, nicht erreicht werden kann. Denn der Klimawandel stellt eine globale Bedrohung für Gesundheit und Wohlstand aller Menschen dar. Sollten keine nachhaltigen Maßnahmen zur Senkung von Treibhausgasemissionen ergriffen werden, würde der zu befürchtende globale Temperaturanstieg das Erreichen aller Nachhaltigkeitsziele erschweren oder unmöglich machen: Zunahmen von anhaltenden Hitzeperioden, Dürren, Fluten, Stürmen und anderen Wetterphänomenen führen schon jetzt zur Zunahme von Hunger, Armut und vorzeitigen Todesfällen. Die Erreichung der Nachhaltigkeitsziele erfordert daher einerseits Maßnahmen zur Anpassung an den bisher erreichten Temperaturanstieg von ca. 1 °C (SDG 13), aber auch schnelle, durchgreifende Maßnahmen zur Reduktion von Treibhausgasemission, da ein erheblicher globaler Temperaturanstieg Ernährung, Gesundheit und Wohlstand aller Menschen gefährden würde.

Vision der Nachhaltigkeitsziele ist eine Welt frei von Armut, Hunger, Krankheit, Angst und Gewalt. Die 17 Nachhaltigkeitsziele werden als unteilbar angesehen und sollen mit gleicher Priorität umgesetzt werden. Die Nachhaltigkeitsziele SDG 1, SDG 7 und SDG 13 können erreicht werden, wenn die Reichen der Welt ihren direkten und indirekten Energiekonsum reduzieren.

Literaturverzeichnis

Azeez, W. (2021) „80 million European households struggle to stay warm. Rising energy costs will make the problem worse" CNN Business, Market place Europe abgerufen von https://edition.cnn.com/2021/09/30/business/europe-energy-poverty/index.html 27.01.2022

British Broadcasting Corporation BBC News 2021 „COP26: What was agreed at the Glasgow climate conference?" abgerufen von https://www.bbc.com/news/science-environment-5690 1261 17.12.2021

Buder I. (2020) Carbon Emissions. In: Idowu S., Schmidpeter R., Capaldi N., Zu L., Del Baldo M., Abreu R. (eds) Encyclopedia of Sustainable Management. Springer, Cham. https://doi.org/10.1007/978-3-030-02006-4_301-1

Bundesminsterium für wirtschaftliche Zusammenarbeit und Entwicklung BMZ (2021) „Gemeinsam handeln Armut besiegen" abgerufen von https://www.bmz.de/de/entwicklungsp olitik/armut 17.12.2021

Diette, G. B., Accinelli R.A., Balmes J.R., Buist A.S., Checkley W., Garbe P., et al. (2012) Obstructive Lung Disease and Exposure to Burning Biomass Fuel in the Indoor Environment. Global Heart.7(3):265–70. DOI: http://doi.org/10.1016/j.gheart.2012.06.016

Feely, R. A., Sabine, C. L., Lee, K., Berelson, W., Kleypas, J., Fabry, V. J., & Millero, F. J. (2004). Impact of anthropogenic CO2 on the CaCO3 system in the oceans. U.S. Dept. of Commerce/NOAA/OAR/ PMEL/Publications. https://www.pmel.noaa.gov/pubs/outstand/feel2633/figs.shtml. abgerufen 14. 08. 2019

Fuso Nerini, F., Tomei, J., To, L.S. et al. (2018) Mapping synergies and trade-offs between energy and the Sustainable Development Goals Nat Energy Vol. 3, pp. 10–15 https://doi.org/10.1038/s41560-017-0036-5

Guo, Y. Gasparrini, A., Li, S., Sera, F., Vicedo-Cabrera, A. M., de Sousa, M., Stagliorio Coelho, Z., Nascimento Saldiva, P. H., Lavigne, E., Tawatsupa, B., Punnasiri, K., Overcenco, A., Matus Correa, P., Valdes Ortega, N., Tong, S. et al. (2018) „Quantifying excess deaths related to heatwaves under climate change scenarios: A multicountry time series modelling study" PLOS Medicine https://doi.org/10.1371/journal.pmed.1002629

Hansen, J., Johnson, D., Lacis, A., Lebedeff, S., Lee, P., Rind, D., & Russel, G. (1981). Climate impact of increasing atmospheric carbon dioxide. Science 213:957–966

Intergovernmental Panel on Climate Change (IPCC) (1990). In J. T. Houghton, G. T. Jenkins, & J. J. Ephraims (Eds.). Climate change the IPCC scientific assessment. New York: Cambridge University Press

International Energy Agency IEA (2021) „Net Zero by 2050A Roadmap for the Global EnergySector“ abgerufen von https://iea.blob.core.windows.net/assets/deebef5d-0c34-4539-9d0c-10b13d840027/NetZeroby2050-ARoadmapfortheGlobalEnergySector_CORR.pdf 12.12.2021

International Energy Agency IEA (2021a) „Global CO_2 emissions rebound by nearly 5% in 2021, approaching the 2018-2019 peak“ abgerufen von https://www.iea.org/reports/global-energy-review-2021/co2-emissions 17.12.2021

IEA (2021), World Energy Outlook 2021, IEA, Paris abgerufen von https://www.iea.org/reports/world-energy-outlook-2021 27.01.2021

International Council for Science (ICSU) (2017) „A Guide to SDG Interactions: from Science to Implementation“ [D.J. Griggs, M. Nilsson, A. Stevance, D. McCollum (eds)]. International Council for Science, Paris

Jiménez-Aceituno, A., Peterson, G. D., Norström, a. V., Wong, G. J., Downing, A. S. (2020) „Local lens for SDG implementation: lessons from bottom-up approaches in Africa“ Sustainability Science 15. 729–743 https://doi.org/10.1007/s11625-019-00746-0

Kaya, Y. (1990) Impact of Carbon Dioxide Emission Control on GNP Growth: Interpretation of Proposed Scenarios (Paris: IPCC Energy and Industry Subgroup, Response Strategies Working Group), zitiert in Lamb, W. F. et al (2021) Environ. Res. Lett. 16 073005 https://iopscience.iop.org/article/10.1088/1748-9326/abee4e

Kissinger, G., M. Herold, V. De Sy. (2012) „Drivers of Deforestation and Forest Degradation: A Synthesis Report for REDD+ Policymakers“ Lexeme Consulting, Vancouver Canada, abgerufen von https://www.forestcarbonpartnership.org/sites/fcp/files/DriversOfDeforestation.pdf_N_S.pdf 27.01.2021

Lamb, W. F. et al (2021) „A review of trends and drivers of greenhouse gas emissions by sector from 1990 to 2018“ Environ. Res. Lett. 16 073005 https://iopscience.iop.org/article/10.1088/1748-9326/abee4e

Le Blanc, D. (2015) „Towards Integration at Last? The Sustainable Development Goals as a Network of Targets“ Sust. Dev. 23:176–187

Mc. Collum, David, Gomez Echeverri, Luis, Riahi, Keywan, Parkinson, Simon (2017 a) „SDG 7 Ensure Access to Affordable, Reliable, Sustainable And Modern Energy for All in: International Council for Science (ICSU), „A Guide to SDG Interactions: from Science to Implementation“ [D.J. Griggs, M. Nilsson, A. Stevance, D. McCollum (eds)]. International Council for Science, Paris

McCollum, D., Gomez Echeverri, L., Busch, S., Pachauri, S., Parkinson, S., Rogelj, J., Krey, V., Riahi, K., Nilsson, M. & Stevance, A.-S. (2017 b) Connecting the Sustainable Development Goals by their energy inter-linkages IIASA Working Paper WP-17-006 abgerufen von http://pure.iiasa.ac.at/id/eprint/14567/ 21.12.2021

Nakićenović, N., Victor, N., Morita, T., (1998)„Emissions Scenarios Database and Review of Scenarios“ Mitigation and Adaptation Strategies for Global Change 3, pp. 95–120

National Aeronautics and Space Administration NASA (2021) „2020 Tied for Warmest Year on Record, NASA Analysis Shows“ abgerufen von https://www.nasa.gov/press-release/2020-tied-for-warmest-year-on-record-nasa-analysis-shows 17.12.2021

Perez-Padilla, R., Schilmann, A., Riojas-Rodriguez, H. (2010) „Respiratory health effects of indoor air pollution“ Int. J. Tuberculosis and Lung Diseases Vol. 14 (9), 1079-1086(8) abgerufen von https://docserver.ingentaconnect.com/deliver/connect/iuatld/10273719/v14n9/s3.pdf?expires=1639755814&id=0000&titleid=3764&checksum=2CDDF1915925BD768D70C8351D916EC0 17.12.2021

Post, W. M., Peng, T.-H., Emanuel, W. R., King, A. W., Dale, V. H., & DeAngelis, D. L. (1990). The global Carbon cycle. American Scientist, 78(4), 310–326. http://www.as.wvu.edu/biology/bio463/globalcarbon.pdf. Abgerufen 16. 08. 2019

Practical Action (2014) „Poor people's energy outlook 2014: Key messages on energy for poverty alleviation“, Rugby, UK: Practical Action Publishing

Practical Action (2019) „Poor people's energy outlook Enabling energy access from village to nation“ Practical Action Publishing Ltd Rugby, CV21 2SG, UK

Rahman, M.M., Alam, K. (2021) „The role of access to electricity, female education, and public health expenditure on female health outcomes: evidence from SAARC-ASEAN countries“ BMC Women's Health 21, 383 https://doi.org/10.1186/s12905-021-01520-0

Riahi, K. et al. (2017) „The Shared Socioeconomic Pathways and their energy, land use, and greenhouse gas emissions implications: An overview“, Global Environmental Change 42: 153–168

Ritchie, Roser, Mispy, Ortiz-Ospina. "Measuring progress towards the Sustainable Development Goals." SDG-Tracker.org, website (2018) abgerufen von https://sdg-tracker.org/no-poverty 23.01.2021

Roegelj, J. Mc Collum, D., Riahi, K (2013) „The UN's 'Sustainable Energy for All' initiative is compatible with a warming limit of 2!°C“ Nature Climate Change, 3: 545–551

Santangeli, A., Toivonen, T., Montesino Pouzols, F., Pogson, M., Hastings, A., Smith, P., Moilanen, A. (2015) „Global change synergies and trade-offs between renewable energy and biodiversity“, GCB Bioenergy 8, 941–951 https://doi.org/10.1111/gcbb.12299

Stafford-Smith, M.,Griggs, D., Gaffney, O., Ullah, F., Reyers, B., Kanie, N., Stigson, B., Shrivastava, P., Leach, M., O'Connell, D. (2017) „Integration: the key to implementing the Sustainable Development Goals“ Sustain Sci,12(6), 911-919 doi: 10.1007/s11625-016-0383-3

Sustainable Development Solutions Network (SDSN) (n.n.) „Goal 01. End poverty in all its forms everywhere“, abgerufen von https://indicators.report/goals/goal-1/ 23.01.2021

Transforming our world: the 2030 Agenda for Sustainable Development“, abgerufen von https://www.un.org/en/development/desa/population/migration/generalassembly/docs/globalcompact/A_RES_70_1_E.pdf 18.08.2021

Tosun, J., Leininger J. (2017) „Governing the Interlinkages between the Sustainable Development Goals: Approaches to Attain Policy Integration“, Global Challenges 1:1700036 https://doi.org/10.1002/gch2.201700036

United Nations (1948) „The Universal Declaration of Human Rights“, abgerufen von
https://www.ohchr.org/en/professionalinterest/pages/righttodevelopment.aspx 18.08.2021

United Nations UN (2000) „United Nations Millennium Declaration“, General Assembly resolution 55/2 of 8 September 2000 abgerufen von https://www.ohchr.org/EN/ProfessionalInterest/Pages/Millennium.aspx 18.08.2021

United Nations UN (2014) „Report of the Open Working Group of the General Assembly on Sustainable Development Goals“, United Nations General Assembly A/68/970 New York

United Nations UN (2015) „Resolution“ adopted by the General Assembly on 25 September 2015

United Nations (2021) The Sustainable Development Goals Report 2021, United Nations Publications, 300 East 42nd Street, New York, NY, 10017, abgerufen auf https://unstats.un.org/sdgs/report/2021/The-Sustainable-Development-Goals-Report-2021.pdf 09.08.2021

United Nations Climate Change UNCC (2021) „Climate Change Leads to More Extreme Weather, but Early Warnings Save Lives“, abgerufen von https://unfccc.int/news/climate-change-leads-to-more-extreme-weather-but-early-warnings-save-lives 23.01.2021

United Nations Climate Change UNCC (n. d.) „The Kyoto Protocol - Status of Ratification“ http://unfccc.int/process/the-kyoto-protocol/status-of-ratification abgerufen am 20.08.2021

van Ruijven, B.J., De Cian, E., Sue Wing, I. (2019) „Amplification of future energy demand growth due to climate change“ Nat Commun 10, 2762 https://doi.org/10.1038/s41467-019-10399-3

United Nations Framework Convention on Climate Change (UNFCCC) (2015) "Adoption of the Paris Agreement - Proposal by the President - Draft decision -/CP.21" access on https://unfccc.int/resource/docs/2015/cop21/eng/l09.pdf 15.08.2019

Weltbank 2015 „FAQs: Global Poverty Line Update“ abgerufen von https://www.worldbank.org/en/topic/poverty/brief/global-poverty-line-faq

Wötzel, J (2020) „Climate change hits the poor hardest. Here's how to protect them“ World Economy Forum, abgerufen von https://www.weforum.org/agenda/2020/10/climate-change-poor-hardest-how-protect-them/ 23.01.2021

World Health Organization WHO 2021 „Household air pollution and health“, abgerufen von https://www.who.int/news-room/fact-sheets/detail/household-air-pollution-and-health 17.12.2021

Ye X, Wolff R, Yu W, Vaneckova P, Pan X, Tong S. (2012) Ambient temperature and morbidity: a review of epidemiological evidence. Environ Health Perspect. 120(1):19–28. https://doi.org/10.1289/ehp.1003198

Yamaji, K., Matsuhashi, R.; Nagata, Y., Kaya Y, (1993). "A study on economic measures for CO_2 reduction in Japan". Energy Policy. 21(2):123–132. doi:10.1016/0301-4215(93)90134-2

Kapitel 3:
Bewegung in einer gestressten Gesellschaft

Jakob Lempp

Populismus als Reaktion – Woher kommt er? Wie nachhaltig ist er? Was kann man dagegen tun?

1. Was ist das Problem?

Was soll schlecht daran sein, dass das Volk zu Wort kommt? Was soll schlecht daran sein, dass der politische Diskurs das enge, von universitären Eliten definierte Korsett des „Sagbaren“ aufbricht? Macht Populismus Politik vielleicht sogar ehrlicher, und damit demokratischer? „Populismus kann Demokratie frisch halten“ – so drückt es Paula Diehl 2019 im „fluter“ aus.[1] Rund 21 Prozent der Deutschen – so eine umfangreiche empirische Untersuchung des Wissenschaftszentrums Berlin und der Bertelsmann Stiftung – neigten im Jahr 2020 zu populistischen Haltungen; hinzu kommen noch einmal rund 32 Prozent mit teilweise populistischen Haltungen.[2] Im Jahr zuvor lagen die entsprechenden Werte sogar noch deutlich darüber. Wäre es da nicht eine demokratische Katastrophe, wenn all diese Meinungen keinen parlamentarischen Ausdruck durch die Präsenz populistischer Parteien im Deutschen Bundestag bekämen? Zumindest geben populistische Parteien auch jenen Teilen der Gesellschaft eine Stimme, die bisher nicht zu Wort kamen – ein Argument, das sich im Übrigen auch empirisch durch die Zunahme der Wahlbeteiligung in vielen Ländern, in welchen populistische Parteien an Zustimmung gewinnen, belegen lässt. Und ist es nicht geradezu wünschenswert, dass Konflikte, die in allen westlichen (und anderen) Gesellschaften zwischen den Generationen allein deshalb entstehen, weil sich Gesellschaften ändern und weil Ältere diesem kulturellen Wandel möglicherweise ängstlicher gegenüber stehen als Jüngere, auch öffentlich ausgetragen werden? „It is the triumph of fear over hope“, so erklären Pippa Norris und Ronald Inglehart den Aufstieg der Populisten weltweit gerade mit Bezug auf genau diese Ängstlichkeit vor einem sich zunehmend beschleunigenden gesellschaftlichen Wandel.[3]

1 Diehl, Schmidt, 2019, S. 1.
2 WZB & Bertelsmann Stiftung, 2020.
3 Norris, Inglehart, 2019, S. 8.

Am Anfang der Beschäftigung mit dem Phänomen des Populismus soll hier also die Frage stehen: Was ist eigentlich das Problem mit dem Populismus? Eine Antwort auf diese Frage lässt sich in vier Schritten geben:

- Zunächst ist Populismus ein Symptom. Die empirisch messbare Zunahme populistischer Haltungen in einer Gesellschaft bzw. der Aufstieg populistischer Parteien und ihr Einzug in Parlamente und sogar ihre Beteiligung an Regierungen in demokratischen politischen Systemen ist Ausdruck und Folge eines viel tiefer liegenden Problems, nämlich einer weit geteilten Unzufriedenheit mit dem Zustand der Demokratie. Nach einer Studie der Friedrich-Ebert-Stiftung aus dem Jahr 2019 sind über die Hälfte der Deutschen (53,4 Prozent) mit dem Stand der Demokratie in Deutschland überhaupt nicht oder zumindest wenig zufrieden.[4] Dies spiegelt sich auch in einem großen Misstrauen gegenüber den staatlichen Institutionen: Während eine Mehrheit der Deutschen den Universitäten, den Gerichten und auch Nichtregierungsorganisationen und Gewerkschaften ein hohes Vertrauen entgegenbringt, liegt der Anteil derer, die angeben, dem Deutschen Bundestag zu vertrauen, bei lediglich 46 Prozent. Der Bundesregierung vertrauten nur 40 Prozent, die entsprechenden Werte für Medien und Parteien liegen noch einmal deutlich darunter.[5] Jedes politische System, in ganz besonderer Weise aber jeder liberale, demokratische Verfassungsstaat, ist aber in seiner Stabilität bedroht, wenn ein Großteil der Bürgerinnen und Bürger dem Staat und seinen Institutionen die aktive Unterstützung oder zumindest die passive Akzeptanz versagt. Insofern deutet Populismus zunächst darauf hin, dass ein politisches System instabil geworden ist, dass es in eine Legitimitäts- und Akzeptanzlücke geraten ist. Das ist das erste Problem.
- Zweitens basiert die populistische Behauptung, „das Volk“ zu repräsentieren, auf falschen Annahmen. Und zwar sowohl, weil Gesellschaften viel heterogener sind als Populisten dies erhoffen, als auch weil in der Regel nur ein kleiner Teil der vermeintlich durch Populisten Repräsentierten, sich von diesen auch tatsächlich repräsentiert fühlt. Die Behauptung der Homogenität „des Volkes“ ist also nicht nur anti-pluralistisch, sie ist auch schlicht falsch.
- Drittens zeigt die empirische Praxis sehr häufig: Populisten beherrschen das Handwerk des Regierens deutlich weniger gut als das Handwerk des Kritisierens. Für viele populistische Parteien ist es geradezu unerwünscht, tatsächlich in Regierungsverantwortung zu kommen. Nachhaltige – das

4 FES, 2019, S. 30.
5 Vgl. FES, 2019, S. 39.

heißt auf langfristige Wirkung bedachte – Politik wird unwahrscheinlich, wenn das Hauptaugenmerk auf aktuelle und nicht selten sehr dynamische Stimmungen gerichtet ist.

- Und viertens: Populismus ist eine Gefahr für die Demokratie. Was zunächst ganz kontraintuitiv daherkommt, wird beim näheren Hinsehen schnell deutlich: Wer – wie viele Populisten – das Prinzip der materiellen Rechtsstaatlichkeit ablehnt, welches die grundlegenden Spielregeln des demokratischen Miteinanders dem demokratischen Diskurs gerade entzieht, der gefährdet den Bestand der Demokratie. Wer alles dem demokratischen Diskurs anheimstellt, auch die Geltung von Menschenrechte und das Demokratieprinzip selbst, wer in Deutschland die vom Bundesverfassungsgericht bereits 1952 definierte „freiheitliche demokratische Grundordnung" attackiert, der nimmt genau deren Zerfall in Kauf.[6]

Ob nun der Populismus ein Problem ist oder eher nicht, hängt aber auch davon ab, wie der Erfolg populistischer Strömungen und Parteien konkret definiert wird. Erfolg kann nämlich – so Cas Mudde und Cristóbal Rovira Kaltwasser – nicht nur über den Erfolg populistischer Parteien bei Wahlen gemessen werden, sondern durchaus auch darüber, „inwieweit es gelingt, Anliegen auf die öffentliche Agenda zu setzen (Themensetzung) und das politische Handeln zu beeinflussen (politische Wirkung)."[7] Ersteres ist – insbesondere in parlamentarischen Regierungssystemen mit Verhältniswahlrecht und in der Folge typischerweise Parlamenten mit vielen Fraktionen – problematisch, weil es die Regierungsbildung erschwert, sofern die Zusammenarbeit mit den populistischen Fraktionen im Parlament ein Tabu bleibt. Letzteres ist problematisch, weil das für Populisten typische handwerklich schlechte Regieren auch zu handwerklich schlechten Politikergebnissen führt.

2. Was ist Populismus? Definitionen und Ankerbeispiele

Spätestens seit dem Ende der 1980er Jahre ist der Populismusbegriff in der massenmedialen Berichterstattung, in Gesprächen über Politik, in Hochschulseminaren und Wissenschaft omnipräsent.[8] Cas Mudde und Cristóbal

6 Zu den unterschiedlichen Facetten des Prinzips der Rechsstaatlichkeit, siehe übersichtlich und knapp zusammengefasst u.a. Grimm 2009.

7 Mudde, Kaltwasser, 2020, S. 146. Hier findet sich auch eine übersichtliche und verständliche Darstellung des Forschungsstands mit umfassender Literaturliste zur Populismusforschung.

8 Auslöser für eine verstärkte Beschäftigung mit dem Populismus in Deutschland waren insbesondere die Gründung der als rechtspopulistisch bezeichneten „Republikaner" und deren

Rovira Kaltwasser bezeichnen den Begriff „Populismus“ inzwischen sogar als „eines der zentralen politischen Schlagworte des 21. Jahrhunderts“ (Mudde, Kaltwasser, 2020, S. 19). Die Gefahr bei der Omnipräsenz eines Begriffes ist dabei allerdings dessen Verwässerung. Und so stieg mit der Häufigkeit seiner Nennung auch das Gefühl, der Begriff werde obsolet. Zwei starke Argumente werden gegen den Gebrauch des Populismusbegriffs vorgebracht: Erstens müsse der Begriff des Populismus notwendigerweise vage und unscharf bleiben, wenn er so unterschiedliche politische Strömungen wie den Rechtspopulismus in Europa, den lateinamerikanischen Linkspopulismus, den Trumpismus oder einen religiös-konservativ fundierten islamischen Populismus in der Türkei gleichzeitig fassbar machen wolle. Zudem bezeichneten manche damit eher einen bestimmten „Stil des Politikmachens“, andere eher eine „Ideologie“ und wieder andere schließlich eher eine „Strategie“. Zweitens diene der Populismusbegriff aufgrund seiner inhärenten Normativität eher als politischer Kampfbegriff denn als politikwissenschaftlich präzises Analyseinstrument. Der Populismusvorwurf treffe dann eben ganz unabhängig von den Inhalten oder der politischen Ausrichtung immer den politischen Gegner.[9]

Aus diesen – nicht nur von Populisten unterschiedlicher Prägung erhobenen – Einwänden folgt die Notwendigkeit, besondere definitorische Sorgfalt walten zu lassen. Eine Schwierigkeit ist dabei jedoch die Vielfalt an unterschiedlichen Definitionsangeboten, wovon einige hier vorgestellt werden sollen:

- Für Karin Priester zeichnet sich Populismus durch „Berufung auf den common sense, Anti-Elitarismus, Anti-Intellektualismus, Antipolitik, Institutionenfeindlichkeit sowie Moralisierung, Polarisierung und Personalisierung der Politik“ aus.[10]
- Der bereits eingangs zitierte Cas Mudde bezeichnet ihn dagegen als eine „Ideologie, die davon ausgeht, dass die Gesellschaft in zwei homogene, antagonistische Gruppen getrennt ist, das ‚reine Volk‘ und die ‚korrupte

---

Wahlerfolge in den 1990er Jahren in einigen deutschen Bundesländern sowie der Aufstieg der Freiheitlichen Partei Österreichs (FPÖ) nach der Wahl Jörg Haiders zum Vorsitzenden im September 1986.

9 Manche halten den Populismusbegriff daher für grundsätzlich ungeeignet als politikwissenschaftlichen Fachbegriff oder für nicht operationalisierbar und empirisch nicht nutzbringend einsetzbar; für einen entsprechenden Überblick siehe z.B. Rensmann, 2006, S. 59f oder auch insgesamt Decker 2006.

10 Priester, 2012, S. 4.

Elite', und die geltend macht, dass Politik ein Ausdruck der volonté générale (…) sein soll".[11]

- Alexandre Dorna weist darauf hin, dass der Populismus „stets im Gefolge einer gesellschaftlichen Krise (auftrete). Das seit Jahrzehnten zu beobachtende Wiederaufleben des Populismus signalisiert eine Krise der repräsentativen Demokratie".[12]
- Und noch fokussierter heißt es bei Asiye Öztürk: „Einfache Antworten auf schwierige Fragen geben".[13]

So unterschiedlich diese Definitionen auch anmuten, die meisten dieser und anderer Populismusdefinitionen greifen auf eine Teilmenge der folgenden sechs charakteristischen Eigenschaften zurück, deren gesamthaftes Vorliegen damit als Kern populistischer Haltungen gelten darf:[14]

- Populismus bezieht sich stets auf ein als homogene Gruppe gedachtes Volk, dessen einheitlicher „Volkswille" von den politischen Eliten umzusetzen sei. Hier wird die grundsätzlich anti-pluralistische Essenz populistischer Strömungen deutlich, die Artikulation von Partikularinteressen wird abgewertet, die grundsätzliche Heterogenität von Interessen und Lebenswelten in einer Gesellschaft negiert oder ignoriert. Gleichzeitig wird behauptet, nur die eigene politische Auffassung entspräche *dem Willen des Volkes* – daher die zumindest im deutschen Kontext häufige Übernahme des ursprünglich aus der Bürgerbewegung in der DDR stammenden Slogans „Wir sind das Volk!".
- *Dem Volk* als einheitlich gedachter Gruppe sowie der Durchsetzung *des Volkswillens* stehen für den Populisten die politischen Eliten gegenüber. Diese werden als *korrupt* oder *machtbesessen* portraitiert, ihre Legitimität als Repräsentanten des Volkes wird in Abrede gestellt und ihre Ablösung angestrebt.
- Typisch für populistische Strömungen ist außerdem die Behauptung, die Lösung der zentralen Probleme sei eigentlich *ganz einfach*. Die Komplexität und Kontextabhängigkeit, die pfadabhängigen Bebürdungsstrukturen politischer Realität, die Gefahren nichtintendierter Folgen intendierten Handelns im politischen Feld, auch die Trägheit vieler politischer Institutionen wird entweder schlicht in Abrede gestellt oder aber als durch einen radikalen Schnitt zu beendender Missstand interpretiert. Insofern ist dem Populismus die Behauptung eigen, einfache Lösungen führten

---

11 Mudde, 2004, S. 543.

12 Dorna, 2003.

13 Öztürk, 2012, S. 1.

14 Teilweise aufruhend auf Überlegungen Ralf Dahrendorfs in seinem berühmt gewordenen Essay „Acht Anmerkungen zum Populismus", vgl. Dahrendorf 2003.

schnell zur Überwindung von zentralen gesellschaftlichen Problemlagen: Nähmen Verbrechen zu, müssten eben die Strafen höher ausfallen; nehme als Bedrohung wahrgenommene Einwanderung zu, müssten eben die Grenzen geschlossen werden.

- Ein viertes allen populistischen Strömungen inhärentes Moment ist die Ablehnung einer repräsentativ ausgestalteten Form der Demokratie. Den Parlamenten (gelegentlich als *Schwatzbude* abgetan) wird der Grundgedanke der direkten Demokratie als wünschenswerter Idealzustand gegenübergesetzt.
- Die empirische Praxis mit populistischen Strömungen und Parteien in Regierungsverantwortung zeigt zudem: In politischer Verantwortung tun sich Populisten schwer. Häufig wird statt sich auf die Lösung von policy-Problemen zu konzentrieren die Schuld für das eigene Versagen bei anderen gesucht. Destruktion ist die Stärke der Populisten, das konstruktive Politikgestalten, das mühsame Bohren dicker Bretter dagegen eher nicht.
- Und schließlich zeichnen sich viele populistische Strömungen und Parteien auch dadurch aus, dass sie Sammelbecken für Personen mit einer oft längeren und bunten Parteikarriere sind, an deren Spitze häufig (jedoch keineswegs immer) „extravagante und starke politische Führungspersönlichkeiten" stehen.[15] Typische Beispiele waren hier etwa Donald Trump in den USA, Geert Wilders in den Niederlanden, Hugo Chávez in Venezuela, Silvio Berlusconi in Italien, Jörg Haider in Österreich oder Marine Le Pen in Frankreich. Allen diesen Führungspersönlichkeiten ist zu eigen, dass sie versuchten, ihre Legitimität auf Charisma aufzubauen, mittels dessen – so Max Weber – eine spezifische Bindung zwischen Anführer und Anhänger aufgebaut werden kann.[16]

Neben der Nennung von Definitionsmerkmalen ist es – gerade bei einem umstrittenen Konzept wie jenem des Populismus – unabdingbar, auch Fragen der empirischen Messbarkeit in den Fokus zu rücken. Will man populistische Einstellungen konkret in der Bevölkerung messen, dann stellt sich folglich die Frage der Operationalisierbarkeit des Populismusbegriffs. Der „Populismusbarometer" des Wissenschaftszentrums Berlin und der Bertelsmannstiftung versucht etwa, drei konstituierende Dimensionen von Populismus messbar zu machen, nämlich „Anti-Establishment", „Pro-Volkssou-

15 Mudde, Kaltwasser, 2019, S. 101.

16 Ausführlicher zum Zusammenhang zwischen Charisma und Populismus auch in kritischer Diskussion siehe unten. Zu Max Webers Konzept charistmatischer Herrschaft, siehe Weber, 1922.

veränität" und „Anti-Pluralismus".[17] Diese Dimensionen werden dann in konkrete Aussagen zu Politik und Gesellschaft gegossen (etwa: „Die Bürger sind sich oft einig, aber die Politiker verfolgen ganz andere Ziele" oder: „Mir wäre es lieber, von einem einfachen Bürger politisch vertreten zu werden als von einem Politiker"). Stimmen die Befragten diesen Sätzen zu, deutet dies auf populistische Grundhaltungen hin.

Sowohl diese Definitionsversuche als auch die konkreten Operationalisierungsbemühungen in empirischen Forschungszusammenhängen weisen jedoch – und das aus gutem Grund – eine Leerstelle bei den inhaltlichen und ideologischen Einstellungen von Populisten auf. Dies ist insofern auch von Vorteil, als auf diese Weise gewährleistet werden kann, dass Populismen ganz unterschiedlicher ideologischer Prägung begrifflich gefasst und empirisch untersucht werden können. So argumentieren etwa Rechtspopulisten gerade im Nachgang der Flüchtlingskrise 2015 in Deutschland, die Zunahme von muslimischen Bevölkerungsanteilen durch Einwanderung und einer höheren Geburtenrate von Einwanderern aus nicht-europäischen oder pauschal als *kulturfremd* deklarierten Ländern gehe einher mit einer Zunahme von Kriminalität und einem Verlust deutscher Leitkultur, was wiederum zum Gefühl des Heimatverlusts und der „Überfremdung" bei den alteingesessenen Bewohnern führe. In der Folge stehe die bis dahin bekannte Gesellschaft in Deutschland vor dem Untergang, vor dem Deutschland nur durch eine durch Rechtspopulisten herbeigeführte politische Wende gewissermaßen „in letzter Minute" bewahrt werden könne.[18] Hinzu kommt die – nicht nur, aber in ganz besonderem Maße bei Rechtspopulisten beliebte – Ablehnung von Globalisierung und europäischer Integration. Linkspopulistische Bewegungen stellen dagegen eher soziale Ungleichheitswahrnehmungen ins Zentrum ihrer Argumentation, die nur durch eine „Rückkehr des Staates als zentrale Verteilungsinstanz"[19] und einen konsequenten Kampf der Massen gegen das politische Establishment einerseits (hier spricht etwa Florian Hartleb von „vertikalem Populismus"), als auch gegen Feinde innerhalb der Gesellschaft wie Faschisten, Kapitalisten und multinationale Konzerne andererseits (hier spricht Hartleb von „horizontalem Populismus") behoben werden könnten.[20]

---

17 Vgl. WZB & Bertelsmann Stiftung, 2020; teilweise stützen sich die Autoren hierbei auf Hawkins et al 2012 und Akkerman et al 2013.

18 Eine Zusammenfassung rechtspopulistischer Argumentationsmuster findet sich etwa bei https://davidlanius.de/wie-argumentieren-rechtspopulisten (Zugriff: 14.10.2021).

19 Nohlen, 2007, S. 448.

20 Vgl. Hartleb, 2004, S. 107.

Gemeinsam ist allen populistischen Strömungen unterschiedlichster inhaltlich-ideologischer Prägung die Ablehnung von als „System-“ oder „Lügenpresse“ verunglimpften Massenmedien, die statt „objektiv“ zu berichten lediglich den als „unhaltbar“ vorgestellten Status quo zementierten.

3. Woher kommt der Populismus? Nachfrageseitige und angebotsseitige Ursachen des Populismus

Leider ist auch bei der Frage nach den Ursachen des Populismus die Sache ziemlich unübersichtlich. Vorsicht ist überall dort geboten, wo monokausale Zusammenhänge postuliert werden, wenn etwa behauptet wird, der Populismus sei – im Sinne eines „cultural backlash“[21] – eben eine Reaktion jener Bevölkerungsanteile, die nicht mit den modernen Geschwindigkeitsanforderungen einer dynamischen und globalisierten Welt zurecht kämen. Nicht dass dieses Argument falsch wäre, aber es ist nur eine Facette in einem vielschichtigen Wirkungszusammenhang. Ebenso wenig lässt sich Populismus allein auf veränderte Mediennutzungsgewohnheiten (Stichwort „Filterblase“), kulturelle Bedrängtheitsgefühle aufgrund von zunehmender Migration oder dem in vielen Regionen Deutschlands spürbaren Anpassungsdruck auf die Erfordernisse des Strukturwandels (etwa im Ruhrgebiet oder in den Braunkohleabbaugebieten der Lausitz) zurückführen.

Um zu einem umfassenderen Verständnis der Entstehung des Populismus zu kommen, muss daher zwischen jenen Faktoren unterschieden werden, die gewissermaßen den „Nährboden“ für populistische Einstellungen bilden, die also erklären können, wie populistische Einstellungen entstehen und wie sie sich in einer Gesellschaft verbreiten (*nachfrageseitige Ursachen des Populismus*) und jenen Faktoren, die darauf abzielen, das Entstehen eines erfolgversprechenden Angebots an populistischen Führungsfiguren und Parteien zu erklären (*angebotsseitige Ursachen des Populismus*).

Nachfrageseitige Ursachen des Populismus

Auf welchem Boden nun gedeiht der Populismus besonders gut? Potenziell – so sieht es zumindest der US-Populismusforscher Kirk Hawkins – können populistische Einstellungen in allen gesellschaftlichen Schichten vorkommen: “We all have a Hugo Chavez or Sarah Palin in us. The question is un-

---

21 Zum Konzept des „cultural backlash“ siehe Norris, Inglehart, 2019.

der which circumstances do they become active?"[22] Die Frage ist also weniger, wer anfällig für Populismus ist, sondern eher, unter welchen konkreten Bedingungen potenziell weit verbreitete – gewissermaßen „schlummernde" – populistische Einstellungen „geweckt werden". Unter welchen Rahmenbedingungen werden latent vorhandene populistische Einstellungen etwa in konkretem Wahlverhalten für populistische Parteien manifest? Die folgenden sieben Faktoren sind in diesem Zusammenhang besonders relevant.

- Zunächst gedeiht der Populismus besonders gut in Krisen – präziser: in Zeiten, die als Krisen wahrgenommen werden. Die Interpretation der politischen Lage als „krisenhaft" führt im Zusammenspiel mit der Überzeugung, die politischen Eliten seien diesen Krisen nicht gewachsen oder hätten diese sogar willentlich oder aus Unvermögen herbeigeführt zu genau jenem Vertrauensverlust, der zum Nährboden für populistische Parteien werden kann.[23] In Deutschland lässt sich etwa das Erstarken der Alternative für Deutschland als populistischer Partei kaum ohne die dichte Abfolge an Krisenperzeptionen („Wirtschaftskrise" – „Eurokrise" – „Flüchtlingskrise") erklären.
- Neben der Krisenperzeption ist auch eine weit verbreitete oder sich ausdehnende Wahrnehmung von Korruption im politischen System ein Populismus begünstigender Faktor.[24] „In many [...] countries, corruption and populism feed one another. On the one hand, populist leaders use corruption to rally support for their political agenda. In this context, corruption serves as a justification for populist politics. On the other hand, a populist rhetoric is then used by the leaders to mask corrupt acts perpetrated by them or their collaborators, thus weakening the effectiveness of anti-corruption policies."[25]
- Politische Systeme werden – wiederum verursacht durch einen ganzen Strauß an Bedingungsfaktoren – komplexer und schwerer durchschaubar. Insbesondere in Europa führte der regionale Integrationsprozess dazu, dass Politikoutput heute kaum mehr einem konkreten einzelnen Akteur zugerechnet werden kann, sondern vielmehr als Resultat eines komplexen – und für viele unverstandenen – Prozesses in einem komplexen – und für viele unverstandenen – Mehrebenensystem wahrgenommen wird. Dadurch kann sich beim ein oder anderen das Gefühl einschleichen, man

22 Kirk Hawkins, hier zitiert nach https://hsp.macmillan.yale.edu/news/studying-transatlantic-populism (Zugriff: 14.10.2021).

23 Zum Zusammenhang von Krisen und Populismus, siehe u.a. Müller, Jan-Werner, 2016.

24 Ausführlich zum Zusammenhang zwischen Korruption und Populismus siehe etwa Mendilow, Phélippeau, 2021.

25 Kossow, 2019, S. 3, vgl. hierzu ebenfalls Mudde, Kaltwasser, 2012 sowie Curini, 2017.

habe ohnehin keinen Einfluss auf Politik und ihre Ergebnisse. Folge kann das Bedürfnis nach einfachen und verständlichen Aussagen sein – ein Bedürfnis, das insbesondere populistische Akteure gerne bedienen.

- Natürlich spielen auch die oben genannten und in unterschiedlichen gesellschaftlichen Schichten auftretenden kulturellen Bedrängtheitsgefühle eine wichtige Rolle bei der Erklärung der Verbreitung von Populismus. Wer erstens glaubt, alles werde immer schlechter[26] und wer sich zweitens in seinem gewohnten kulturellen Umfeld bedroht sieht oder sich mit seinen früher allseits akzeptierten Meinungen von einer als fremdartig wahrgenommenen, meist städtischen Kulturelite an den Rand gedrängt sieht, der mag empfänglich werden für populistische Botschaften. Populismus kann also (zumindest partiell) als Reaktion auf eine dynamisch sich entwickelnde kulturelle Bewegung verstanden werden, die sich gesellschaftliche Modernisierung in vielen Lebensbereichen zum Ziel setzt. Die Diskurse um Gendersprache, um Identitätspolitik, Antirassismus und Diversitätsakzeptanz mögen bei manchen Gefühle der Entfremdung auslösen, die sich dann in einem – so Pippa und Inglehart – „cultural backlash", also einer kulturellen Rückwärtsbewegung ins Altbekannte und vermeintlich Altbewährte Bahn bricht.[27]
- Sowohl die technologischen Revolutionen in den Informationstechnologien als auch – in der Folge – der Wandel der Mediennutzungsgewohnheiten und der Weise, wie und aus welchen Quellen sich über politisch relevante Sachverhalte informiert wird, führt ganz allgemein zu höheren Anforderungen an die Medienkompetenz der Mediennutzer. Die mit den Begriffen der „Filterblase" oder der „Informationsblase" beschriebene Problematik ist, dass der einzelne Mediennutzer vor allem mit Informationen und Bewertungen konfrontiert wird, die seine bisherigen Meinungen festigen. Das kritische Hinterfragen der eigenen Haltung wird schwerer. Wer also einmal ins Fahrwasser populistischer Informationsräume gelangt ist, kommt daraus schwerer wieder heraus als zu einer Zeit, in welcher die regionale Tageszeitung noch die Hauptinformationsquelle war.[28] Populisten können sich – und tun dies häufig auch – diesen Zusammenhang mit gezielten (Des-)Informationskampagnen zunutze machen.
- Ein weiterer, insbesondere in Deutschland wichtiger Faktor zur Erklärung der Nachfrage nach Populismus ist ein weit verbreitetes Missverständnis

26 Nach der bereits oben zitierten Studie der Friedrich-Ebert-Stiftung glauben 66,3 Prozent der Deutschen, den nachfolgenden Generationen werde es schlechter gehen als ihnen selbst (vgl. FES, 2019).

27 Vgl. FN 21.

28 Siehe hierzu etwa Schweiger, 2017.

über die Funktionsweise des deutschen politischen Systems: Gerade populistische Akteure berufen sich nämlich gerne darauf, dass „der Wille des Volkes" unbedingt durchgesetzt werden müsse. Nur dann könne von „Demokratie" gesprochen werden. Dass ein solcher „demokratischer Absolutismus" aber die Rechte von Minderheiten nicht zu schützen in der Lage ist, dass Demokratie im politischen System der Bundesrepublik Deutschland eingehegt wird durch das Prinzip der materiellen Rechtsstaatlichkeit, dass die freiheitliche, demokratische Grundordnung als Basis des deutschen politischen Systems dem demokratischen Diskurs als „nicht streitiger Sektor" entzogen ist, all dies wird von jenen entweder abgelehnt oder aber schlicht ignoriert, die sich von den populistischen Ideen einer „direkten" oder „absoluten" Demokratie angezogen fühlen.[29] Der Glaube, dass die Meinung der Mehrheit der Bevölkerung alleiniges Kriterium für das Handeln der politischen Eliten sein solle, erklärt auch, warum populistische Parteien häufig die Einführung von mehr direktdemokratischen Elementen fordern.

- Begünstigend für Populismus wirkt sich schließlich ein Umfeld aus, in welchem große Bevölkerungsteile falsche Vorstellungen von ihrem gesellschaftlichen und politischen Umfeld haben. Wer sich – ganz im Sinne der Marx'schen und Engels'schen Definition von „Ideologie" als „falschem Bewusstsein" – ein Bild der Wirklichkeit schafft, das mit den objektiven Gegebenheiten nicht übereinstimmt, der ist anfällig für populistische Angebote. So wird zum Beispiel in Deutschland der Anteil von Muslimen an der Gesamtbevölkerung im Durchschnitt auf 21 Prozent geschätzt, tatsächlich leben aber lediglich ca. 5 Prozent Muslime in Deutschland.[30] Wer aber glaubt, dass bereits mehr als jeder fünfte in Deutschland lebende Mensch muslimischen Glaubens sei, für den ist möglicherweise der Kampf gegen eine (vermeintlich) zunehmende „Islamisierung des Abendlandes" ein drängendes Problem, das es möglichst schnell zu lösen gilt.[31] Dass – wegen der zugrundeliegenden fehlerhaften Wirklichkeitsbeschreibung – die dann gewünschten politischen Maßnahmen eher dazu geeignet sind, die gesellschaftlichen Problemlagen zu verschärfen statt effektiv

29 Zum Zusammenhang von Populismus und „direkter Demokratie" siehe Mohrenberg et al 2021.

30 Siehe hierzu die seit 2012 durchgeführte Ipsos-Studie "The Perils of Perception", hier die Studie aus dem Jahr 2016 (https://www.ipsos.com/ipsos-mori/en-uk/perceptions-are-not-reality-what-world-gets-wrong) (Zugriff: 14.10.2021).

31 Zum Begriff der „Islamisierung des Abendlandes" vgl. Diefenbach, Scheve, 2019.

Probleme zu lösen, wird dabei ausgeblendet. „If men define situations as real, they are real in their consequences."[32]

Angebotsseitige Ursachen des Populismus

Trifft all das (also diese nachfrageseitigen Ursachen des Populismus) allerdings nicht auf ein entsprechendes Politikangebot in Form von sich zur Wahl stellenden Politikern und Parteien, so verpuffen sie wenn nicht folgenlos, so doch ohne entsprechende parlamentarische Repräsentation und damit ohne konkreten Einfluss auf Politikoutputs. Natürlich kann allein die Nachfrage nach populistischen Politikinhalten oder Politikstilen bereits gesellschaftliche Relevanz entfalten. Politische Wucht entfaltet Populismus allerdings in besonderem Maße erst dann, wenn der Nachfrage nach populistischen Politikangeboten auch ein tatsächlich ein entsprechendes Angebot gegenübersteht. Besonders nachhaltig verändert Populismus Gesellschaften, wo er sich nicht nur in einem eher diffusen De-Legitimierungsprozess äußert, sondern wo er – je nach Mehrheitslage – in Parlamenten oder gar Regierungen präsent ist, sich dort hörbar artikuliert und tatsächlichen Einfluss auf die politische Kultur, die politische Agenda und am Ende auch die konkrete Gesetzgebung nimmt. Unter welchen Bedingungen aber geschieht dies? Was sind die Faktoren, die erklären können, warum es zu einem (vermehrten oder erfolgreicheren) Populismus-Angebot kommt? Es sind primär die folgenden vier Faktoren, die hier besondere Relevanz entfalten:

- Populismus kann inhaltlich in sehr unterschiedlichen Farben schillern. Typisch nämlich ist für den Populismus, dass er mit einer „Wirtsideologie" vermengt wird. Hugo Chavez in Venezuela etwa, Alexis Tsipras in Griechenland, oder – so zumindest die Einschätzung von Franz Walter – Oskar Lafontaine in Deutschland, nutzen eine linke, sozialistische Wirtsideologie.[33] Zumindest in Europa häufiger ist die Kombination von Populismus und rechten Ideologien zum „Rechtspopulismus" – wie beispielsweise schon in den 1980er Jahren bei Jörg Haider in Österreich, später bei Matteo Salvini in Italien, Björn Höcke in Deutschland, Geert Wilders in den Niederlanden oder auch bei der „Tea-Party-Bewegung" in den USA.[34] Schwieriger wird die politisch-ideologische Einordnung, wenn sich Popu-

---

32 Thomas, 1928, S. 571.

33 Zu Konzept, Inhalten und Formen des Linkspopulismus siehe etwa Mouffe 2018 und Laclau 2005; zur Einschätzung von Franz Walter, siehe: https://www.spiegel.de/politik/deutschland/linkspopulismus-vergreisung-als-chance-a-418695.html (Zugriff: 12.10.2021).

34 Zu rechtspopulistischen Parteien vgl. u.a. Decker, Lewandowsky, 2012; zu Rechtspopulismus allgemein vgl. u.a. Hillebrand, 2015.

listen aus ideologisch sehr unterschiedlichen Richtungen bedienen, wie etwa im Fall der Fünf-Sterne-Bewegung in Italien. Dennoch gilt: Populismus ist dann ein besonders attraktives Politikangebot, wenn er sich ideologisch auflädt und entsprechende inhaltliche Politikangebote macht.

- Ein weiterer Erklärungsfaktor für populistische Politikangebote ist die Besetzung von Themen, die von anderen Parteien vernachlässigt werden. Wenn mehr oder weniger glaubhaft kommuniziert werden kann, nur die eigene Partei kümmere sich „um die wirklich wichtigen" Themen, die von allen anderen „todgeschwiegen" werden, kann dies in Wahlkampfsituationen eine besondere kommunikative Dynamik entwickeln.
- Ein Erfolgsrezept vieler populistischer Parteien ist auch die Behauptung, die Politikangebote der Konkurrenz seien „ununterscheidbar". Die Eigenpräsentation als einzige „Alternative" zu „den Systemparteien" zielt darauf ab, die Wahl als Entscheidung zwischen der populistischen Alternative und allen anderen Parteien darzustellen. Diese für viele populistische Strömungen typische Taktik blendet erstens de facto bestehende programmatische Unterschiede zwischen den Konkurrenzparteien aus und macht zweitens die Ablehnung eines ansonsten vorherrschenden grundlegenden gesellschaftlichen Konsenses zum Differenzkriterium.
- Nicht immer, aber häufig dann, wenn Populisten besondere Erfolge bei Wahlen verbuchen können, kommt zu den genannten Punkten auch noch persönliches Charisma der populistischen Führerfiguren hinzu. Natürlich ist die Kehrseite charismatischer Herrschaft immer: „Der Charismatiker muss sich bewähren, das heißt, er muss wenigstens einen Teil seiner Versprechen einlösen."[35] Allerdings gilt dies erst dann, wenn charismatische Populisten in Regierungsverantwortung kommen – zuvor braucht es keinen Nachweis der Fähigkeit, auch gut regieren zu können.[36]

4. Wie auf Populismus antworten? Reaktionen und Lösungswege

Gäbe es ein Standardrezept, dessen Anwendung populistische Einstellungen zurückdrängen oder die Zustimmungswerte für populistische Parteien reduzieren könnte, so wäre dieser heute besiegt. Die nach wie vor starke Anziehungskraft, die von populistischen Parteien in Deutschland, in Europa und weltweit ausgeht, ist der Beweis, dass es ein solches Rezept nicht gibt. Allerdings sind all jene, die Populismus für ein Problem halten, dennoch

---

35 Schimmang, 2015.

36 Der Zusammenhang von Charisma und Populismus ist in der Literatur allerdings kontrovers diskutiert.

nicht zu Untätigkeit verurteilt. Es lassen sich nämlich mögliche Reaktionen und Lösungsstrategien auf den folgenden vier unterschiedlichen Ebenen identifizieren:

- Auf der individuellen Ebene in konkreten Gesprächssituationen („Wie können wir auf populistische Argumentationen in konkreten Gesprächssituationen angemessen reagieren?“) geht es um praktische Argumentationsstrategien. Im Gespräch mit Populisten kann es etwa helfen, gezielt und präzise nachzufragen, wenn die Argumente im Vagen und Pauschalen bleiben. Statt in belehrendem Ton den Gesprächspartner in seiner Weltsicht noch zu festigen, kann es klüger sein, nach konkreten Beispielen zu fragen, Ausflüchte und Allgemeinplätze zu hinterfragen, Probleme zu verdeutlichen und zu versuchen, Verständnis dafür zu entwickeln, aus welchen persönlichen Motiven heraus der Gegenüber zu seinen populistischen Einstellungen gekommen ist. Sinnvoll kann auch eine kritische Diskussion von Informationsquellen sein und Überlegungen dazu, welche Interessen sich dahinter verbergen mögen.
- Auf der Ebene der Nachfrage nach populistischen Politikangeboten („Wie können die Populismus begünstigenden Faktoren in einer Gesellschaft bekämpft werden?“) hilft zunächst einmal das „gute Regieren“ („good governance“). Wenn politische Eliten sowohl handwerklich professionell als auch mit dem Ziel des Gemeinwohls vor Augen regieren, haben es Populisten mit Pauschalkritik an „denen da oben“ schwer. Als sinnvolle Strategien gegen Populismus bewährt sich auf dieser Ebene neben der Bekämpfung von Korruption und dem Investment in politische Bildung insbesondere die frühzeitige (und das heißt konkret: bereits in den Schulen ansetzende) Stärkung von Medienkompetenz und eines kritischen Umgangs mit Informationsquellen.
- Auf der Ebene des Angebots populistischer Politikinhalte („Wie kann man die Attraktivität populistischer Politikangebote senken?“) kann sich – je nach Mehrheitslage – ein „cordon sanitaire“ gegenüber populistischen Parteien bewähren. Wenn populistische Parteien keine realistische Machtoption haben, weil nicht-populistische Parteien im Vorfeld von Wahlen glaubhaft versichern, nach den Wahlen mit populistischen Parteien keine regierungstragende Koalition zu bilden oder in sonstiger Weise zu kooperieren, dann sinkt deren Attraktivität zumindest für jenen Teil der Wähler, der sich von seiner Wahlentscheidung mehr erhofft, als lediglich das Zumausdruckbringen von Protest. Gleichwohl muss vermieden werden, dass Populisten ein solches Verhalten zum Aufbau eines Opfermythos instrumentalisieren können.

- Was aber geschieht, wenn Populisten in demokratischen Wahlen Mehrheiten erringen und Regierungen stellen? Dann bleibt nur, die Populisten auf der Ebene des Regierens zu stellen („Wie kann man Populisten durch Machtbeteiligung entzaubern?"). In der Praxis erweisen sich populistische Regierungen häufig ohnehin als relativ instabil. Insbesondere in Krisenzeiten hoffen die Regierten durchaus auf die Problemlösungsfähigkeiten der Regierenden. Sind letztere dazu nicht in der Lage folgt meist Zerfall (wie etwa im Falle der lagerübergreifenden populistischen Regierung der Fünf-Sterne-Bewegung und der Lega in Italien) oder Abwahl (wie etwa im Falle der ebenfalls lagerübergreifenden Koalition aus der linkspopulistischen SYRIZA und der rechtspopulistischen ANEL in Griechenland). Gleichwohl muss auch in Zeiten populistischer Regierungen notfalls auf die dritte Gewalt im horizontal gewaltenteilig aufgebauten politischen System gesetzt werden, um einen allzu starken Umbau des politischen Systems zu verhindern. So kann etwa eine Strategie der Abwehr populistischer Gesetzgebung durch die Justiz erfolgreich sein (wie etwa in einigen Fällen während der Regierungszeiten von Vladimir Meciar oder Robert Fico in der Slowakei).

Trotz all dieser Strategien, ist es wahrscheinlich, dass populistische Parteien auch weiterhin in den meisten Parteiensystemen Europas vorkommen werden. Dies ist zumindest in Deutschland einesteils Folge einer von Werner J. Patzelt als „Repräsentationslücke" bezeichneten Mitte-Verschiebung der ehemals großen Volksparteien SPD und CDU. Dadurch sei an den Rändern Raum geschaffen worden für links- bzw. rechtspopulistische Parteien.[37] Und selbst wer dieser Argumentation nicht folgen mag: Die abnehmende Fähigkeit der Parteien, Wähler dauerhaft zu binden und der Niedergang der Volksparteien werden die in vielen anderen europäischen Ländern bereits noch weiter fortgeschrittenen Tendenz zu Vielparteienparlamenten befördern, die dann auch populistische Strömungen umfassen. Mit Populisten wird man also auch in Zukunft rechnen müssen.

---

37 Siehe zu diesem Argument am Beispiel der rechtspopulistischen PEGIDA-Bewegung Patzelt 2015.

Literaturverzeichnis

Akkerman, Agnes, Cas Mudde und Andrej Zaslove, 2013: How Populist Are the People? Measuring Populist Attitudes in Voters, in: Comparative Political Studies, S. 1–30.

Curini, Luigi, 2017: Corruption, Ideology, and Populism: The Rise of Valence Political Campaigning, Basingstoke.

Dahrendorf, Ralf, 2003: Acht Anmerkungen zum Populismus, in: Transit, 2/2003 (derzeit verfügbar über die 2019 neu aufgelegte Publikation der Friedrich Naumann Stiftung für die Freiheit: https://www.aspeninstitute.de/wp-content/uploads/A4_FNF_DAHRENDORF_lay.pdf) (Zugriff: 14.10.2021).

Decker, Frank (Hrsg.), 2006: Populismus – Gefahr für die Demokratie oder nützliches Korrektiv?, Wiesbaden.

Decker, Frank; Lewandowsky, Marcel, 2012: Die rechtspopulistische Parteienfamilie, in: Uwe Jun, Benjamin Höhne: Parteienfamilien. Identitätsbestimmend oder nur noch Etikett?, Opladen, S. 270–283.

Diefenbach, Aletta; von Scheve, Christian, 2019: ‚Islamisierung des Abendlandes': Zur Struktur der Angst vor dem Islam als mobilisierende Emotion im Rechtspopulismus, in: Besand, Anja; Overwien, Bernd; Zorn, Peter (Hrsg.), 2019: Politische Bildung mit Gefühl, Bonn, S. 43-60.

Diehl, Paula; Schmidt, Till, 2019: Populismus – Gefahr oder Chance?, in: fluter; https://www.fluter.de/populismus-gefahr-oder-chance-demokratie (Zugriff: 14.10.2021).

Dorna, Alexandre, 2003: Wer ist Populist? Annäherung an ein politisches Phänomen, in: Le monde diplomatique Eurozine (https://www.eurozine.com/wer-ist-populist/) (Zugriff: 14.10.2021).

Friedrich Ebert Stiftung (FES) (Autoren: Frank Decker, Volker Best, Sandra Fischer, Anne Kümmers), 2019: Vertrauen in die Demokratie (http://library.fes.de/pdf-files/fes/15621-20190822.pdf) (Zugriff: 14.10.2021).

Grimm, Dieter, 2009: Stufen der Rechtsstaatlichkeit: Zur Exportfähigkeit einer westlichen Errungenschaft, in: JuristenZeitung (JZ) 64 (2009) / Heft 12, S. 596-600.

Hartleb, Florian, 2004: Rechts- und Linkspopulismus. Eine Fallstudie anhand von Schill-Partei und PDS, Wiesbaden 2004.

Hawkins, Kirk, Scott Riding und Cas Mudde, 2012: Measuring Populist Attitudes. The Committee on Concepts and Methods. Working Paper 55. 1–35.

Hillebrand, Ernst (Hrsg.), 2015: Rechtspopulismus in Europa. Gefahr für die Demokratie?, Bonn.

Kossow, Niklas, 2019: Populism and corruption, Transparency International Anti-Corruption Helpdesk Answer, in https://knowledgehub.transparency.org/assets/uploads/helpdesk/populism-and-corruption-2019-final.pdf (Zugriff: 14.10.2021).

Laclau, Ernesto, 2005: On Populist Reason, London.

Manow, Philip, 2019: Politischer Populismus als Ausdruck von Identitätspolitik? Über einen ökonomischen Ursachenkomplex, in: Aus Politik und Zeitgeschichte 9-11/2019, S. 33-40.

Mendilow, Jonathan; Phélippeau, Eric (Hrsg.), 2021: Populism and Corruption – The Other Side of the Coin, Cheltenham.

Mohrenberg, Steffen; Huber, Robert; Freyburg, Tina, 2021: Love at first sight? Populist attitudes and support for direct democracy, in: Party Politics, Vol. 27, issue 3, S. 528-539.

Mouffe, Chantal, 2018: Für einen linken Populismus, Berlin.

Mudde, Cas, 2004: The Populist Zeitgeist, in: Government and Opposition, 39 (2004) 3, S. 541-563.

Mudde, Cas; Rovira Kaltwasser, Cristóbal (Hrsg.), 2012: Populism in Europe and the Americas: Threat or Corrective for Democracy?, Cambridge.

Mudde, Cas; Rovira Kaltwasser, Cristóbal, 2019: Populismus, Bonn.

Müller, Jan-Werner, 2016: Populismus. Symptom einer Krise der politischen Repräsentation?, in: Aus Politik und Zeitgeschichte, 66. Jahrgang, 40-42/2016, S. 24-29.

Müller, Jan-Werner, 2019: „Das wahre Volk – Gegen alle anderen. Rechtspopulismus als Identitätspolitik", in: Aus Politik und Zeitgeschichte 9-11/2019, S. 18-24.

Nohlen, Dieter, 2007: Populismus. In: Dieter Nohlen, (Hrsg.): Kleines Lexikon der Politik, München 2007.

Norris, Pippa; Inglehart, Ronald, 2019: Cultural Backlash. Trump, Brexit, and Authoritarian Populism, Cambridge.

Öztürk, Asiye, 2012: Editorial, in: Aus Politik und Zeitgeschichte, 62. Jahrgang, 5-6/2012, S. 1.

Patzelt, Werner J., 2015: „Repräsentationslücken" im politischen System Deutschlands? Der Fall PEGIDA, in: Zeitschrift für Staats- und Europawissenschaften (ZSE), Vol. 13, No. 1 (2015), S. 99-126.

Priester, Karin, 2012: Wesensmerkmale des Populismus, in: Aus Politik und Zeitgeschichte, 62. Jahrgang, 5-6/2012, S. 3-9.

Rensmann, Lars, 2006: Populismus und Ideologie, in: Decker, Frank (Hrsg.), 2006: Populismus – Gefahr für die Demokratie oder nützliches Korrektiv?, Wiesbaden, S. 59-80.

Schimmang, Jochen, 2015: Populistische Charismatiker, in: https://www.boell.de/de/2015/05/05/populistische-charismatiker (Zugriff: 12.10.2021).

Schweiger, Wolfgang, 2017: Der (des)informierte Bürger im Netz: Wie soziale Medien die Meinungsbildung verändern. Wiesbaden.

Taggart, Paul, 2000: Populism, Milton Keynes.

Thomas, William Isaac, 1928: The Methodology of Behavior Study, in: Knopf, Alfred (Hrsg.): The Child in America: Behavior Problems and Programs, New York, S. 553-576.

Weber, Max, 1922: Wirtschaft und Gesellschaft, Tübingen.

Wissenschaftszentrum Berlin (WZB) und Bertelsmann Stiftung, 2020: Populismusbarometer 2020 (https://www.bertelsmann-stiftung.de/fileadmin/files/BSt/Publikationen/GrauePublikationen/ZD_Einwurf_2_2020_Populismusbarometer.pdf) (Zugriff: 14.10.2021).

Alexander Brand, Josh Spero, Hale Kadak und Klaus Hegemann

Transatlantische Beziehungen unter Stress: Auslaufmodell oder nachhaltige Partnerschaft?

1. Einleitung: Trump, Trump, Trump...

Noch vor kurzem waren die transatlantischen Beziehungen an einem Tiefpunkt angelangt: Handelsstreitigkeiten, Sanktionen, Drohgebärden und Vorwürfe, vor allem seitens einer wesentlich konfrontativer agierenden US-Regierung unter Donald Trump schienen einen endgültigen Bruch im transatlantischen Verhältnis zu markieren. Vorher bereits aufscheinende Divergenzen dies- und jenseits des Atlantiks oder temporär aufflackernde Gesten empörter Abgrenzung – etwa im Fahrwasser des Irak-Kriegs der USA und ihrer „Koalition der Willigen" – verdichteten sich nunmehr, während der Amtszeit Donald Trumps von 2017-2020, zur Diagnose einer finalen Zäsur.

Die polarisierende Rhetorik des US-Präsidenten und sein mitunter offen feindseliger Politikstil gegenüber „Europa" und einigen traditionellen Verbündeten in Europa wirkten aus Sicht nicht weniger Beobachter dabei als „Beschleuniger". Beides definierte scheinbar die Rollenverständnisse im transatlantischen Kontext neu: Trump lasse Europa links liegen, und Europa (für den Moment und nicht zuletzt auch aus Mangel an Alternativen) erdulde dies zähneknirschend (Pirro 2019: 98). Vorbei die Tage der Partnerschaft, und die nicht selten zelebrierte transatlantische Freundschaft im Orkus der Geschichte gelandet. So konzedierte der langjährige Botschafter der EU in Washington im März 2019, die Lage drohe, zusehends „unschön" und „ungemütlich" zu werden, in dem Maße, wie Trump sein Wahlkampfversprechen, auch vermeintliche Freunde und Allianzpartner nicht zu schonen, umsetze und damit seit langem existierende Interessengegensätze im transatlantischen Verhältnis eskaliere (vgl. Tharoor 2019).[1]

Nicht von ungefähr sahen Befürworter einer stärkeren Loslösung Deutschlands und Europas aus dem US-amerikanischen Orbit dies denn auch als Gelegenheit, ihrer nicht immer vollkommen unparteiischen Sicht

1 Nur eine Minderheit der Beobachter*innen sah demgegenüber Trumps Rhetorik und erratisches Agieren eingehegt, zumindest was den Flurschaden für das transatlantische Binnenklima anbelangte (vgl. Haglund 2019).

Ausdruck zu verleihen. So fasste etwa der langjährige Chefredakteur der „Wirtschafts-Woche" und China-Intimus sein Plädoyer für eine „Neuvermessung der Welt" in den markigen Slogan „Ami Go Home!", um eine endlich anstehende Emanzipation von der „blinden Parteinahme" Deutschlands und Europas für die USA zu fordern (vgl. Hirn 2021; siehe auch die Kritik in: Bindenagel 2021).

Solcherart – nicht selten mit Verve und Empörung vorgetragene – Perspektivnahme übersieht dabei geflissentlich, dass Einiges in den transatlantischen Beziehungen schon seit geraumer Zeit zu bröckeln scheint – und wenn es nicht deren Fundamente seien, so doch die Wahrnehmung eines breiten, allumfassenden und unwidersprochenen Werte- und Einstellungskonsenses (vgl. Medick-Krakau 2008). So waren nach Ende des Ost-West-Konfliktes, und lange vor den „Trump-Jahren", bisweilen Konflikte jenseits von Auffassungsunterschieden oder divergierender Bewertungen politischer Entscheidungsträger eskaliert. Erinnert sei in diesem Zusammenhang etwa an Robert Kagans Diktum, „die" Amerikaner seien vom Mars, „die Europäer" hingegen von der Venus, beide lebten in verschiedenen Welten, könnten sich nur auf wenig einigen und verstünden einander immer weniger (ebd.: 539). Diese Bemerkung, ob zutreffend oder nicht, blickt in Bälde auf eine zwanzigjährige Geschichte zurück – sie wurde populär während der ersten Amtszeit George W. Bushs und gewann erneut an Aktualität in den Jahren der Trump-Administration. In den Jahren dazwischen: vier weiteren Jahre unter George W. Bush und acht unter der Ägide Barack Obamas schien sie hingegen in den Fundus historischer Beobachtungen übergegangen zu sein.

Ein Blick auf jüngere Meinungsumfragen dies- und jenseits des Atlantiks lässt dabei, je nach Akzentuierung, in den meisten Fällen zwei gegenläufige Schlüsse zu. Entweder wird, gerade angesichts dramatischer globalpolitischer Veränderungen und disruptiver Politikentwürfe (Trump, Brexit, Populismus, Re-Nationalisierung), ein nach wie vor bemerkenswertes Maß an Übereinstimmung aus den Zahlen rekonstruiert. Oder aber das einst abstrakt behauptete Auseinanderdriften des „Westens" wird mit Blick auf abweichende und wachsende Divergenzen in Bewertungen und Einstellungen nunmehr empirisch veranschaulicht.

So lassen sich beispielsweise einschlägige Befunde, etwa aus der jüngsten Studie zu „Transatlantischen Trends 2020" (GMF/Bertelsmann Foundation 2020), ganz verschieden ausdeuten. Dass in Deutschland die USA zwar nach wie vor als einflussreichster Akteur auf weltpolitischer Bühne wahrgenommen werden, allerdings „nur" von 62 % der Befragten (in den USA selbst: 85 %, vor Ausbruch der Corona-Pandemie), ist so entweder Ausdruck gemeinsamen Weltverständnisses oder deutet bereits auf eine Wahrnehmungskluft hin. Wenn die entsprechenden Werte Mitte 2020, ein knappes halbes Jahr in der Pandemie, sowohl in Deutschland als auch in den Vereinigten Staaten jeweils um knapp 10% gegenüber der vorherigen Befragung gefallen sind, weist dies entweder auf Parallelitäten in den Wahrnehmungsmustern hin, oder aber der Blick richtet sich darauf, dass aus deutscher Sicht mittlerweile signifikante Bevölkerungsteile China bzw. die EU als einflussreichsten Akteur ansehen (ebd.: 8-9).

Mit der Wahl von Joe Biden zum 46. Präsidenten der Vereinigten Staaten und dessen Amtsantritt im Januar 2021 schienen demgegenüber die Beziehungen zwischen den USA und Europa wieder in ein ruhigeres Fahrwasser zu geraten. Zu augenfällig war die rhetorische Wiederannäherung des neuen US-Präsidenten (Viola 2020: 238), im Lichte der mehrheitlich um Aussöhnung bemühten und an wieder wahrgenommener US-amerikanischer Führung im transatlantischen Kontext interessierten Politiker*innen in Europa. Dennoch gilt es nüchtern festzuhalten, dass nach wie vor nicht vollständig ausgemacht ist, in welche Richtung sich die transatlantischen Beziehungen entwickeln. Manifeste Interessengegensätze, Positionsdifferenzen und Auffassungsunterschiede nicht nur zwischen den USA und Europa, sondern auch innerhalb Europas selbst sowie zwischen Entscheidungsträgern und Funktionseliten sowie breiteren Bevölkerungen lassen nach wie vor verschiedene Pfade möglich erscheinen (vgl. Tocci & Alcaro 2014). Nicht von ungefähr konzedieren Beobachter*innen daher, dass die transatlantischen Beziehungen nach wie vor „unter Stress" stehen (Viola 2020).

Wie aber nehmen, vor dem Hintergrund solcherart dynamisch sich entwickelnder Beziehungen seit dem Ende des Ost-West-Konflikts, nachfolgende Generationen die Gegenwart und die Zukunft des transatlantischen Verhältnisses wahr? Welchen Stellenwert messen sie diesem Verhältnis bei, dessen historische Konturen sie allenfalls aus guten Geschichtsbüchern kennen? Was lässt sich aus einem Meinungsbild heutiger Studierender und damit: zukünftiger potenzieller Entscheidungsträger für die Entwicklungen in den kommenden Dekaden schließen? In unserem Beitrag dokumentieren wir die Ergebnisse einer Pilotstudie, mit deren Hilfe wir 2020 Einstellungsmuster und Bewertungen des transatlantischen Verhältnisses zunächst unter Studierenden an je einer deutschen und einer US-amerikanischen Hochschule eruiert haben. Von besonderem Interesse waren dabei zwei Fragen: Wo divergieren Einstellungen zwischen den Studierenden an der deutschen und an der US-amerikanischen Hochschule? Und welche Bedeutung und Wertschätzung wird aus Sicht der jüngeren Generationen, deren politische Sozialisation zu einem Gutteil zu Zeiten von Trump, Brexit, Black Lives Matter, Klimakrise und Populismus erfolgte, den transatlantischen Beziehungen überhaupt entgegengebracht?

2. Die Nachhaltigkeit zwischengesellschaftlicher Beziehungen

Konzeptionell gesprochen, stellen wir damit unsere explorative Studie unter den Blickwinkel der Nachhaltigkeit, und zwar in wenigstens zweierlei Hinsicht. Erstens: versteht man unter „Nachhaltigkeit“ vor allem Langlebigkeit, Persistenz über Zeit oder Resilienz im Angesicht sich wandelnder Umweltbedingungen, dann dürften sich diejenigen Beziehungen als nachhaltig erweisen, die kurzfristig auftretende Divergenzen und Positionsunterschiede oder „Schocks“ wie spontan eskalierende Konfrontation überdauern. Zwischen Gesellschaften existiert solcherart Nachhaltigkeit, wenn sich über Zeit und auf Basis gemeinsamer Erfahrungen mittelfristig stabile Erwartungen und geteilte Werte herausgebildet haben und gleichsam oben skizzierte Schockmomente abpuffern (vgl. ähnlich Roddervold & Newsome 2018).

Es ist in diesem Sinne, dass etwa die rhetorische Abwertung etwa Deutschlands als quasi parasitärer, sicherheitspolitischer „free rider“ – keineswegs eine Erfindung Trumps, wenn auch rhetorisch unverblümter geäußert (vgl. de Galbert 2016) – zwar wahrgenommen wurde, aber auf breiter gesellschaftlicher Basis bis dato kaum Wirkung entfaltete. Tagespolitische Moden wie zum Beispiel die vor 15 Jahren aufkeimende Debatte um eine Achse Paris-Berlin-Moskau (vgl. Veit 2006) und seit Längerem immer mal wieder zu vernehmende Warnungen vor „reflexartigem Atlantizismus“ (vgl. Dassù & Menotti 2006) hätten demzufolge keine nachhaltig transformierende Wirkung auf die Beziehungen entfaltet. (Einmal abgesehen davon, dass beschrieben Achse aus heutiger Sicht einigermaßen skurril, ja anachronistisch anmutet.) Unterstellt man dementsprechend Nachhaltigkeit im transatlantischen Verhältnis und den dieses tragenden Einstellungsmustern, so stünde mit Blick auf die Umfrage unter Studierenden ein nach wie vor vergleichsweise hohes Maß an Übereinstimmung, Komplementarität und Wertschätzung gegenüber transatlantischer Kooperation zu erwarten.

Oder aber erweisen sich die strukturellen Fliehkräfte, die seit Ende des Ost-West-Konfliktes in der Debatte hoch- und runterdekliniert werden, als gewichtiger? Ist das Auseinanderdriften nicht allein gradueller, sondern grundsätzlicher Natur, weil sich eben die Umweltbedingungen so fundamental geändert haben: nicht zuletzt der relative Machtverlust der USA und globale Machtverschiebungen mitsamt dem US-amerikanischen Aufmerksamkeitsschwenk gen Asien (vgl. Szabo 2004, Walt 2018, jüngst: Viola 2020: 239-40)? Auffällig jedenfalls ist, dass die Mehrzahl der zu diesen Fragen vorliegenden Studien zum Status Quo der atlantischen Partnerschaft vor allem auf Aspekte von Sicherheitspolitik, Militär und makroökonomische Verflechtung gerichtet sind; zudem richten sie ihr Hauptaugenmerk auf politische Entscheidungsträger (exemplarisch: Jarausch 2015, Gordon & Shapiro 2019).

Untersuchungen, die hingegen versuchen, Szenarien für die *zukünftige* Entwicklung des transatlantischen Verhältnisses zu konstruieren, messen Orientierungsmustern, Wahrnehmungen und Erwartungen breiterer Bevölkerungsschichten deutlich mehr Aufmerksamkeit zu. Manche identifizieren diese gar als einen Hauptimpulsgeber (*key driver*, vgl. Kaufmann & Lohaus 2018) oder in jegliche Richtung bedeutsamen Parameter (vgl. Tocci & Alcaro 2014), sei es als Indikator einer tatsächlich wachsenden Kluft, als zentralen Bedingungsfaktor anhaltender Partnerschaft oder als Zutat eines Politik-Mixes, der bisweilen konfligierende Interessen verstärkt, mitunter aber auch solche Divergenzen abschwächt.

Versteht man somit, zweitens, „Nachhaltigkeit" primär als in die Zukunft gerichtetes Konzept, so kommt aus unserer Sicht Studierenden eine besondere Rolle für die transatlantischen Beziehungen zu. Sie stellen einen Pool möglicher zukünftiger Entscheidungs- und Handlungseliten in Kultur, Politik und Wirtschaft dar. Auch wenn dieser Pool nicht exklusiver Natur ist, so dürften mit fortschreitendem formalen Bildungsgrad auch die Chancen darauf, internationale Politik (mit-) zu gestalten, tendenziell anwachsen. Nicht wenige Studierende von heute werden zudem später als Multiplikatoren oder *gatekeeper* in Bildungsinstitutionen und Medien über die Wahrnehmungshorizonte auf sie nachfolgender Generationen Einfluss besitzen.

Es ist in diesem Sinne, dass Studierenden, in ihrer exponierten, wenn auch zwischen heutigen Entscheidungseliten und öffentlicher Meinung eingepferchten Position besondere Bedeutung für die Zukunft auch der transatlantischen Beziehungen zukommt. Für Historiker*innen und historisch orientierte Beobachter*innen dieser Beziehungen ist das ein alter Hut – dort stellen Austauschprogramme und *public diplomacy* im Bildungs- und Hochschulbereich ein legitimes, an Bedeutung eher zunehmendes Forschungsfeld dar (vgl. etwa Bitumi 2013, Higgott & Boers 2019, Rumbley et al. 2019). Demgegenüber vernachlässigen die Politik- und Sozialwissenschaften Studierende und deren spezifische Bedeutung für die (Nicht-)Nachhaltigkeit von zukünftiger Politik zwischen den USA und Europa tendenziell. Zwischen der Befassung mit Elitendiskursen (vgl. Isernia & Basile 2014) sowie der Analyse von Mustern öffentlicher Meinung auf der Aggregatebene (u.a. PEW 2011) fehlt es an analytischer Aufmerksamkeit für Studierende in ihrer „Sandwichposition".[2]

---

2 Diese Kritik gilt ganz dezidiert nicht für diejenigen, die als Expert*innen zu den transatlantischen Beziehungen forschen, darüber hinaus aber auch Tätigkeiten im Rahmen politischer Bildungsarbeit und „kultureller Diplomatie" nachgehen und entsprechend um den

3. Die Pilotstudie Fitchburg-Kleve-Kamp-Lintfort

Nicht primär aus pragmatischen, sondern aus den geschilderten konzeptionellen Gründen haben wir daher versucht, mit Hilfe einer explorativen Umfrage unter Studierenden an einer US-amerikanischen und einer deutschen Hochschule übereinstimmende und divergierende Orientierungen gegenüber der jeweils anderen Seite des Atlantiks sowie zum Wert transatlantischer Kooperation als solches zu untersuchen. Eine gute Grundlage dafür bot die Partnerschaft zwischen den Hochschulen Rhein-Waal (HSRW, zwei Campus in Kleve und Kamp-Lintfort) und der Fitchburg State University (FSU) in Massachusetts. Seit 2018 wird diese Partnerschaft nicht allein durch Studierendenaustausch, sondern auch durch engere Kooperation zwischen Lehrenden, gemeinsamen Projektworkshops und einem im Entstehen begriffenen Double Degree zwischen der FSU und der HSRW Kamp-Lintfort gelebt und intensiviert. Zu Beginn des Jahres 2020 – die Corona-Pandemie langsam in die Planungen einsickernd – entstand so der studentische Impuls vor allem auf Seiten der Studierenden, den wechselseitigen Wahrnehmungen noch mehr analytische Aufmerksamkeit zu schenken (vgl. RP 2020).

Um die Umsetzung zeitnah, auch mit Blick auf die Sondersituation der anstehenden Präsidentschaftswahlen in den USA im November 2020, zu realisieren, konstituierte sich kurzfristig eine Arbeitsgruppe an jeder Hochschule. In digitalen Lehrräumen erarbeiteten vornehmlich die Studierenden einen Fragebogen, der gleichsam als Pre-Test an allen drei beteiligten Hochschulstandorten eingesetzt werden konnte.[3] Der Umfrage lag ein quantitativer Ansatz zugrunde, der eine zeitnahe Auswertung und Konsolidierung von mehr als 400 Datensätzen noch vor der Hochphase der US-Präsidentschaftswahlen ermöglichte.[4] Einige der Ergebnisse dieses Datensatzes werden nachfolgend kurz beschrieben und in ihrer Aussagekraft diskutiert.

Wert und die Bedeutung von Studierenden für die amerikanisch-deutschen Beziehungen etwa wissen, vgl. Sirakov 2020.

3 Besonderer Dank gilt den Studierenden der beiden Hochschulstandorte: Martin Kümmel, Paula Plattner, Samantha Beauchamp, Theresa Dzierwinski, Theresa Klobucher und Tim Heinrichs.

4 Die zudem geplante Ausweitung der Umfrage auf Hochschulstandorten in ganz Deutschland und den USA, und somit eine Erhöhung der Repräsentativität der Resultate, ließ sich, vor allem angesichts der Mischung aus politisch-gesellschaftlicher Polarisierung in den USA und der pandemiebedingt generell gesunkenen Teilnahmemotivation der Zielgruppen bis dato noch nicht erfolgversprechend implementieren.

An der im Mai 2020 durchgeführten Online-Umfrage auf *Soscisurvey* nahmen insgesamt genau 400 Studierende der Hochschulen in Kleve, Kamp-Lintfort sowie Fitchburg teil. Die Einladung zur Teilnahme wurde über Veranstaltungsverteiler, Online-Kursplattformen verschiedener Fakultäten sowie über Fachschaften und Studierenden-Netzwerke an den beteiligten Hochschulstandorten verteilt. Die 400 Teilnehmenden verteilten sich im Verhältnis von 230:170 auf die HSRW und die FSU. (Aufgrund der stark internationalen Ausrichtung der HSRW ist hinzuzusetzen, dass eine knappe Mehrheit der Studierenden aus Kleve und Kamp-Lintfort angab, sie seien Bildungsinländer*innen: 120 [52,2 %], wiewohl die Antworten der *internationals* mit 110 [47,8 %] beachtlichen Umfang besaßen. Eine umstandslose Übersetzung der Ergebnisse in ein *deutsch*-amerikanisches Meinungsbild verbietet sich aus diesem Grund.)

Die Studierenden waren gehalten, in insgesamt 18 Fragekategorien größtenteils ihre Selbsteinschätzung anhand vorgegebener Antworten bzw. Reihungen ausgewählter *items* vorzunehmen. Den Kern bildeten neben Fragen zu demographischen Daten und Mediennutzung v.a. Wissen über und Wertschätzung der jeweils anderen Seite, Einstellungen hinsichtlich internationaler Politik und der Rolle transatlantischer Beziehungen sowie Aktivitäten im transatlantischen Kontext (Reisen und Aufenthalte). Die übergreifende Ambition des Fragebogens war es zu ergründen, welche Impulse für die zukünftige Ausgestaltung der transatlantischen Beziehungen von der wie geschildert: speziellen und potentiell signifikanten Gruppe der Studierenden auszugehen vermögen.

Zunächst interessierte dabei das Mediennutzungsverhalten der befragten Studierenden: Aus welchen Quellen informieren sich die „future leaders" über globale und nationale Ereignisse, welches sind ihre hauptsächlichen Nachrichtenquellen (vgl. Abbildungen 1 & 2)? Besondere Bedeutung besitzt diese Frage nicht zuletzt angesichts der sich rapide verändernden Medien- und Informationsumwelten sowie der mittlerweile kontrovers diskutierten Nutzung von „sozialen Medien" als Hauptinformationsquelle – inklusive sogenannter Filter- und Bubble-Effekte und Manipulationsversuche unterliegender Algorithmen (vgl. u.a. Nguyen & Vu 2019, Levy 2021).

Ein Blick auf die in beiden Hochschulkontexten erhobenen Informationsumwelten veranschaulicht den Trend maßgeblich jüngerer Generationen, soziale Medien zu nutzen, um sich über tagesaktuelle Geschehnisse zu informieren, wenngleich die diesbezüglichen Priorisierungen dies- und jenseits des Atlantiks unterschiedlich stark akzentuiert zu sein scheinen. Einen genaueren Vergleich lassen die beiden Datensätze nicht zu, da an beiden Standorten jeweils unterschiedliche Antwortmöglichkeiten zur Verfügung standen: Während an der HSRW Studierende alle Informationskanäle benennen konnten, musste sich die Studierenden an der FSU entscheiden und ihre Hauptinformationsquelle benennen.

Abbildung 1: Genutzte Nachrichtenquellen der deutschen Studierenden. (Mehrfachantwort-Option)

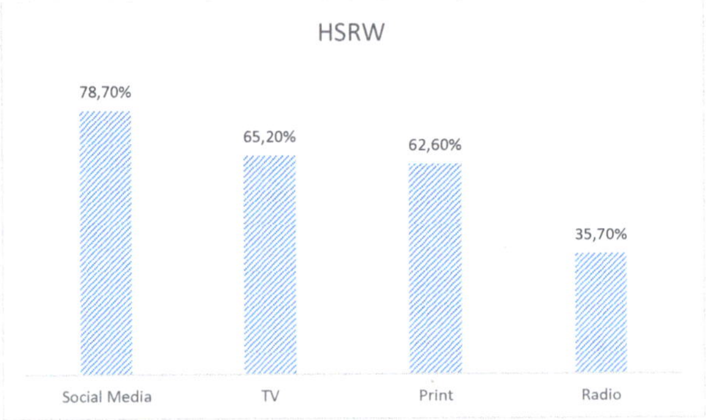

Abbildung 2: Genutzte Nachrichtenquellen der amerikanischen Studierenden. (Einfachantwort-Option)

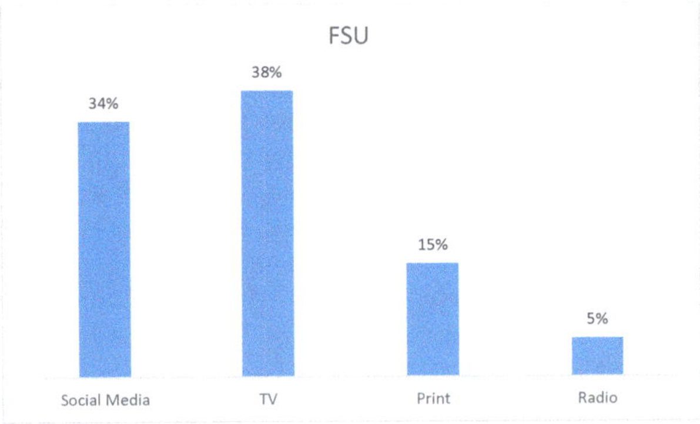

Inhaltlich herrschte in puncto der generellen Frage, ob eine langfristige Partnerschaft zwischen den USA und Deutschland gestärkt werden sollte, Einigkeit. Mehr als zwei Drittel der Studierenden beider Hochschulen befürworten dies als eine wichtige und wünschenswerte Aufgabe. Lediglich 11% (HSRW) bzw. 4% (FSU) teilen diese Meinung nicht (Abbildung 3).

Abbildung 3: Zustimmung zur Stärkung der langfristigen Partnerschaft zwischen den USA und Deutschland

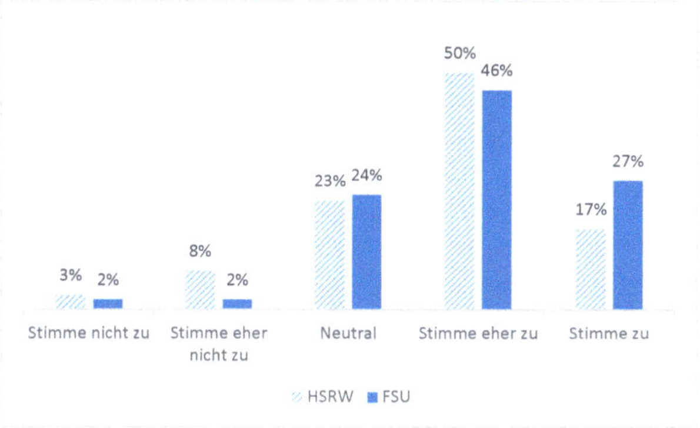

Gleichwohl interessant, dass dieser Topos in beiden Studierendengruppen mehrheitlich als tendenziell wichtig, jedoch weniger als existentiell angesehen wird. Dieser Trend beschränkt sich dabei nicht auf die Zusammenarbeit politischer Entscheidungsträger in Fragen nationaler Bedeutung. Auch in der Frage, ob der Austausch zwischen den US-amerikanischen und deutschen Studierenden gestärkt werden sollte, ist sich eine Mehrheit auf beiden Seiten des Atlantiks einig. Jeweils über 70% der Studierenden an HSRW und FSU finden, dass ein intensiver Austausch und Kooperation zwischen den jeweiligen Studierendenschaften ein wichtiges Anliegen sei und einen Beitrag zur Nachhaltigkeit der transatlantischen Beziehungen leiste (Abbildung 4).

Bemerkenswert gleichlaufend gestalteten sich die Antworten beider Studierendengruppen auch dahingehend, ob die Stärkung der transatlantischen Partnerschaft nicht allein anstrebenswert als solches sei, sondern auch einen Beitrag zur Einhegung chinesischen Einflusses leiste. Wiederum stimmen signifikante Mehrheiten auf beiden Seiten des Atlantiks zu, wenn auch in der Mehrzahl eher der Tendenz nach, nicht „eindeutig" (Abbildung 5). Auch scheint sich unter den Studierenden der HSRW eine geringfügig größere Reserviertheit gegenüber solcherart Balancedenken abzuzeichnen.

Insgesamt aber scheinen die Ergebnisse darauf hinzudeuten, dass Machtverschiebungen und zunehmende Multipolarisierung im Kontext der transatlantischen Beziehungen eher ein Zusammenrücken bzw. eine Rückbesinnung auf Gemeinsames zu befördern (vgl. Tocci & Alcaro 2014: 382). Bei aller harschen (und in Teilen auch verdienten) wechselseitigen Kritik am

Abbildung 4: Zustimmung zur Stärkung der Beziehung und des intensiven Austausches zwischen Studierenden an US-amerikanischen und deutschen Hochschulen

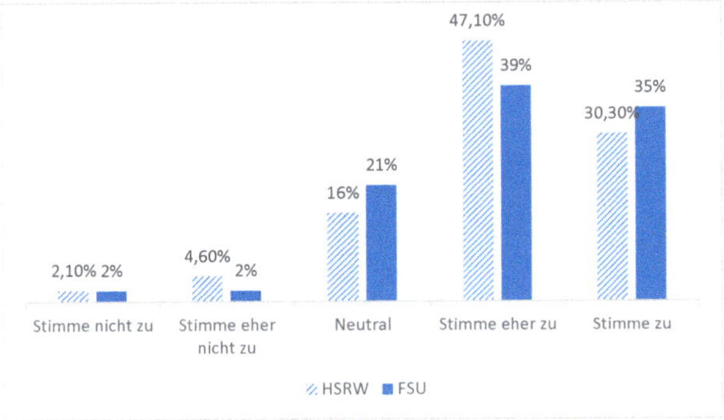

Abbildung 5: Zustimmung zur Stärkung der Partnerschaft, um den chinesischen Einfluss auszugleichen

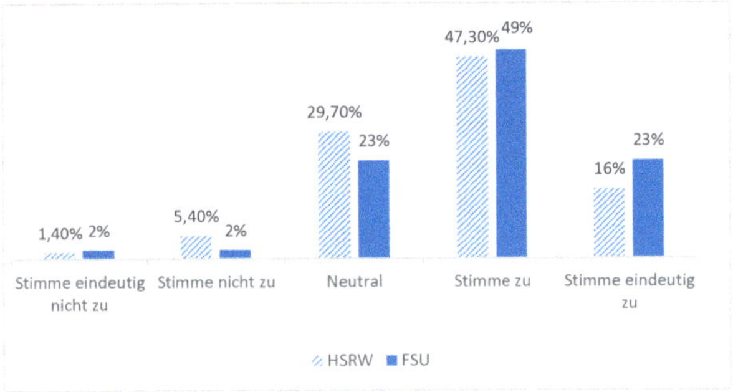

jeweils anderen, bei allen mitunter schrill ausgetragenen „Familienkrächen" (Medick-Krakau 2008: 539), existiert augenscheinlich, zumindest bei den Bildungseliten, nach wie vor noch eine hohe Erwartungshaltung und ein Grundvertrauen, im Gegensatz zur Unsicherheit gegenüber potenziellen alternativen Weltführungsmächten bzw. der Skepsis gegenüber hegemonialen Herausforderern.

Um ein besseres Verständnis der Potenziale zukünftiger Zusammenarbeit zu erhalten, wurde des Weiteren eruiert, welchen außenpolitischen Themenbereichen die Studierendengruppen besondere Bedeutung *als Ko-*

Abbildung 6: Priorisierung außenpolitischer Themenfelder als transatlantische Kooperationskerne

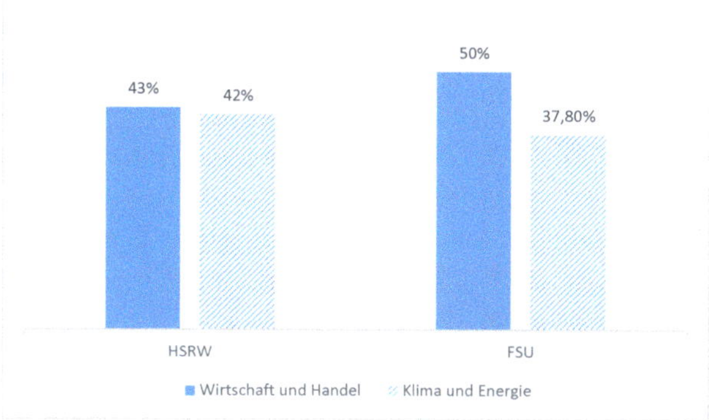

operationsfelder in den transatlantischen Beziehungen zuschreiben. Mittels einer 6-stufigen Rangreihe (Platz 1 = sehr wichtig bis Platz 6 = weniger wichtig) konnten die Studierenden sechs mögliche außenpolitische Themen (Militär/Sicherheit, Wirtschaft/Handel, Klima/Energie, Kultur/Gesellschaft, Werte/Institutionen und Migration/Flüchtlinge) entsprechend priorisieren. Hier zeigte sich, dass 43% der Studierenden der HSRW und 50% der Studierenden an der FSU dem Themenkomplex „Wirtschaft/Handel" besondere Bedeutung im transatlantischen Kontext beimaßen, mit dem Cluster „Klima/Energie" als zweitwichtigsten Bereich (Abbildung 6).

Bei durchaus abweichender Akzentuierung im Hinblick auf Letzteres wäre es auf Basis dieser Ergebnisse dennoch verfehlt, von völlig gegenläufigen Priorisierungen zu sprechen. Ohne übertreiben zu wollen, deutet sich hier – mit Blick auf die Zukunft – möglicherweise eine Konvergenz an, die derzeit auf Ebene politischer Entscheidungsträger so allenfalls in Sonntagsreden, nicht aber in klimapolitischem Handeln existiert (vgl. Riddervold & Newsome 2018: 514). Aktuellen Meinungsumfragen zufolge neigen auch breitere Bevölkerungsschichten im transatlantischen Kontext dazu, bei aller Überlagerung der Klimakrise durch die Corona-Pandemie, Klimawandel zwar als wichtig zu erachten, sie divergieren aber hinsichtlich der Bewertung dieses Handlungsfelds für transatlantische Zusammenarbeit (GM/Bertelsmann Foundation 2020: 12-13, 16-17). Möglicherweise deuten die Ergebnisse unserer Umfrage an, dass sich ein solcher Wahrnehmungsunterschied mit zunehmendem formalen Bildungsabschluss nivelliert und die entsprechenden Politiken von nachfolgenden Generationen von Entscheidern anders bewertet werden.

Am prononciertesten erwiesen sich Gegensätze zwischen den beiden von uns befragten Studierendengruppen hinsichtlich der Bewertung sogenannter nationaler Interessen und daran anschließend mit Blick auf die Bedeutung militärischer Sicherheitskooperation. So stimmten der Aussage, dass ein Land seine nationalen Interessen vor die der internationalen Gemeinschaft stellen sollte, über die Hälfte der Studierenden der FSU zu, während nur ein Fünftel der Studierenden an der deutschen Hochschule dies bejahte (Abbildung 7). Positionierten sich knapp 30% auf beiden Seiten neutral zu der Aussage, so wurde sie diesseits des Atlantiks von knapp der Hälfte der Studierenden dezidiert abgelehnt.

Ebenso ließ sich eine bereits in der Literatur und früheren Umfragen beschrieben Kluft hinsichtlich der Einschätzung (und Wertschätzung) militärischer Sicherheitspolitik auf beiden Seiten des Atlantiks auch in unserem Sample rekonstruieren. So votierte eine Mehrheit der Studierenden im US-Kontext dafür, „Militär/Sicherheit“ als Kooperationskern der transatlantischen Beziehungen zu priorisieren – noch vor „Wirtschaft/Handel“ (siehe oben, Abbildung 5), während dieses Handlungsfeld bei den Studierenden der HSRW mehrheitlich auf hinteren Rängen landete (bei 50 % auf Platz 6 von sechs Optionen). Diese unterschiedliche Positionierung korrespondiert nicht zuletzt auch mit der anderswo beschriebenen, durchaus unterschiedlich ausgeprägten Haltung auf beiden Seiten des Atlantiks, militärische Mittel und Macht sei manchmal durchaus einzusetzen, gerade auch für gute Zwecke (PEW 2011: 2).

Von tagesaktueller Bedeutung erwies sich in dem Zusammenhang die Frage nach der Wahrnehmung der ca. 35.000 in Deutschland stationierten US-Soldat*innen. Während 43 % der US-Studierenden angaben, diese seien wichtig für die guten Beziehungen zwischen beiden Staaten, stimmte über die Hälfte der an der deutschen Hochschule befragten Studierenden dem nicht zu (Abbildung 8). Der zentrale Dissens scheint dabei generell eher weniger zwischen „den“ USA und „den“ Europäern (bzw. Deutschen) zu bestehen, sondern zwischen breiteren Bevölkerungsschichten und politischen Entscheidungsträgern. Denn während die seitens der Trump-Administration angekündigte (und mittlerweile von Biden relativierte bzw. größtenteils zurückgenommene) Reduzierung von US-Truppen in Deutschland mehrheitlich auf Ablehnung unter politischen und administrativen Eliten in Deutschland traf, konnte sich eine Mehrheit der von *YouGov* befragten Deutschen mit dieser Entscheidung anfreunden (DW 2020). (Interessanterweise sprachen sich auch die befragten Bürger*innen der Vereinigten Staaten zu einem Drittel für eine solche Reduktion aus, während 40% den

Status quo beibehalten wollten und 23 % keine Positionierung angaben.) Nach Maßgabe unserer Umfrageergebnisse tendiert die Mehrheit der Studierenden auf beiden Seiten des Atlantiks, der Bevölkerungsmeinung eher zu folgen als den Entscheidungsträgern.

Zum Abschluss der Befragung wurde eine Einschätzung der US-amerikanischen aber auch deutschen Führung erhoben, nicht zuletzt vor dem Hintergrund des Umfragezeitpunkts Mitte 2020 (anstehende US-Wahlen, Pandemie-Krise). Konfrontiert mit dem Topos *„Ich habe Vertrauen in die gegenwärtige amerikanische politische Führung“* (für deutsche Studierende *„die deutsche politische Führung“*) zeigte sich eine tendenzielle Ablehnung des Politikentwurfs unter den kommenden Eliten gegenüber der Trump-Administration. Weniger als ein Drittel der amerikanischen Studierenden würden dieser vertrauen. Um ein generelles Misstrauen gegenüber jeglicher politischer Führung scheint es sich hierbei nicht zu handeln, denn: trotz und gerade auch nach 15 Jahren Kontinuität im höchsten Regierungsamt, zeigten sich über die Hälfte der deutschen Befragten zufrieden mit dem aktuellen Kurs der deutschen Führung. Dieses im Vergleich doch relativ hohe Vertrauen in die Regierung unterstreicht trotz politischen Kontroversen (Migrations- und Flüchtlingspolitik oder Klima-Inaktivität) und dem genereller Tendenz und Bedürfnisse nach „politischem Wandel“ noch deutlicher die Ablehnung der US-amerikanischen Studierenden gegenüber ihrer Administration. Dass man für gemeinhin annimmt, dass solcherart existentielle Krisen (wie die aktuelle Pandemie) aber eine „Hochzeit der Regierungen“ hervorrufen, akzentuiert die Ablehnung und den Vertrauensverlust im US-amerikanischen Kontext noch zusätzlich.

4. Zusammenfassung: Die transatlantischen Beziehungen als Auslaufmodell?

Auf Basis unserer explorativ angelegten, nicht repräsentativen Umfrage unter Studierenden an einer US-amerikanischen und einer deutschen Hochschule lässt sich unseres Erachtens deutlich ablesen, dass es die gesellschaftliche Fundierung der Beziehungen zwischen den USA und Deutschland, bei allen Unterschieden und divergierenden Bewertungen, so schlecht nicht bestellt ist. Anderes wäre zu vermuten gewesen angesichts der oftmals hitzigen, bisweilen hysterischen Berichterstattung über „den Anderen“ und die mannigfaltigen, gerade auch negativen Stereotype, die in angelagerten Debatten, die in Kultur, Medien und Politik transportiert und verfestigt werden.

Abbildung 7: Zustimmung zur Höhergewichtung nationaler vor etwaigen Interessen der internationalen Gemeinschaft

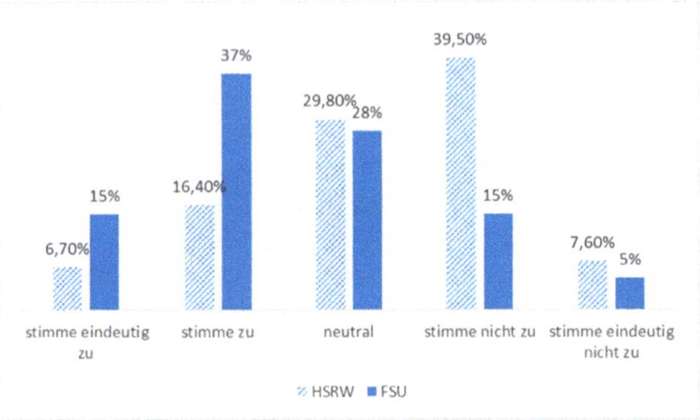

Abbildung 8: Wichtigkeit der in Deutschland stationierten US-Soldaten/militärischer Präsenz der USA in Deutschland

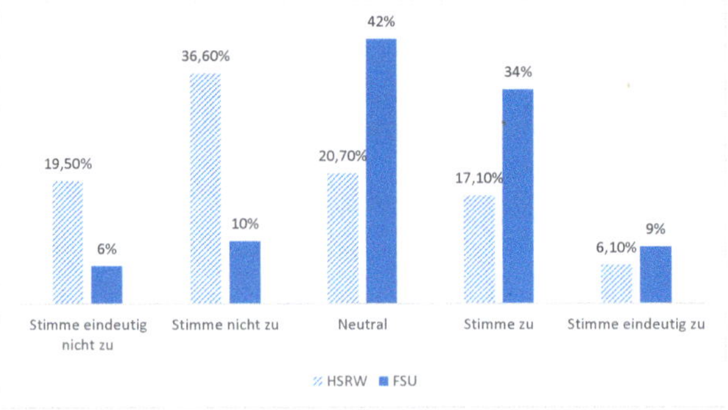

Kluge Beobachter*innen haben demgegenüber – schon lange, bevor über ein nicht aufzuhaltendes Auseinanderdriften und drohendes Auseinanderbrechen der atlantischen Partnerschaft gemutmaßt wurde – eingewandt, dass Bilder des Gegenübers immer verschiedene Facetten aufwiesen und nie einseitig ausgerichtet waren. Aus Sicht Deutschlands waren die USA von je her wahlweise das „Land der unbegrenzten Möglichkeiten“ oder der Mikrokosmos, in dem die Degeneration des Kapitalismus und Individualismus besichtigt werden konnte, die Heimstatt von Popkultur und Pop-Ikonen selbst unter Politikern (JFK!) oder der Ort aus dem Kulturlosigkeit (*White Trash*)

Abbildung 9: Vertrauen in die gegenwärtige US-amerikanische/deutsche politische Führung

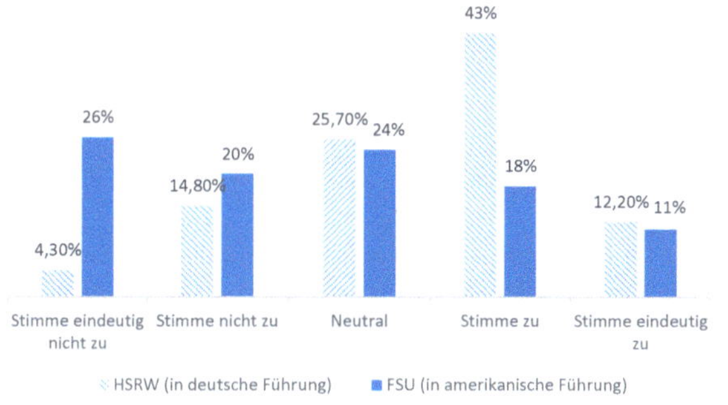

und *rogue politics* droht (Trump!), die Macht, die für Freiheit streitet (2. Weltkrieg), oder den Freiheitswillen anderer brutal unterdrückt (Vietnam).[5] Nicht viel anders stellt sich die Situation dar, dreht man die Perspektive um (auch wenn ein gewisses Maß an Asymmetrie in den Aufmerksamkeits-Ökonomien dies- und jenseits des Atlantiks angenommen werden kann). Der entscheidende Punkt scheint uns aber zu sein, dass die transatlantischen Beziehungen jenseits solcher Verkürzungen einen Wert in den Augen der sie tragenden Bevölkerungen besitzen und damit resistenter auch gegen tagespolitische Irritationen und globalpolitischen Strukturwandel zu sein scheinen.

Von herausragendem Interesse ist die weitere Erforschung von Studierenden im transatlantischen Kontext als denjenigen, die die Beziehungen zukünftig ausgestalten werden: bewusst als Handelnde in relevanten wirtschaftlichen, politischen und kulturellen Kontexten, als Multiplikatoren, Bildner und Ausbilder nachfolgender Generationen und mindestens indirekt qua Wahl-, Investitions- und Reiseentscheidungen. Nach Maßgabe der Ergebnisse der Pilotstudie Kleve-Kamp-Lintfort-Fitchburg können wir annehmen, dass den transatlantischen Beziehungen gerade in puncto Gestaltung der Zukunft und Bewältigung von Herausforderungen von den jungen Bildungseliten im euro-atlantischen Raum ein hoher Wert beigemessen wird. Aus diesem Grund lässt sich auch vermuten, dass es trotz aller Un-

5 Siehe dazu die herausragende Sammlung von Bildern, Stereotypen und Denkschablonen im „Lexikon der populären Amerikabilder“ (Kremp & Tönnesmann 2008), das nach wie vor erhellend und von hohem tagesaktuellen Bezug ist.

kenrufe, populärer antiamerikanischer Gesten hierzulande und gestiegener Binnenorientierung innerhalb der US-Gesellschaft ein stabiles Fundament für eine nachhaltige Partnerschaft zwischen den USA und Europa gibt.

Literaturverzeichnis

Bindenagel, James D. (2021): „Transatlantic Relations After the Afghanistan Debacle", 24. August, online abrufbar: https://www.theglobalist.com/transatlantic-relations-after-the-afghanistan-debacle/

Bitumi, Alessandra (2013): „Building Bridges across the Atlantic: the European Union Visitors Program. A Case Study for Public Diplomacy and the Transatlantic Relationship in the 1970s", in: *The International Historical Review* 35: 925-942.

Dassù, Marta, und Roberto Menotti (2006): „Europe and America in the Age of Bush", in: *Survival* 47: 105-122.

de Galbert, Simond (2016): „Are European Countries Really ‚Free Riders'?", in: *The Atlantic (Online)*, 24. März, online abrufbar: https://www.theatlantic.com/international/archive/2016/03/obama-doctrine-europe-free-riders/475245/

DW (2020): „Nearly half of Germans in favor of US military withdrawal: survey", Online-Bericht, 4. August, abrufbar unter: https://www.dw.com/en/nearly-half-of-germans-in-favor-of-us-military-withdrawal-survey/a-54427490

GMF/Bertelsmann Foundation (2020): *Transatlantic Trends 2020. Transatlantic Opinion on Global Challenges Before and After COVID-19*. Report, online abrufbar: https://www.gmfus.org/news/transatlantic-trends-2020

Gordon, Philip, und Ian Shapiro (2019): "How Trump Killed the Atlantic Alliance", in: *Foreign Affairs (Online)*, 26. Februar, online abrufbar: https://www.foreignaffairs.com/articles/2019-02-26/how-trump-killed-atlantic-alliance

Haglund, David G. (2020): "America's Surprisingly 'Constrained' Presidency: Implications for Transatlantic Relations", in: Maud Quessard et al. (Hrsg.): *Alliances and Power Politics in the Trump Era*, Cham etc.: Palgrave, 15-32.

Higgott, Richard, und Elke Boers (2019): Rhythms of Soft Power Influence and Transatlantic Higher Education Relations", in: *European Foreign Affairs Review* 24: 119-136.

Hirn, Wolfgang (2021): „Chinahirn fragt… Stefan Baron, Journalist und Buchautor", 22. März, online abrufbar: https://www.chinahirn.de/2021/03/22/chinahirn-fragt-stefan-baron-journalist-und-buchautor/

Isernia, Pierangelo, und Linda Basile (2014): *To Agree or Disagree? Elite Opinion and Future Prospects of the Transatlantic Partnership*, Transworld-Working-Paper No. 34, Juni.

Jarausch, Konrad (2015): "Continental Drift. The Divisions that Damage the U.S.-EU Relationship", in: *Foreign Affairs (Online)*, 8. September, online abrufbar: https://www.foreignaffairs.com/articles/united-states/2015-09-08/continental-drift

Kaufmann, Sonja, und Mathis Lohaus (2018): "Ever closer or lost at sea? Scenarios for the future of transatlantic relations", in: *Futures* 97: 18-25.

Kremp, Werner, und Wolfgang Tönnesmann (Hrsg.) (2008): *Lexikon der populären Amerikabilder*, Trier: WVT.

Levy, Ro'ee (2021): „Social Media, News Consumption, and Polarization: Evidence from a Field Experiment", in: *American Economic Review* 111: 831-870.

Medick-Krakau, Monika (2008): „Bröckeln die Fundamente? Deutsch-amerikanische Beziehungen, öffentliche Meinung und gesellschaftliche Identitäten", in: Werner J. Patzelt et al. (Hrsg.): R*es publica semper reformanda. Wissenschaft und politische Bildung im Dienste des Gemeinwohls*, Wiesbaden: VS Verlag für Sozialwissenschaften, 539-550.

Nguyen, An, und Hong Tien Vu (2019): „Testing popular news discourse on the ‚echo chamber' effect: Does political polarisation occur among those relying on social media as their primary politics news source?", in: *First Monday Journal* 24, online abrufbar: https://firstmonday.org/ojs/index.php/fm/article/view/9632

PEW (2011): *The American-Western Values Gap*, Survey/Global Attitudes Project, 17. November, Washington/DC: Pew Research Center.

Pirro, Ellen B. (2019): „The Winds of Change: Europe and the United States", in: Richard W. Mansbach und James M. McCormick (Hrsg.): *Foreign Policy Issues for America. The Trump Years*, New York etc.: Routledge, 87-100.

Riddervold, Marianne, und Akasemi Newsome (2018): "Transatlantic Relations in Times of Uncertainty: Crises and EU-US Relations", in: *Journal of European Integration* 40: 505-521.

RP (2020): "Kleve: Studenten für Freundschaft mit den USA", in: *Rheinische Post (Online)*, 1. Juli, online abrufbar: https://rp-online.de/nrw/staedte/kleve/kleve-hsrw-forschungsprojekt-studierende-fuer-deutsch-amerikanische-freundschaft_aid-51948619

Rumbley, Laura E., et al. (2019): "Higher Education Diplomacy in Transatlantic Relations: A US Perspective", in: *European Foreign Affairs Review*24: 99-118.

Sirakov, David (2020): "Wie wir den USA näherkommen", in: *Rhein-Zeitung*, 11. Februar, online abrufbar: https://www.rhein-zeitung.de/deutschland-und-welt_artikel,-wie-wir-den-usa-naeherkommen-leiter-der-atlantischen-akademie-plaediert-fuer-mehr-studentenaustausch-_arid,2089347.html

Stavridis, James (2018): "Ret. Admiral: President Trump's Actions Are Making Many Military Leaders Uncomfortable", in: *Time Magazine (Online)*, 16. April, online abrufbar: https://time.com/5241709/president-donald-trump-military-syria-mattis-comey-cohen/

Szabo, Stephen (2004): *Parting Ways: The Crisis in German-American Relations*, Washington/DC: Brookings.

Tharoor, Ishaan (2019): „Can America's Ties to Europe Be Saved?", in: *Washington Post (Online)*, 5. März, online abrufbar: https://www.washingtonpost.com/world/2019/03/05/can-americas-ties-europe-be-saved/

Tocci, Nathalie, und Riccardo Alcaro (2014): „Rethinking Transatlantic Relations in a Multipolar Era", in: *International Politics* 51: 366-389.

Veit, Winfried (2006): „Zwischen Realpolitik und historischer Verantwortung. Zur Außenpolitik der rot-grünen Koalition in Deutschland", in: *Internationale Politik und Gesellschaft*, No. 1/06, 46-64.

Viola, Lora Anne (2020): „The 2020 US Presidential Election and the Transatlantic Relationship Under Stress“, in: *Zeitschrift für Außen- und Sicherheitspolitik* 13: 237-246.

Walt, Stephen (2018): „Drifting Apart? The Emerging End of the Transatlantic Partnership“, in: Michael Cox und Doug Stokes (Hrsg.): *US Foreign Policy*, 3. Aufl., Oxford: Oxford University Press, 369-378.

Christian Röser, Juliane Schmitt und Florian Wichern

Bildungsarbeit und Persönlichkeitsentwicklung für eine nachhaltige Welt

Wo möglich werden genderneutrale Begriffe gewählt. In Einzelfällen kommt es aufgrund linguistischer Präferenz zur Wahl der weiblichen oder männlichen Form, die in diesem Text jedoch jeweils andere Geschlechter einbezieht.

1. Zusammenfassung

Der globale Klimawandel mit massiven Konsequenzen für die lokale Bevölkerung durch häufigere Extremwetterereignisse, resultierende Migrationsbewegungen, globalen Artenschwund und Verlust wichtiger Ökosystemleistungen, die globale Coronapandemie, sowie die soziale und politische Segregation von Gesellschaften mit zunehmender Intoleranz und Hass führen zu vermehrter Wahrnehmung der Notwendigkeit eines grundsätzlichen Wandels hin zu einer nachhaltigen Entwicklung von Gesellschaften und Wirtschaftssystemen. Gleichzeitig erlebt der Einzelne aufgrund der Komplexität der Ereignisse und der Informationsdichte ein Gefühl der Machtlosigkeit und sieht sich dadurch selbst nicht in der Lage, diese nachhaltige Entwicklung lokal zu unterstützen oder ist frustriert von Unerreichtem und subjektiv wahrgenommen zu kleinen Schritten, obwohl eine ethisch motivierte intrinsische Motivation besteht. Vor dem Hintergrund dieser Diskrepanz hat der Starkmacher e.V. in seiner Pädagogik bewusst den Ansatz der Selbstwirksamkeitserfahrung und Positivität zugrunde gelegt.

Die Grundlage ist, über Initiativen Räume der Begegnung zwischen Menschen mit ihren vielfältigen Talenten und Fähigkeiten zu schaffen. Aus diesen Begegnungen erwachsen Projekte, die für akute Problemlagen konkrete Lösungen entwickeln. Dabei sind die Projektziele bewusst erreichbar und ermöglichen Selbstwirksamkeitserfahrungen. Seit mehr als 15 Jahren zeigt dieses Vorgehen des Starkmacher e.V., dass es bei den Akteurinnen und Akteuren die Resilienz fördert und insgesamt Kräfte freisetzt, der Machtlosigkeit und oft auch der Bequemlichkeit ein starkes Handeln entgegenzusetzen. Dieses wird im hier vorliegenden Text am Beispiel der Projekte „Coffee“, „SMILE“ und „Starkmacher Campus“ verdeutlicht und konkretisiert. Im Rahmen eines Online-Workshops während des Ethiktages 2021 der Hochschule Rhein-Waal wurde die Vorgehensweise zur Ertüchtigung der Selbstwirksamkeit der Teilnehmerinnen und Teilnehmer mithilfe verschiedener Leitfragen und Aktivierungsmethoden diskursiv entwickelt. Neben der inhaltlichen Ausrichtung jedes Einzelnen und der Erörterung von Frakturen bzw. Hindernissen im Aktivitätsbereich wurden die individuellen Ressourcen erfasst und Lösungsansätze in Form leicht erreichbarer Erfolgserlebnisse entwickelt. Zusammenfassend kann festgestellt werden, dass neben äußeren Einflussfaktoren, wie gesellschaftliche Anerkennung und generelle Akzeptanz der nachhaltigen Entwicklungsmaßnahmen, individuelle Faktoren, wie intrinsische Motivation und Resilienz gegenüber äußeren Frakturen die Selbstwirksamkeitserfahrung und damit das Maß des Machtlosigkeitsgefühls beeinflusst. Wie die Beispiele aus der Arbeit des Starkmacher e.V. zeigen, kann die Selbstwirksamkeit nachhaltig gefördert werden, wenn die Stärken der Individuen fokussiert und in gemeinschaftlichen Erfahrungen und konkretem Handeln umgesetzt werden.

2. Hintergrund

Die Welt ist gekennzeichnet von ökologischen Krisen wie dem globalen, menschgemachten Klimawandel und einem fortschreitenden Artenverlust. Gleichzeitig zeigen sich in einigen Ländern soziale und politische Verwerfungen, die zunehmend polarisierend wirken und hasserfüllte politische Diskurse prägen. Zudem führt die gesamtgesellschaftliche Entwicklung in vielen Ländern weiterhin zu ökonomischer Disparität. Viele dieser Entwicklungen haben lokale Auswirkungen. So führen Extremwetterereignisse als Ergebnis des Klimawandels lokal zum Beispiel zu Überschwemmungen, Hitzewellen, Trockenheiten oder Stürmen mit negativen Konsequenzen für die Infrastruktur, wie Straßen, Wasserversorgung, Entwässerung, Stromversorgung und individuellen Besitztümern, wie Häuser oder Ländereien und verursachen immense Schäden mit Einkommensverlust, z.B. in der Landwirtschaft. Auch der Verlust der Biodiversität (Artenvielfalt) hat lokale Auswirkungen, wie die Reduktion bestimmter Ökosystemleistungen. Gleichsam wirken sich auch soziale, politische und ökonomische Gesellschaftsfrakturen lokal aus. Somit greifen ökologische, soziale und ökonomische Entwicklungen und Frakturen häufig ineinander. Zur Bewältigung der hier genannten globalen Herausforderungen bedarf es daher auf allen Ebenen und somit auch auf lokaler Ebene einer Integration der ökologischen, sozialen und ökonomischen Dimensionen dieser Problemfelder, was dem klassischen Modell der Nachhaltigkeit entspricht. Dieses beinhaltet auch die Betrachtung der intergenerationellen Dimension der genannten ökologischen, sozialen und ökonomischen Entwicklungen. Der Begriff der nachhaltigen Entwicklung beinhaltet zudem die Dimension der Aktivität und zeigt die Veränderungswirkung der Nachhaltigkeit auf.

Die genannten ökologischen, sozialen und ökonomischen Krisen rufen Personen auf den Plan, die diese aus ethischen und moralischen Gründen eindämmen möchten. Die intrinsische Motivation dieser Personen ist es, trotz eines möglichen Ohnmachtsgefühls den Entwicklungen konkretes Handeln entgegenzusetzen. Durch das Tun entsteht Orientierung und Kontrolle, der Selbstwert wird gesteigert, Lustgewinn erreicht und soziale Bindung gefestigt. Damit werden die vier Grundbedürfnisse, die Klaus Grawe in seiner Konsistenztheorie formuliert, berücksichtigt, was wiederum Motivation und Durchhaltevermögen fördert. Motivation und Durchhaltevermögen sind umso wichtiger, als dass wir uns zunehmend in einer „VUCA Welt“ befinden: Globalisierung und Digitalisierung lassen unser Umfeld unbeständiger (Volatility), unsicherer (Uncertainty), komplexer (Complexity) und mehrdeutiger (Ambiguity) werden. Dies steht im Widerspruch zu den genannten Grundbedürfnissen nach Grawe (2004). Im Verein Starkmacher e.V. ist es den Starkmachenden wichtig, dass die Energie, die Menschen aufwenden, um ihre Grundbedürfnisse zu befriedigen, positiv gelenkt und zur Lösungsfindung der herausfordernden sozial-ökologischen Probleme genutzt wird. Die Ideologisierung und Radikalisierung z.B. der ökologischen Debatten im Tier- und Umweltschutz hilft eventuell dem einzelnen, sich seines Selbstwerts durch radikale Positionen zu vergewissern, grenzt jedoch Menschen voneinander ab und verlangsamt so den eigentlichen Impuls, den es zur gemeinschaftlichen Lösungsfindung benötigt. Um den genannten sozio-ökologischen Frakturen entgegenzuwirken, müssen alle Gruppen der Gesellschaft ins Handeln gelangen.

Auf Basis dieser Beobachtungen stellt sich die Frage, wie sich das Gefühl individueller Machtlosigkeit überwinden lässt, um im individuellen Handeln zu einer nachhaltigen Entwicklung beizutragen. Auf Basis der Arbeit des Starkmacher e.V. werden beispielhaft integrative und intergenerationelle Lösungsansätze des Handlungslernens erläutert. Dabei werden zunächst der Verein und das Arbeitsprinzip desselben dargestellt, um es anschließend anhand von Beispielen zu erläutern. Empirische, qualitative Erkenntnisse fließen aus dem Workshop des Ethiktags 2021 ein.

3. Empowerment als Methode zur Förderung einer personalisierten Nachhaltigkeit

3.1. Der Starkmacher e.V.

Seit 2006 bietet der Starkmacher e.V. Bildungsprogramme für Jugendliche und junge Erwachsene als Hauptzielgruppe an. Hierbei setzt der Verein auf lokaler und internationaler Ebene, sowie bei gesellschaftlich relevanten und aktuellen Tätigkeitsfeldern an. Gearbeitet wird mit der jeweiligen Zielgruppe nach dem Starkmacher-Prinzip: potenzialorientiert, bedürfnisorientiert, unterstützend, wertschätzend und motivierend.

Der Starkmacher e.V. als Träger freier Jugendhilfe im Bereich der Jugendarbeit (gemäß § 75 SGB VIII und §§ 4 und 17 JGB) wurde ursprünglich mit dem Ziel gegründet, durch das Projekt „Stark ohne Gewalt" Schulen in ihrem Bemühen um Gewaltprävention zu unterstützen. Mittlerweile arbeitet der Verein in unterschiedlichen Bereichen: Jugend und Politik, Umweltbildung, wirtschaftliche und globale Veränderungen, internationale Austausche und Jugendbegegnungen. Dabei orientiert sich die Arbeit des Vereins an vier Programmsäulen: Starkmacher Interaktiv, Starkmacher Green, Starkmacher Ökonomie und Starkmacher Global. Die Arbeiten in der Säule des Starkmacher Green bilden den Hintergrund zu diesem Text. Starkmacher Green ist das Programm für Projekte im Bereich von Umweltbildung, nachhaltiger Entwicklung, Ökologie und Nachhaltigkeit auf wirtschaftlicher und sozialer Ebene.

Der Starkmacher e.V. schafft durch seine Projekttätigkeiten und sein gesellschaftliches Engagement Erfahrungsräume, in denen Menschen Vertrauen erleben können. Die Teilnehmerinnen und Teilnehmer werden als Individuen innerhalb von Gemeinschaften gestärkt und erfahren, dass Gemeinschaft für die Weiterentwicklung und Förderung wichtig ist. Durch die Stärkung der Jugendlichen wird die zukünftige Generation unterstützt.

3.2 Das Starkmacher-Prinzip

Das Starkmacher-Prinzip folgt dem positiven Ansatz des Empowerments, einem Begriff aus der Psychiatrie, der sich in den letzten Jahren in seiner Bedeutung verändert hat. Im Empowerment sollen Menschen dazu befähigt werden, das Beste aus sich herauszuholen und dabei in ihrer Selbstbefähigung und Selbstwirksamkeit gestärkt werden. Die Stärkung des eigenen Ichs und der Identität von Jugendlichen und jungen Erwachsenen gilt als Grundprinzip für die Fähigkeit, soziale Beziehungen einzugehen. „Das Starkmacher-Prinzip muss bei mir beginnen. Nur wenn ich selbst stark bin, kann ich auch andere stark machen" (Kaps & Röser 2014: 9). Dahinter verbirgt sich eine Lebenshaltung (vgl. Kaps & Röser 2014: 10). „Wir glauben an das Gute im Menschen und in unserer Gesellschaft" (Kaps & Röser 2014: 60). Der Starkmacher e.V. glaubt daran, dass jede(r) einen wertvollen Beitrag für das gesellschaftliche Zusammenleben leisten kann (vgl. Kaps & Röser 2014: 61). Der Mensch ist, nach dem Prinzip des Vereins, als einzelnes Individuum entwicklungsfähig, grundsätzlich kreativ und handlungsinteressiert. Das Ziel des Starkmacher e.V. ist es, dazu zu ermutigen, die eigenen Fähigkeiten dazu einzusetzen, seine Ziele zu erreichen.

Das zugrundeliegende Menschenbild des Starkmacher e.V. lautet: „Wir vom Starkmacher e.V. sind überzeugt, dass in jedem Menschen, unabhängig von Herkunft und Bildung, Stärken vorhanden sind, die es zu entdecken, zu fördern bzw. aktivieren gilt" (Kaiser 2014: 65). Ansätze dafür sieht der Starkmacher e.V. dort, wo Erfolgserlebnisse garantiert sind: bei den eigenen Stärken (vgl. Kaiser 2014: 65), die es auszubauen und zu unterstützen gilt. „Oft sind es Umstände, persönliche Rahmenbedingungen, Erziehungsstile, gesellschaftliche Normen oder ein unsicheres Selbstbild, die es Kindern und Jugendlichen erschweren, eigene Fähigkeiten und Talente wahrzunehmen, als solche zu definieren und diese zu nutzen" (Kaiser 2014: 66). Der Starkmacher e.V. versucht die Menschen auf ihrem Lebensweg hin zu deren persönlichen Zielen zu begleiten (ebd.). „Unser Menschenbild ist geprägt von Respekt, Vertrauen, Zutrauen und Wertschätzung" (ebd.).

„Gerade positive Emotionen sind ausschlaggebend für erfolgreiches Lernen, Entwicklung und Wachstum" (vgl. Kaiser 2014: 69). Untersuchungen aus der Lehr- und Lernforschung bestätigen den Einfluss von Emotionen beim Lernen. Neurowissenschaftliche Studien dazu verdeutlichen die Effizienz und Nachhaltigkeit von Emotionen am Lernprozess (vgl. Schirp 2009: 10). Deshalb ist eine Arbeitsgrundlage des Starkmacher e.V. und somit Inhalt des Prinzips die Broaden-and-build-Theorie. Sie basiert auf den Untersuchungen von Fredrickson (2011), die den Einfluss und die Wirkung positiver Gefühle auf das menschliche Verhalten studierte. Der sogenannte Broaden-Effekt beschreibt, dass das Erfahren positiver Emotionen das Wahrnehmungs- und Verhaltensrepertoire erweitert, indem sich auf neurologischer Ebene neue Synapsenverbindungen bilden (vgl. Kaiser 2014: 70). „Folge dieser Bewusstseinserweiterung ist das Ausbilden von dauerhaften persönlichen Ressourcen (Build-Effekt), beispielsweise in Bezug auf Beziehungen, soziale Netzwerke, Wissen und Können, sowie Resilienz" (ebd.). An dieser Stelle setzt die Arbeit des Starkmacher e.V. an und versucht bei Menschen positive Gefühle hervorzurufen, um ihnen dadurch neue Wege zu ihrer Verwirklichung und Weiterentwicklung zu ermöglichen (ebd.).

Zur Verwirklichung und Weiterentwicklung der Jugendlichen gehören Bezugspersonen, die der jeweiligen Zielgruppe respektvoll und wertschätzend begegnen, Vertrauen vermitteln und aktiv zuhören (vgl. Kaiser 2014: 71). Das Vorgelebte bildet dabei die Basis dafür, dass Jugendliche und junge Erwachsene nicht nur sich selbst wertschätzen, sondern auch anderen wertschätzend begegnen. Außerdem sollen die Menschen Vertrauen in die eigene Person und folglich in die eigenen Fähigkeiten erlangen (ebd.). „Sie erleben nicht nur, dass ihr Können wahrgenommen, sondern auch als Bereicherung für die Gemeinschaft und das Umfeld gesehen wird" (ebd.). Dadurch können sie realistische Erwartungen und Zielvorstellungen entwickeln (ebd.).

„Verantwortungsbewusstsein, Mitgefühl und soziales Gewissen werden geweckt, indem die Jugendlichen die Gelegenheit bekommen, sich zu beteiligen" (ebd.). Um sich in Beziehungsabläufen zu üben, ist Modellverhalten von großer Wichtigkeit. Vorbilder mit Modellcharakter sind hierbei eine Orientierung für die eigenen Verhaltens- und Beziehungsmuster (ebd.). „Dadurch lernen Jugendliche, wie sie Probleme lösen können, wie man Entscheidungen trifft und Kommunikation aktiv und empathisch gestaltet werden kann" (ebd.). Für all das benötigt die jeweilige Zielgruppe Räume zum Ausprobieren und soll das Sprengen eigener Grenzen erfahren. „Jugendliche benötigen Übungsfelder, in denen sie sich ausprobieren dürfen, wo sie erleben, dass man Erfolg haben kann, wenn man Grenzen überschreitet" (ebd.).

Der Starkmacher e.V. arbeitet daran, durch seinen ermutigenden Ansatz (Empowerment) zu dem Ziel des Potenziale-Entdeckens und Räume-Schaffens zu kommen. Die Mitarbeiterinnen und Mitarbeiter möchten Respekt gegenüber den Mitmenschen und Sensibilität gegenüber verschiedenen Themen fördern (vgl. Kaiser 2014: 75). „In der Projektwoche geht es für jeden Jugendlichen darum, auch die anderen in ihrem Sein, ihrem Können und Nichtkönnen, mit ihren Bedürfnissen und Talenten anzuerkennen und einen Weg zu finden, sich selbst positiv einzubringen" (ebd.). Innerhalb der gemeinsamen Prozesse wird Anerkennung und Angenommensein großgeschrieben (vgl. Kaiser 2014: 76). „So erleben die Jugendlichen, wie sie als Gemeinschaft Leben gestalten" (ebd.). In der Arbeit des Starkmacher e.V. wird eine positive Konfliktlösung, Positionierung und Prosozialität unterstützt (ebd.). „Die Weitergabe der gewonnenen Erkenntnisse ist eine wichtige Aufgabe eines jeden Menschen, um sich in konkreten Situationen für den Mitmenschen einzusetzen" (Kaiser 2014: 77).

3.3 Umweltpädagogik als positives Lernerlebnis und Selbstwirksamkeitserfahrung

Wie muss Umweltbildung gestaltet sein, damit sie im Angesicht der großen globalen Herausforderungen nicht zu einem Ohnmachtsgefühl führt, sondern die Selbstwirksamkeit fördert?

Die Jugend ist als entwicklungspsychologischer und sozialkultureller Begriff nicht auf die Phase der Pubertät beschränkt, sondern weitet sich nach der Verlängerung von jugendtypischen Lebensstilen und Selbstdefinitionen der Adressatinnen und Adressaten bis ins Erwachsenenalter aus (vgl. Jungbauer 2017: 185). Diese Entwicklungsphase zeichnet sich durch spezifische Erfahrungen, Kompetenzen und Entwicklungsaufgaben aus, welche individuell auftreten. Betrachtet man die Zielgruppe in einem gesellschaftlichen Kontext, ist zu bedenken, dass die individuelle Identitätsentwicklung stark von gesellschaftlichen, sozialen und kulturellen Rahmenbedingungen abhängt (ebd.). Wenn wir nun Umweltbildung mit einer sehr homogenen Gruppe machen möchten, ist zu beachten, dass die Vielfalt an Individuen aufgrund dieser individuellen Identitätsentwicklung ein großes Kapital an Raum für soziales, selbstverantwortliches und vielseitiges Lernen mit sich bringt.

Bandura war der Überzeugung, dass der größte Teil des menschlichen Verhaltens am Modell gelernt wird (vgl. Weeks 2019: 26), erprobte seine Theorien allerdings mit Kindern und nicht an Erwachsenen oder jungen Erwachsenen. Das Konzept des Modelllernens, eine sozial-kognitive Lerntheorie, kann jedoch auch auf Jugendliche und junge Erwachsene übertragen werden, denn das „Modelllernen ist ein Lernprozess, bei dem die Kompetenz zur Ausführung von Handlungen durch die Beobachtung anderer Personen erworben wird“ (Jungbauer 2017: 79). Bandura betonte dabei, dass Menschen, die Anderen begegnen, die sie inspirieren oder sogar ähnliche Charakterzüge und oder Interessen wie sie aufweisen, dazu anregen können, diesen Menschen nachzueifern. Für die Umweltbildung und die Arbeit mit jungen Menschen bedeutet das, dass die Ausbildenden einen großen Einfluss auf die Entwicklung der jungen Menschen haben können. Dies kann gut und inspirierend sein, ist zudem aber auch eine große Verantwortung, mit welcher, unabhängig vom Bildungsbereich, sensibel umgegangen werden muss.

Die Basis für ein Bildungsangebot bildet nach dem Starkmacher-Prinzip ein aufmerksamer und respektvoller Umgang. Erstens, um jeder und jedem in der Gruppe zu ermöglichen, am Angebot teilzunehmen und unabhängig von der Bildungsherkunft ihre oder seine Themen miteinzubringen und zweitens, um mit einer starken Ernsthaftigkeit die Sorgen, Ängste und Herausforderungen der jungen Menschen wahrzunehmen und in das Bildungsprogramm einfließen zu lassen. Nur wenn diese Stimmungen in den Bildungsprozess aufgenommen werden, können die Auszubildenden darauf reagieren und es schaffen, die Hürde der Umweltherausforderungen in eine positiv angenommene Aufgabe für die Zukunft der jungen Generation umzuwandeln.

In einem Bildungsprozess mit jungen Menschen müssen diese währenddessen merken, dass sie etwas erreichen können. Also muss der Prozess so gestaltet sein, dass er nicht nur über Umweltinhalte informiert, sondern die jungen Erwachsenen auch emotional und praktisch anspricht. Spricht er diese drei Ebenen an, wird ein direkter Theorie-Praxis-Bezug sichergestellt und sie verknüpfen mit dem Lernprozess emotionsgestützte Lernerfahrungen. Wenn diese Lernerfahrungen positiv behaftet sind, bleibt das Gelernte in Erinnerung und kann dazu führen, dass die behandelten Themen auch nach dem Lehr-/Lernprozess nachhaltig verwendet und in das individuelle Verhalten einbezogen werden.

3.4 Von der Not zum Plan zum Handeln

Im Folgenden wird anhand von konkreten Beispielen aufgezeigt, wie der Starkmacher e.V. auf das Thema Jugendarbeits- und Perspektivlosigkeit und ökologische Probleme in Partnerländern beispielhaft mit den Projekten „Coffee", „SMILE" und „Starkmacher Campus" reagiert.

Die Projekte des Starkmacher e.V. entstanden und entstehen immer aus einer Not heraus. Das Vorgehen basiert auf dem Erkennen und bewussten Wahrnehmen von Frakturen und dem Ableiten von konkreten Projekten, die Lösungen aufzeigen und konkretes Handeln ermöglichen. Das Projekt „Coffee" entstand als direkte Antwort auf die Verwerfungen auf dem Arbeitsmarkt im Zuge der Finanzkrise von 2009 vor allem in Südeuropa und Lateinamerika. Die bereits angespannte Situation für Jugendliche, den Einstieg ins Berufsleben zu schaffen bzw. einen Job zu bekommen, der den Lebensunterhalt sicherstellen und einen ökonomisch sicheren Rahmen bieten kann, hatte sich noch einmal verschärft. Perspektivlosigkeit hatte dadurch junge Menschen in den beteiligten Ländern Italien, Brasilien, Bolivien, Honduras und Kolumbien in ihrer Zukunftsentwicklung bedroht.

Das Produkt Kaffee wird stark krisenunabhängig nachgefragt. Sowohl der Anbau in den beteiligten Ländern Lateinamerikas als auch der Konsum in Europa sind Wirkbereiche, die einen starken Hebel darstellen, um junge Menschen in Lohn und Brot zu bringen. Diese guten Voraussetzungen im Kaffeesektor wurden genutzt, indem das Projekt die Bauern und Kooperativen in Lateinamerika mit den Importeuren, Röstereien und Konsumentinnen und Konsumenten in Europa verbunden hat. Wichtige Akteure waren auf beiden Seiten des Atlantiks die beteiligten wissenschaftlichen Institute und Bildungseinrichtungen wie das SENA (Servicio Nacional de Aprendizaje) in Kolumbien sowie IILA (Organizzazione internazionale italo-latino americana) und die Associazione Umami Area in Italien. Das Projekt setzte auf die Qualifizierung der Bauern zum Anbau und der Verarbeitung von „Specialty Coffee", ein stetig wachsender Markt hoch qualitativen Rohkaffees, der dann in kleinen Mikroröstereien handwerklich zu einem Spitzenprodukt veredelt wird und höhere Gewinne entlang der Wertschöpfungskette ermöglicht. Das Projekt hatte das Ziel, Jobperspektiven im Kaffeesektor aufzuzeigen, die trotz Krise möglich sind. Dazu gehören alle Jobs entlang der Wertschöpfungskette, also von der Kaffeeanbauerin oder der Landwirtin (Anbauländer) bis zur Barrista und dem Kaffee-Sommelier (alle beteiligten Länder). Speziell in den Anbauländern ging es darum, Arbeitsplätze auf den Kaffeeplantagen zu sichern bzw. junge Menschen zu ermutigen, sich als Kaffeebäuerinnen zu betätigen und eine Alternative zur Abwanderung in die Städte oder sogar Flucht in die USA aufzuzeigen.

Aus dem Projekt heraus entstand durch privat Investierende bei der beteiligten Kooperative Cappuccas in Honduras eine Anschauungs- und Schulungsfinca, die „Finca Rio Colorado". Sie bildet die lokalen Kleinbauern in der Anbaumethode des „Specialty Coffee" aus, ein Ansatz, der biologischen Anbau und qualitätsorientierte Handernte und Verarbeitung fördert. In Brasilien wurde beim beteiligten Sozialpartner Fazenda da Esperanza eine bestehende Plantage reaktiviert, um den dort in einer Rehabilitationsmaßnahme befindlichen Drogenabhängigen einen Arbeitsplatz zu bieten und sie auf die Zeit nach ihrer Gesundung mit anwendbarem Wissen und Praxiserfahrung auszustatten. Darüber hinaus bietet die Kaffeeplantage jetzt die Chance, einen Beitrag zur Finanzierung der Sozialeinrichtung zu leisten. In Deutschland hat die beim Starkmacher e.V. angesiedelte Projektkoordinatorin eine Mikrorösterei und das Café Agáta in Mannheim gegründet. Sie bezieht zum Beispiel unter anderem den Kaffee der Finca Rio Colorado. So blieben Kristallisationskerne in den beteiligten Ländern auch über das Projektende 2015 hinaus erhalten, die jungen Menschen die Chance geben, in diesem Fall über unternehmerisches Handeln, oder als Kaffeebauer, eine Zukunftsperspektive zu erhalten, in diesem Fall sogar mit dem wichtigen sozial-ökologischen Nachhaltigkeitsaspekt im Kaffeeanbau.

Das Projekt „Coffee" hat zudem einen zusätzlichen Handlungsbedarf aufgezeigt: Um im Onlinehandel Fuß zu fassen und den Kaffee in der Breite zu verkaufen, muss das Café Agáta als kleine Manufaktur viel Zeit investieren und es bedarf eines großen Aufwands, die Vermarktung zu organisieren. Damit steht Agáta nicht alleine da. Viele von jungen Menschen gegründete Manufakturen, die sozial und ökologisch anspruchsvolle Kleinserien herstellen, haben das Problem, mit den höheren Preisen ihrer Produkte, die entstehen, da reale soziale und ökologische Kosten inkludiert sind, nicht die Masse an Konsumenten bedienen zu können. Gleichzeitig fehlt ihnen oftmals das Know-How in der Vermarktung, um sich ihre Marktnische zu erschließen. Dieser Not widmet sich das Projekt „SMILE - balancing people, planet and profit with a smile". Starkmacher e.V. bringt Gründerinnen und Gründer solcher Manufakturen aus Europa zusammen, um mit ihnen und aus ihrer Erfahrung heraus einen Schulungskurs zu entwickeln, der diese Lücke schließt. Ziel ist es, den Unternehmerinnen und Unternehmern Werkzeuge und Wissen an die Hand zu geben, ihre Lage am Markt zu verbessern und eine ökonomische Grundlage für ihr aus Überzeugung und Idealismus gespeistes Handeln zu schaffen. Die Digitalisierung schafft dafür vielfältige Chancen und wird als Teil der Lösung aktiv gestaltet.

Wie bei allen Projekten gelingen eine positive Wirkung und der Schritt aus der Ohnmacht ins Handeln nur in einem breiten, gut aufgestellten und auf Vertrauen basierendem Partnernetzwerk. Notlagen und Schwierigkeiten von Anfang an mit einem gesunden Pragmatismus anzusehen und sie mit Projektmanagementmethoden anzugehen, hat in den letzten Jahren vielen Personen die Situationen und Notlagen verbessernde Ergebnisse gebracht. Wichtig ist dabei die realistische Einschätzung der eigenen Möglichkeiten und das Wertschätzen auch kleiner Verbesserungen als ein Baustein auf dem Weg in eine bessere Zukunft.

Der Verein Starkmacher e.V. selbst ist dabei ständig in einer sehr konkreten Notlage. Ohne eine eigene Stiftung oder Mäzene im Hintergrund besteht ein permanenter Mangel an finanziellen Ressourcen. Das Absichern der eigenen institutionellen Existenz ist dabei das Eine, das Wissen um unerschlossene Potenziale bei Menschen und Initiativen, die mit einer entsprechenden Startfinanzierung für sich und die Gesellschaft Positives bewirken könnten, das Andere.

Aus dieser Notlage heraus entstand 2015 die Idee eines „Starkmacher Campus", ein Zukunftsbiotop aus Unternehmen, NGO und engagierten Menschen, die sich gegenseitig bei der Entwicklung und Absicherung unterstützen. Aus der Idee ist 2017 das Zukunftszentrum „Coblitzallee 8" hervorgegangen. Der Starkmacher e.V. bezog mit einem etablierten Handelsunternehmen, einem jungen Ingenieurbüro sowie dem neu gegründeten Café Agáta ein gemeinsames Gebäude. Aus diesem Zusammenschluss eines stabilen Unternehmens, zweier aufstrebender Newcomer sowie der NGO sind inzwischen weitere Start-ups wie die CFB GmbH, ein Energydrink Hersteller auf Kaffeebasis, der S-Hub Mannheim, das Gründendenzentrum für Social Economy in Mannheim sowie das dazugehörende S-Hub Acceleratorprogramme hervorgegangen und gemeinsam wurde die Etablierung der Social Economy in Mannheim geschafft. Es gehört seit 2021 durch einen Stadtratsbeschluss zur offiziellen Wirtschaftsstrategie der Stadt Mannheim, die Social Economy zu einem wesentlichen Pfeiler des Wirtschaftslebens auszubauen. Sichtbares Zeichen für die Ernsthaftigkeit des Vorhabens ist die erfolgreiche Bewerbung um den Social Economy Summit der EU-Kommission 2020 und dessen erfolgreiche Umsetzung 2021. Mannheim ist in der Social Economy-Szene Europas inzwischen ein fester Begriff und in vielen Aspekten Vorreiter für das Thema in Deutschland und international. Der Starkmacher e.V. hat zu dieser Entwicklung maßgeblich beigetragen.

Es gibt viele und immer mehr gute Initiativen, die entstehen, wenn Menschen die Ärmel hochkrempeln und einfach anpacken. Dabei ist es nicht das Ziel, die Welt zu retten, aber sehr wohl, sie jeden Tag ein bisschen besser zu machen und dafür zu sorgen, dass Menschen sich mit ihrem positiven Potenzial begegnen und die eigene Selbstwirksamkeit ihrer personalisierten Nachhaltigkeit erleben.

4. Personalisierte Nachhaltigkeit

Im Rahmen des Ethiktags 2021 der Hochschule Rhein-Waal wurde in einem 1,5 stündigen Online-Workshop mit dreizehn Teilnehmerinnen und Teilnehmer das Thema personalisierte Nachhaltigkeit unter dem Motto „Vom Denken zum Handeln“ bearbeitet. Dabei verfolgte der Workshop das Ziel, den Teilnehmerinnen und Teilnehmer in ihrem individuellen Themenfeld, vor dem Hintergrund der Frakturen ihrer individuellen Nachhaltigkeitsimplementierung (Problemstellung), das Entwickeln von Handlungsoptionen und somit Lösungsmöglichkeiten als Vision ihrer individuellen Nachhaltigkeitsthemen zu ermöglichen. Hierfür wurde in einem ersten Schritt mittels aktivierender Übung an einem Padlet (virtuelle Pinnwand) jede teilnehmende Person gebeten, sich in einer der drei Säulen der Nachhaltigkeit „Ökologie“, „Ökonomie“ und „Soziales“ zu verorten. Die Verortung erfolgte durch Platzierung oder Nennung eines relevanten Stichwortes und diente der Einführung in die Gruppenarbeit und das Thema als auch der Reflexion der eigenen Selbstwirksamkeit. Dabei kam es im Bereich „Ökologie“ und „Soziales“ zu jeweils neun Nennungen und im Bereich „Ökonomie“ zu vier Nennungen. Etwa ein Drittel aller Nennungen fiel in den Bereich Bildung und mehr als die Hälfte der Nennungen bezog sich auf konkrete Umsetzungen (z.B. Anlage von Blumenwiesen für Insekten, Baualtbestand nachhaltig sanieren). Dieses zeigt die Verankerung der Workshopteilnehmerinnen und -teilnehmer in traditionellen Nachhaltigkeitsfeldern, wie Weltläden, Weltgärten, Naturschutzorganisationen oder Umweltbildungszentren.

Auf Basis der Erkenntnisse und Diskussion der hier beschriebenen Gruppenübung erfolgte eine Erörterung der Frakturen und Herausforderungen im jeweiligen, individuellen Handlungsfeld. Dabei zeigten sich für alle drei Säulen der Nachhaltigkeit vergleichbare Frakturen. Zum einen wurde die individuelle Ebene genannt, wo es aus Bequemlichkeit oder individuellen Gründen trotz vorhandenen Wissens im jeweiligen Themenbereich zu keiner oder verminderter Handlungsänderung kommt. Darüber hinaus wurde postuliert, dass es ein Wissensdefizit in Einzelbereichen gibt, bzw. die Qualität des Wissens oder aber der Wissensquellen gering ist, welches individuelles Nachhaltigkeitshandeln einschränkt. So wurde erwähnt, dass konkrete Beispiele für nachhaltige Entwicklung präsenter und transparenter im öffentlichen Raum dargestellt werden sollten. Zudem wurde aufgezeigt, dass in vielen Fällen fehlende Infrastruktur (personell, materiell, finanziell) die Umsetzung von Ideen zur lokalen Förderung der Nachhaltigkeit verhindert. Beispielsweise ist die Umsetzung von Permakultursystemen in größerem Maßstab aufgrund mangelnder Flächen schwierig.

Für die Entwicklung dieser Handlungsoptionen wurden im Folgenden die vorhandenen Ressourcen mittels Padlet (digitales Tool) visualisiert. Dabei wurden sowohl individuelle Kenntnisse zu bestimmten Themen (z.B. Bodenkunde), Kompetenzen (z.B. Kommunikationskompetenz, Einfühlungsvermögen) und individuelle Motivation (z.B. Wille zum Handeln) genannt als auch gesellschaftliche Rahmenbedingungen (z.B. Wahrnehmung eines Veränderungswillens in der Gesellschaft, gute Visionen) erwähnt. Weitergehend wurden die Teilnehmerinnen und Teilnehmer aufgefordert, jeder für sich die eigenen Stärken im Kontext ihrer Tätigkeiten in nachhaltiger Entwicklung aufzuschreiben und zu reflektieren. Auf Basis dieser Ressourcenerfassung wurden nun im Folgenden Lösungsansätze erarbeitet, die leicht erreichbar sind („low hanging fruits“) und damit persönliche emotionale Erfolgserlebnisse versprechen. Die Lösungsansätze haben hierbei allerdings unterschiedliche zeitliche Dimensionen bis zur Erreichung des wünschenswerten Zustands. So ist das Verschenken einer Waldpatenschaft mit vergleichsweise geringem zeitlichem Aufwand verbunden und das ökologische Ziel der Walderhaltung bei gleichzeitiger Schenkung dieses monetären und ideellen Wertes an eine Person in kurzer Zeit vollbracht. Die Neuanpflanzung eines Auwaldes und Reaktivierung der Funktionen desselben hingegen bedarf eines längeren Engagements.

5. Schlussfolgerung und Ausblick

Anhand der Beispiele im Online-Workshop und der Projektbeispiele des Starkmacher e.V. zeigt sich, dass die Selbstwirksamkeit von Individuen im Bereich der Nachhaltigkeit ein hohes Maß an Subjektivität beinhaltet und neben den äußeren Bedingungen wie Möglichkeiten der Betätigung in der nachhaltigen Entwicklung, gesellschaftliche Motivierung und Honorierung auch innere, persönliche Faktoren wie intrinsische Motivation und Antrieb sowie emotionale Resistenz oder Resilienz gegen äußere Einflussfaktoren die Entwicklung der Selbstwirksamkeit beeinflussen. Daraus lässt sich ableiten, dass neben der Bewahrung intrinsischer Faktoren die Gestaltung einer motivierenden Außenwelt mit Vorbildern, Gleichgesinnten und Visualisierung erreichter Ziele die Selbstwirksamkeit fördern kann, wie es der Starkmacher e.V. in seiner Arbeit verankert hat.

Literaturverzeichnis

Fredrickson, Barbara L. (2011): Die Macht der guten Gefühle Wie eine positive Haltung ihr Leben dauerhaft verändert. Frankfurt/New York, Campus Verlag

Grawe, Klaus (2004): Neuropsychotherapie. Göttingen, Hogrefe Verlag

Jungbauer, Johannes (2017): Entwicklungspsychologie des Kindes- und Jugendalters. Ein Lehrbuch für Studium und Praxis sozialer Berufe. Weinheim Basel, Beltz Juventa

Kaiser, Anne (2014): Arbeit mit Superhelden – Der pädagogische Ansatz von StarkmacherSchule. In Kaps, Mathias und Röser, Christian (Hrsg.): Das Starkmacher Prinzip. Ressourcen von Jugendlichen sichtbar machen (S. 64-77). Freiburg, fgb

Kaps, Mathias und Röser, Christian (Hrsg.) (2014): Das Starkmacher Prinzip. Freiburg, fgb

Schirp, Heinz (2009): Wie »lernt« unser Gehirn? Neurodidaktische Zugänge zur Unterrichtsentwicklung. In Rolff, Hans-Günter; Rhinow, Elisabeth; Röhrich, Theresa (Hsrg.): Unterrichtsentwicklung-Eine Kernaufgabe der Schule (S. 3-25). Köln, Wolters Kluwer

Weeks, Marcus (2019): Kernfragen Psychologie. München, Dorling Kindersley

Danksagung

Die hier erwähnten Projekte des Starkmachers wurden finanziell durch das Erasmus+ Programm der EU finanziert.

Barbara Arntz und Hale Kadak

Kleine gallische Dörfer

1. Einleitung

Es gibt Dorfgemeinschaften und Quartiere, die von Außenstehenden als besonders lebendig und aktiv wahrgenommen werden. Sie haben den Ruf, innere und/oder äußere Herausforderungen etwas eher zu erkennen, diese erfolgreich zu adaptieren und daraus gestärkt hervorzugehen. Um dieses Phänomen in Gesprächen verständlich in Worte zu fassen, werden schnell Vergleiche mit dem *„kleinen gallischen Dorf"*, den Abenteuern von ‚Asterix & Obelix' gezogen, die gemeinsam mit Hilfe individueller Fähigkeiten und Strategien der feindlich gesinnten, römischen Übermacht in ihrer unmittelbaren Umgebung trotzen und dabei mit jedem bestandenen Abenteuer neue Kraft und Zuversicht ausstrahlen.

Diese Geschichten erfolgreich widerständiger Gemeinschaften enthalten Aspekte des Konstrukts der Resilienz, das von verschiedenen Wissenschaften mit unterschiedlichen Ansätzen verbunden wird. Allen gemeinsam ist zunächst, dass als resilient wahrgenommene Individuen oder Gruppen in dynamischen Prozessen erfolgreich Herausforderungen bewältigen, deren Bandbreite von sehr starken, einmalig auftretenden Ereignissen bis hin zu regelmäßig wiederkehrenden Alltagsstressoren reicht (Rolfe, 2019). Diese werden von den Beteiligten als Stresssituationen empfunden, die nach dem *Transaktionalen Stressmodell* (Lazarus und Folkman 1984; Lazarus 1999) aus komplexen Wechselwirkungsprozessen der subjektiven Anforderungen der handelnden Personen mit ihrer jeweiligen, individuellen Situation resultieren. Dabei wird sichtbar, dass resiliente Personen und Gruppen zum einen überhaupt weniger häufig mit Stress reagieren als andere. Und zum zweiten wird als weiterer Unterschied sichtbar, dass diese sich nach ihrem Eintritt in die aktive Krisenbewältigungsphase davon schneller erholen. Sie regulieren sich aus dem Zustand hoher Aktivierung während der Krise schneller wieder in den Ausgangszustand davor zurück und schonen eigene Ressourcen (Unkrig, 2021).

Resilienz als gemeinsam geteilte Erfahrung einer (Dorf-) Gemeinschaft bedeutet zum Beispiel den Krisenfall mittels spezifischer Strukturen bereits vorher (mehrfach) gemeinsam erfolgreich überwunden zu haben und daher zu wissen sich aufeinander verlassen zu können. Eine widerständige Dorfgemeinschaft oder ein Quartier kann somit als resiliente Organisation aufgefasst werden, wenn diese gemeinschaftlich planmäßig und zielgerichtet handeln (Kauffeld, 2014). Organisationen sind komplexe Systeme, die sich durch interne Faktoren und Dynamiken permanent verändern und gleichzeitig in wechselseitigen Beziehungen zu ihrer Umwelt stehen (Rolfe, 2019). Dabei werden diejenigen, die als Außenstehende daran ein *„Interesse oder einen Anspruch haben“* umfassend genau am ehesten mit dem aus dem Begriff *stakeholder* beschrieben (Kauffeld, Endrejat & Richter, 2019, S. 50). Im Krisenfall sind aktive Netzwerke und *„wetterfeste"* Beziehungen (Fuhrmann & Brunn, 2016, S. 72) entscheidende Voraussetzungen dafür, dass nicht nur die Mitglieder einer Organisation selbst, sondern auch deren Stakeholder möglichst rasch den Grad der Notwendigkeit zum Handeln erkennen und akzeptieren können, um Hand in Hand schnell zu reagieren (Fisch et al., 2008).

In diesem Text wird mit Hilfe eines Prozessmodells der organisationalen Resilienz (Duchek 2019, Abb.1) ein idealtypischer Ablauf in drei Phasen vorgestellt, der zulässt ganzheitlich die Komplexität und die Vielfalt der Zusammenhänge organisationaler Strukturen, deren Beteiligter sowie des jeweiligen Kontextes zu betrachten. Das Konstrukt der Resilienz trägt für die Engagementspraxis dazu bei *„durch ein erweitertes Verständnis von relevanten und seltener beachteten Dimensionen und Wirkfaktoren die Chancen auf wirkungsvolle Interventionen durch Planer*innen, Entwickler*innen, Kommunalpolitiker*innen oder andere Engagierte“* zu erhöhen (Hernández, 2021b, S. 26). Diese *„sozial und materiell organisierte Verfasstheit“* (Schubert, 2019, S. 6) lokalen Engagements selbst als Quelle möglicher Lösungsansätze zu nutzen, ist eine Option in Stresssituationen vor Ort aus eigener Kraft zur Verfügung stehende Kompetenzen und Ressourcen bewusst und strukturiert zu erkennen und bei Bedarf daher rasch selbst aktivieren zu können.

Neben einer reflektierten Eigen- und Fremdwahrnehmung zur Erhaltung der eigenen, resilienten Reaktionsfähigkeit ist gegenseitiges Vertrauen ein Schlüsselfaktor für resilienten Wandel durch gemeinsame Verantwortung (Unkrig, 2021). Machtstrukturen oder Kontrollmechanismen sind keine langfristig erfolgreich organisationalen Strategien dem permanenten Wandel in Organisationen zu begegnen. (Rolfe, 2019, S. 54). Damit wird in Organisationen der von Beteiligten wahrgenommene Mix aus lebendigen, gemeinsamen Miteinander, echtem Interesse, Vertrauen sowie ein allgemeines, *„mentales Wohlbefinden“* (Unkrig, 2021, S. 287) zur sprudelnden Quelle um gemeinsam geteiltes Wissen aufzubauen. In den Ruhephasen vor und nach Krisen werden Gelegenheiten gemeinsamen Austausches in einer angenehmen Atmosphäre gefunden, bei denen unterschiedlich wahrgenommene Zusammenhänge, Prozesse und besondere Aspekte der letzten Aktivitäten im Mittelpunkt stehen. Ein Beispiel für resiliente Organisationen ist eine vielen innewohnende, positive Grundstimmung (Steinführer, 2015), wie die (fast) immer identische letzte Szene des Schlussbanketts der Abenteuer von ‚Asterix & Obelix' vermittelt Dort wird mit (fast) allen gemeinsam ausgelotet, welche Aspekte der gerade erlebten Heldentaten in Zukunft Bestandteil resilienter Strategien werden könnten. Ideal ist zum Zeitpunkt vor und nach Krisen gemeinsames Problembewusstsein zu entwickeln, wobei währenddessen eine kritische Reflexion des eigenen Engagements mit Hilfe von Routinen erreicht werden kann (Duchek, 2019).

2. Herkunft & Entwicklung des Resilienzbegriffes

Bei der Suche nach spezifischen, passgenauen Lösungen unter Einbeziehung der Chancen organisationaler Resilienz findet sich nirgendwo der eine, einfache Königsweg. Zusammenhänge der Resilienzprozesse für das eigene Engagement zu nutzen, wird durch die Vielfalt der unterschiedlichen Ausprägungen von Organisationen und dem Wandel ihrer Kontexte unübersichtlich. Auch für die unterschiedlichen Forschungsrichtungen selbst ist der Zugang zu diesem Konstrukt bereits bei der Festlegung auf ein einheitliches Konzept und das einheitliches Verständnis der Wirkmechanismen und Zusammenhänge durch die Komplexität und Interaktivität der organisationalen Resilienz erschwert (Andersson, 2019). Mit diesem Text wird deshalb zusätzlich zu dem gewählten, idealen Prozess der organisationalen Resilienz (Duchek 2019, Abb.1) aufgezeigt, warum das Verständnis der Resilienz breit gefächert zu betrachten ist und es daher keine Standardlösungen zur Bewältigung von Herausforderungen durch Organisationen geben kann.

Vor diesem Hintergrund schließt sich in diesem Kapitel exemplarisch die Entstehung und Weiterentwicklung des Resilienzbegriffes im Allgemeinen an. In Kapitel drei werden vergleichbare Eigenschaften aus den unterschiedlichen Definitionen in grundlegenden und sich teilweise widersprechenden *Domains* der Resilienz zusammengefasst, die somit einen großen (theoretischen) Schirm aufspannen, unter dem die Vielfalt des Engagements Platz findet. Kapitel vier stellt das fähigkeitsbasierte Prozess-Modell der organisationalen Resilienz (2019) von Stephanie Duchek vor, welches einen permanenten Kreislauf mit drei Phasen (vor, während und nach) einer Krise beschreibt. Auch in der Engagementspraxis richten sich die nächsten Schritte zur Findung resilienter Entscheidungen danach aus, an welchem Punkt eines Resilienzprozesses sich die eigene Organisation auf der Suche nach passenden Kompetenzen gerade befindet. Kapitel acht schließt mit einem Fazit auf Grundlage unserer bisherigen Begleitung bürgerschaftlichen Engagements und der jeweiligen Stakeholder ab.

Was ist Resilienz im Allgemeinen? In den unterschiedlichen wissenschaftlichen Herangehensweisen und Definitionen wird der Zugang zum Konstrukt der Resilienz von einigen Forscher*innen als Eigenschaft, von einigen als Fähigkeit und von einigen auch als Prozess gefunden (Williams, 2017). Zusätzlich verwirrend für den Zugang zur Resilienz ist, dass der Fokus der wissenschaftlichen Literatur allein auf die Gründe und Wirkungen von Krisen gelegt wird, um Prozesse neu auszurichten. Es fehlen Ansätze, wie die bereits in einer Gemeinschaft innewohnende Widerstandsfähigkeit gegenüber solchen potentiellen Krisen proaktiv gestärkt werden könnte, um den damit verbundenen Veränderungen erfolgreich zu begegnen (Williams et al., 2017).

Es ist zunächst wichtig zu unterscheiden, dass organisationale Resilienz in indirektem Zusammenhang mit personaler Resilienz zu sehen ist, da subjektiv empfundener Stress als *„Folgen von Interaktion und Handlungen von Einzelnen und von Teams, die Entwicklung als auch Realisierung der Resilienz einer Organisation"* beeinflusst (Unkrig, 2021, S. 68). Jedes Mitglied einer Organisation interagiert mit anderen Beteiligten und alle schätzen identische Situationen unterschiedlich ein. Daher finden sich in der Praxis nicht nur von Ort zu Ort, sondern innerhalb des Dorfes oder Quartiers von Gruppe zu Gruppe andere Beziehungen, Strukturen, Prozesse oder Rahmenbedingungen freiwilligen, gemeinnützigen Engagements (Kals, Strubel & Güntert, 2021). Freiwilligenstrukturen verändern sich wie Unternehmen in einem dynamischen Kreislauf, der über die kontinuierliche, wechselseitige Beeinflussung durch beteiligte Personen und deren spezifischer Lebensumwelt in Gang gehalten wird (Hernández, 2021a, 2021b; Kauffeld, 2014; Rolfe, 2019). Potentiale entdecken und nutzen Beteiligte selbst, wenn sie *„sich systematisch mit den eigenen Strukturen, Rollenkonstellationen und Kommunikationsmustern befassen, in einen Prozess der Selbstveränderung geraten, der verfestige Machtstrukturen verflüssigt und die Entfaltungsspielräume eines jeden Mitglieds deutlich erhöht"* (Gergs, 2019, S. 105).

Hier wird auch der Zusammenhang zwischen organisationaler Resilienz und dem zuerst von Argyris und Schön (1978) formulierten Prozess *organisationalen Lernens* deutlich, der eine weitere Schlüsselkompetenz der Resilienz darstellt (Rolfe, 2019). Im Idealfall wird als zweiter Schritt, nach einer ersten direkten, lokalen Fehlerkorrektur, daraus abzuleitendes Wissen über alle Hierarchieebenen hinweg transparent kommuniziert. Jede Lernschleife impliziert bei iterativer Wiederholung, das sie *„Strukturen herausbildet, um ihre Strukturen zu ändern bzw. wenn sie Regeln entwickelt, um ihre Regeln zu ändern* (Ameln, 2015, S. 6). Analog des Prozesses organisationaler Resilienz (Duchek, 2019) werden mit zunehmender Zeitdauer gemeinsam Schritt für Schritt kritisch reflektierte Resultate organisationalem Lernens zu einer allen Beteiligten innewohnenden und robusten Wissensbasis und Grundlage zukünftiger Handlungsentscheidungen, auf die alle in Krisensituationen schnell zugreifen können (Kals et al., 2021). Ein Merkmal organisationaler Resilienz ist daher die gemeinsam geteilte Erfahrung der *„Notwendigkeit iterativer Prozesse"* (Unkrig, 2021, S. 81) und dabei organisationale Veränderungen durch permanenten Wandel in Krisen auch als Ressource für die eigene Wissensbasis zu reflektieren.

Zum allgemeinen Verständnis resilienter Entwicklungsprozesse ist es umso wichtiger eine einheitliche, für die Praxis gut anwendbare, Definition zu finden (Hillmann, 2020), zumal Resilienz abhängig vom Forschungszweck (Vakilzadeh & Haase, 2020) oft in wissenschaftlichen *„Silos"* ohne Austausch mit andern Disziplinen betrachtet wird. In der Forschung ist ebenfalls unzureichend geklärt, welchen Schweregrad die erlebte Widrigkeit haben muss, um eine Antwort, also die dadurch ausgelöste Reaktion, als resilient zu betrachten, da nicht nur das Erleben einer Krise, wie die globale Pandemie, Resilienz erfordert, sondern auch tagtägliche, permanente Herausforderungen einer robusten Widerstandsfähigkeit bedürfen (Hillmann, 2020; Williams, 2017).

Der Ursprung des Wortes Resilienz kommt aus dem Lateinischen und bedeutet das Zurückspringen in den Ausgangszustand oder Abprallen (Williams, 2017), weshalb Resilienz ursprünglich in den Ingenieurwissenschaften und der Physik zu verorten ist (Limnois et al., 2014). Selbsterklärend für diese erste allgemeine Definition von Resilienz ist das Bild eines Bleches, das durch Ausbeulen den Ursprungszustand wiedererlangt. Außerdem bedeutet *„resilient sein"*, trotz widriger Umstände situationsspezifisch zu reagieren sowie transformative Maßnahmen entwickeln und implementieren zu können (Hillmann, 2020).

In der Historie der Management-Literatur findet sich seit den 1980er Jahren das Konstrukt der Resilienz für Wirtschaftsunternehmen, in welcher über Bedrohungen für Organisationen geforscht wird, die deren Strategie und letztendlich auch das Bestehen von Unternehmens beeinflussen (Meyer, 1982 in Andersson, 2019; Linnenluecke, 2015).

In einer zweiten Welle in den 90er Jahren wurde Resilienz oft im Kontext von High Reliability Organisations (HROs) gesehen, also Unternehmen, deren verlässliches Funktionieren besonders wichtig für die Gesellschaft ist und deren Fehlfunktion oder Fehlverhalten katastrophenähnliche Folgen hätte (Duchek, 2019). Solche HROs gelten als erste Resilienz-Vorbilder für Unternehmen und damit auch für Freiwilligenorganisationen, die um die Relevanz ihrer organisationalen Resilienz für ihren zukünftigen Erfolg wissen (Darkow, 2019). In diesen Organisationen steht der allgemein geteilte Wert der Zuverlässigkeit und weniger der der Effizienz des Unternehmens im Vordergrund (Limnois, 2014). Zwischen 1980 und 1990 bewegte sich der Fokus in Bezug auf die Resilienz von externalen, äußeren Bedrohungen immer weiter hin zu internalen Risiken, also Faktoren, die innerhalb des Unternehmens liegen. Ab diesem Zeitpunkt wurde der Resilienz-Begriff verstärkt im Zusammenhang mit Krisen in der Risiko-Management-Literatur verwendet (Linnenluecke, 2015).

Mit der Zeit haben sich innerhalb dieser Management-Literatur laut Linnenluecke (2015) fünf Forschungsströme bzw. -richtungen herauskristallisiert. Resilienz wird als Antwort einer Organisation auf Bedrohungen (1), als organisationale Verlässlichkeit (2) oder als Eigenschaft der Belegschaft (3) betrachtet. Daraus abgeleitet kann Resilienz auch als Anpassungsfähigkeit des Unternehmens (4), oder als Gestaltungsrichtlinie für zuverlässige und stabile Lieferketten (5) verstanden werden (Linnenluecke, 2015).

Für einen umfassenderen Zugang von Resilienz in Organisationen sollen im folgenden Kapitel verschiedene Definitionen, grundlegende Gemeinsamkeiten sowie mögliche Konzeptualisierungen beleuchtet werden. Diese ausführlichere Herleitung bietet so eher einen Zugang für das, bis heute verwendete, teilweise widersprüchliche Verständnis der Resilienz und wird im Text beispielhaft in Bezug zu Strukturen der Engagementspraxis gesetzt.

3. Vertiefende Annäherung an die Definition organisationaler Resilienz

Aufgrund der Diversität organisationaler Resilienz wird diese auch als *Umbrella Construct* beschrieben (Darkow, 2018; Duchek, 2019; Vakilzadeh, 2021). Hier wird die Metapher eines ausladenden Regenschirms genutzt, um dem vielfältigen und komplexen Charakter des Begriffs organisationaler Resilienz gerecht zu werden, dessen Weite alle Eigenschaften des Konstrukts bergen kann.

Boin & van Eeten (2013) unterscheiden zwei grundlegende Elemente bei der Definition zur Resilienz. Erstens besteht eine aufkommende, aber unerwartete Gefahr, welche auf Organisationen wirkt. Zweitens wird der Umgang mit dieser Gefahr betrachtet. Bereits bei dem hier zu erwarteten Ergebnis beider Elemente differenzieren sich die Forschungsansätze, da von einigen Autor*innen darunter das Zurückerlangen des vorherigen Status als Resilienz verstanden wird, während andere einen verbesserten, optimierten Zustand als Bedingungen für Resilienz sehen (Boin, 2013; Hartmann, 2020). Dies hängt mit dem jeweiligen Verständnis von Resilienz zusammen: es kann als eine defensive, reaktive Antwort auf eintreffende Bedrohungen und Widrigkeiten (1) verstanden werden oder als eine offensive, proaktive Antwort auf die als Gefährdung erlebte Situation (2) gesehen werden (Darkow, 2018; Duchek, 2019).

Bei einigen Forscher*innen herrscht Einigkeit, dass Resilienz keine additiven Eigenschaften besitzt. Das bedeutet, dass die Gesamt-Resilienz nicht als Summe der einzelnen Eigenschaften und Kapazitäten von Individuen einer Organisation zu verstehen ist, da in der Interaktion und in der Einbettung in einen organisationalen Kontext neue und andere resiliente Fähigkeiten und Verhaltensweisen als im personalen Kontext zu erwarten sind (Akgün & Keskin, 2014; Duchek, 2014; Lengnick-Hall et al., 2011; Williams, 2017). Daraus lässt sich ableiten, dass bei jeder Krise oder Bedrohung andere Personen zu Handelnden werden, um unter sich verändernden Bedingungen resilient zu bleiben. Die Helden des französischen Comics können beispielsweise auf ihren Reisen in fremder Umgebung Gefahren oftmals nur gemeinsam mit Ihren Gastgeber*innen auf eine für sie bis dahin neue Art und Weise abwehren. Sie haben Erfolg, indem sie ihre in Gallien funktionierenden Kompetenzen und Handlungsmuster an die Bedingungen vor Ort anpassen.

Als weitere Eigenschaft des Konstruktes Resilienz postuliert Williams (2017) in seinem Literaturreview, dass dieses sich über die Zeit hinweg selbst verändert, da Akteur*innen in konstantem Austausch und Interaktion mit der eigenen Umwelt stehen. In einem weiteren Review von Bhamra (2011) wird dies verdeutlicht, welches auf Grundlage einer großen Anzahl an Abhandlungen ab den 1970er Jahren bis zum Jahr 2010 zeigt, dass besonders Resilienz im Kontext von Verhalten und dynamischen Eigenschaften konzeptualisiert worden ist.

Der Review von Hillmann (2020) bietet einen Überblick über mögliche Eigenschaften der Resilienz, die aus den unterschiedlichen Definitionen abgeleitet wurden. Hier wurden 71 Definitionen nach den Eigenschaften gefiltert, die besonders oft darin benannt werden. Die drei am häufigsten vorkommenden Eigenschaften, die für die Definition von Resilienz genutzt worden sind, sind Anpassungsfähigkeit (in 38% der Definitionen), die Fähigkeit Dinge zu bewältigen (in 28 %) und die Fähigkeit sich selbst neu (weiter-) zu entwickeln (in 21%) (Hillmann, 2020). In diesem Kontext wurden weitergehend sechs übergreifende, konzeptuelle Domains von Hillmann (2020) herauskristallisiert. Diese sind als verschiedene Untersuchungsbereiche oder Kernkonzepte, mit den jeweiligen Eigenschaften, zu verstehen. Einzelne Definitionen von Resilienz beinhalten manchmal eine, manchmal aber auch viele Domains. Alle der 71 Definitionen sind diesen sechs Domains zugeordnet worden.

Die erste Domain, *Awareness and Sensemaking*[1], bezieht sich auf die (organisationale) Wahrnehmung und der daraus resultierenden Antizipationsfähigkeit (Hillmann, 2020). Hier beinhaltet organisationale Resilienz die Fähigkeit, mit ausreichender Aufmerksamkeit permanent die Umwelt sowie die damit einhergehenden Wechselwirkungen in die Ziele einer Organisation einzubeziehen. Diesen holistischen Blick einzuüben, indem über die eigenen, bekannten organisationalen Strukturen und Beziehungen hinaus auch der Kontext möglichst umfassend bewertet wird, bevor eine Entscheidung getroffen werden muss, minimiert die Verwundbarkeit und evoziert adäquate (Krisenbewältigungs-)Reaktionen (Hillmann, 2020). In der Praxis bedeutet die Fähigkeit eines ganzheitlichen *„Blicks über den Tellerrand hinaus“* die eigene Organisation in Relation zum Kontext kritisch hinterfragen zu können und zum Beispiel bei Bedarf von bisher Bewährtem abzuweichen.

Im direkten Kontrast zu dieser ersten Domain beschreibt die *Stability Domain*[2] die Aufrechterhaltung und/oder Wiederherstellung der organisationalen Kernfunktionen sowie die gleichzeitige Minimierung der Auswirkungen einer Krise auf das Kerngeschäft (Hillmann, 2020). Hier steht das Zurückkommen zur ursprünglichen Form trotz erlebter Widrigkeiten im Vordergrund (Lampel et al, 2014). Das entspricht der Bewahrung von Traditionen in der organisationalen Praxis über einen langen Zeitraum, wie zum Beispiel bis heute Degen als Bestandteil von Uniformen in Schützenvereinen zu finden sind, obwohl deren ursprüngliche (Schutz-) Funktion keine Bedeutung mehr hat.

Eine dritte Gruppe von Eigenschaften, die beiden bisher beschriebenen Domains widerspricht, ist die *Change Domain*[3], die besonders die Fähigkeit einer Organisation beschreibt, sich dynamisch anzupassen, neu zu erfinden und eher die proaktive Veränderung anzustreben (Hillmann, 2020). Vergleicht man die daraus resultierende Tendenz zur Veränderung mit beiden bereits vorgestellten Stability- bzw. Change-Domains, so wird hier explizit der ambivalente Charakter organisationaler Resilienz sichtbar und damit die diversen Betrachtungsweisen dieses Konstrukts verständlicher, die sich in der Praxis wiederfinden lassen. Andersson (2019) betont in diesem Zusammenhang, dass innerhalb von Organisationen und damit innerhalb ihrer Mitglieder idealerweise eine Balance bezüglich dieser gegensätzlichen Eigenschaften gefunden werden sollte. Strukturen sind erfolgreicher, wenn sie je nach Situation veränderbar und anpassungsfähig, aber auch stabil und

1 dt. Übersetzung: Wahrnehmung und Sinnstiftung
2 dt. Übersetzung: Stabilität
3 dt. Übersetzung: Veränderung

robust (re-) agieren können. Die daraus resultierende notwendige Flexibilität, zwischen resilienten Eigenschaften je nach Herausforderung auswählen zu können, zeigt zum Beispiel der Umgang der gallischen Dorfgemeinschaft mit dem Barden Troubadix, dessen im Dorf eher ungeliebter, atonaler Gesang in einigen Geschichten dazu führt, dass er gehindert wird, weiter singend an gemeinsamen Abenteuern teilzuhaben. In anderen Situation trägt er auf Grund der dadurch hervorgerufenen, heftigen Wetterphänomene zum Sieg bei und wird dann extra aufgefordert zu singen.

Die vierte Domain wird als *Behavioral Domain*[4] bezeichnet, bei der die Realität aufkommender Widrigkeiten akzeptiert wird. Die Fähigkeit dieser im Idealfall alle Ebenen umfassenden Akzeptanz ist zusätzlich mit der Kompetenz verknüpft, Widrigkeiten als Chancen zu betrachten (Hillmann, 2020). Diese Fähigkeit, die Realität anzunehmen, ist mit der Kernfähigkeit der *Adaption* von Duchek (2019) ihres in Kapitel vier vorgestellten Prozessmodells zur Resilienz gleichzusetzen. *„Sich wieder auf die Realität zu konzentrieren"*, folgt einem mehr oder weniger ausgeprägten Schockmoment direkt nach dem Eintritt der Krise und ist der notwendige erste Schritt in die Handlungsfähigkeit auf personaler Ebene sowie auf der der Organisationen (Rolfe, 2019, S. 46). Adaption kann dabei zum Beispiel die Bereitschaft bedeuten eigene Fehler einzugestehen und organisationsweit dafür zu sorgen, dass über diese gesprochen wird, um sie zukünftig vermeiden zu können (Ameln, 2015). Gerade bei hochgradig, intrinsisch motivierten Freiwilligen, die aus ihrer Erfahrung bisher erfolgreichen sozialen Engagements eher optimistisch auf zukünftige Herausforderungen schauen, ist die frühzeitige Entwicklung robuster Strategien entscheidend, um auch Misserfolge oder Kritik zu verkraften oder mit Fehlern offensiv umzugehen. Resiliente Organisationen pflegen eine lebendige Fehlerkultur, die ein Scheitern genauso wie den Erfolg wertschätzend akzeptieren und gemeinsam reflektieren kann, um im Idealfall daraus für die Zukunft zu lernen (Hafner, et al., 2021, S. 35).

In der vorletzten Domain des Reviews von Hillmann (2020) geht es um *Growth*[5], also zum einen gestärkt durch eine Krise gehen zu können und zum anderen neue Fähigkeiten bzw. Ressourcen zu entwickeln. Hier ist der Blick besonders auf den Aspekt des Lernens zu lenken und in Verbindung zur dritten Domain des Change zu sehen, bei der eine positive Veränderung nach einer Krise stattfinden muss, damit die Organisation in Zukunft für ähnliche Situationen gewappnet ist. Das zeigt sich in Workshops mit den Aktiven aus der Engagementspraxis, in denen zum Beispiel mit klassischen

4 dt. Übersetzung: Verhaltensorientierung
5 dt. Übersetzung: Wachstum

Methoden der Bestandsaufnahme für Unternehmen die aktuelle Ist-Situation des eignen Engagements als eine Art Foto mit Blitzlicht visualisiert wird. Der Moment wird genau festgehalten und alle lokal verfügbaren Kompetenzen und Ressourcen sichtbar ausleuchtet, und damit konkretisiert. *„Rückbesinnung und das Generieren innerer Bilder von Erfolgen in einer ähnlichen Situation reduziert Unsicherheit, schafft Selbstvertrauen und macht mental stärker“* (Unkrig, 2021, S. 85). Eine gemeinsam durchgeführte Auflistung und Bewertung dessen, was dabei zu entdecken ist, nimmt gerade nicht im Fokus stehende aber verfügbare Kompetenzen und Ressourcen neu in den Blick. Zum Bespiel bietet ide Frage *„Was funktioniert bei uns gut?“* einen ersten, schnellen und pragmatischen Zugang für die Aktiven selbst.

Die letzte Domain der *Performance*[6] thematisiert den strategischen und wirtschaftlichen Aspekt organisationaler Resilienz, da hier, ähnlich wie in der Stability Domain, die Aufrechterhaltung des Tagesgeschäfts trotz Widrigkeiten von Relevanz ist. Es geht in Unternehmen darum, den Bedarfen des Marktes trotz Krisen weiterhin gerecht zu werden, um Ressourcen schnell und effizient zu allokieren (Hillmann, 2020). Sowohl die bei der vorhergehenden Domain Growth vorgestellte situative und individualisierte Kompetenzentwicklung durch personales und organisationales Lernen im sozialen Austausch als auch die genau entgegengesetzte Kompetenz des formalisierten Lernens, die der letzten Domain Performance zuzuordnen ist, kann Quelle für resiliente Lösungsansätze in (Freiwilligen-) Organisationen sein (Unkrig, 2021). Ein Beispiel sind stringente Vorgaben zeitnah verteilter Protokolle auch im Engagement, die unter genauer Auflistung von Zuständigkeiten und Terminierung anstehender Aufgaben eine belastbare schriftliche Unterlage bieten, um zum Beispiel Missverständnisse oder doppelte Bearbeitung zu vermeiden und so formell dazu beitragen schnell handlungsfähig zu sein, auch wenn die Erstellung Aufwand bedeutet.

Diese im Review von Hillmann (2020), aus einer Vielfalt von Definitionen, entwickelten sechs Domains spiegeln den diversen und differenzierten Charakter organisationaler Resilienz wieder und heben damit unterschiedliche Eigenschaften und Aspekte hervor, die sich idealerweise je nach Fragestellung für jede Gruppe oder Organisation unterschiedlich konzeptualisieren.

Abschließend ist ein übergeordnetes und integrierendes Konzept der gegensätzlichen Eigenschaften der vorgestellten sechs Domains zu erwähnen, das ebenfalls wissenschaftlich diskutiert wird (Darkow, 2018; Duchek, 2020; Vakilzadeh, 2021; Williams, 2017). Resilienz ist demnach nicht nur adäquat der allgemeinen Definition als das Zurückspringen in den Ursprungszu-

---

6 dt. Übersetzung: Leistung

stand einer Beule in einem Blech zu verstehen, sondern dazu gehören auch die daraus folgenden Aspekte des Wachstums und der Weiterentwicklung (Tennakoon, 2021). Es ist daher besonders wichtig, die Balance zwischen Agilität, Flexibilität und Adaption bzw. Stabilität zu finden (Andersson, 2019; Limnois, 2014). In der Praxis bedeutet dieses übergeordnete Verständnis zu wissen, das Resilienz nach *„Krisen oder Schicksalsschlägen auch abnehmen und danach wieder aufgebaut werden"* kann (Rolfe, 2019, S. 36). Im Comic ist das zum Beispiel der Moment, an dem alle erleben müssen, dass einmal eingefrorener Zaubertrank unwirksam wird und gemeinsam andere Strategien zur Krisenbewältigung gefunden werden (müssen).

Resilienz kann als ein Prozess verstanden werden, der auf Grund der wechselseitigen Beziehungen zur Umwelt diese selbst und die darin eingebettete Organisationsform ständig verändert, diese wie ein *Perpetuum mobile* in ständiger, dynamischer Interaktion hält (Hafner et al., 2021; Hernández 2021 b). Im Folgenden wird daher anhand des idealen Prozessmodells der Resilienz (Duchek, 2019) auf unterschiedliche Möglichkeiten zur Konzeptualisierung eingegangen sowie Gemeinsamkeiten und Unterschiede innerhalb dieser umrissen.

4. Modell der Resilienz im bürgerschaftlichen Engagement

Zur erfolgreichen Krisenbewältigung in Organisationen gehört zum einen diejenigen Kompetenzen aus der unübersichtlichen Vielfalt der resilienten Eigenschaften herauszufiltern, die zur jeweils aktuellen Situation und den beteiligten Personen passen. Zum anderen kann mit Hilfe des, in diesem Kapitel vorgestellten, idealen Prozesses der organisationalen Resilienz der Prozesspunkt identifiziert werden, an dem sich die eigene Organisation aktuell befindet, um dessen spezifische wechselseitigen Zusammenhänge und die damit verbundenen Ziele ebenfalls bei der Suche nach passenden Gegebenheiten resilienter Entscheidungen zu berücksichtigen. In Anbetracht der in Kapitel drei vorgestellten Vielzahl wissenschaftlich verwendeter Definitionen und Verständnisse des Konstrukts hat sich das Modell von Stephanie Duchek (2019, Abb. 1) mit einer holistischen Betrachtung von Resilienz, sowohl als Ressource als auch Prozess durchgesetzt. Im Folgenden wird dies genauer betrachtet und an einigen Punkten unter Bezug auf die Dorfgemeinschaft im Comic zur Erläuterung möglicher Implikationen für die Engagementspraxis vorgestellt.

Erste pragmatische Orientierung ist die Unterteilung des Kreislaufes der Resilienz in drei Phasen mit dazugehörigen Aktivitätsmustern: Vor der Krise (proaktive Haltung der Organisation), während der Krise (aktiver Umgang der Organisation damit) und nach der Krise (reaktive Antwort). Zu diesen drei Zeitabschnitten lassen sich die jeweiligen Prozess-Dimensionen *Antizipation*, *Bewältigung* und *Anpassung* zuordnen, in welchen die in Kapitel drei vorgestellte Vielfalt unterschiedlicher Fähigkeiten sowie externale Ressourcen wirken. Da organisationale Resilienz, wie beschrieben, abhängig von den jeweils beteiligten Personen ist, ordnet das Modell von Duchek (2019) zur weiteren Orientierung den einzelnen Phasen jeweils eine kognitive[7] und eine behaviorale[8] Antwort zu.

In der ersten Stufe des Modells der *Antizipation*, vor einem krisenhaften Ereignis, werden die Fähigkeiten gesucht, mit denen kritische Entwicklungen und potenzielle Gefahren frühzeitig wahrgenommen werden, sowie eine präventive Detektion möglich ist. Hier geht es darum Gefahren zu erkennen und diese zu benennen, um trotz möglicher Unterschwelligkeit schnell proaktiv reagieren zu können, bevor die Situation weiter eskaliert. Auch für resiliente Organisationen des bürgerschaftlichen Engagements ist das bereitgefächerte Wissen um eigene Fähigkeiten der *Observation* und der *Identifikation* in dieser Phase von besonderer Bedeutung. Laut Duchek (2019) stellen zum Beispiel Routineübungen hier eine hilfreiche Instanz dar, auf die zuverlässig zugegriffen werden kann, um schnell resilient antworten zu können. Die behaviorale Antwort der Organisation in dieser ersten Phase ist die eigene Vorbereitung auf Krisen. Dabei werden unter agiler Verarbeitung einkommende Reize im Blick behalten, um daraus in Abstimmung mit anderen Beteiligten bereits vor Eintritt in die nächste Phase Vorkehrungen treffen zu können. Auf Grund der Bedeutung dieser proaktiven Antizipation erhalten Entscheidungen in der ersten Prozessphase eine andere Bewertung und können auch zur Folge haben, dass eine bereits zuvor mit allen abgestimmte Veränderung nach einer weiteren routinemäßigen Bestandsaufnahme anders zu gewichten ist.

Dabei hat eine gemeinsam geteilte *Wissensbasis* kritische Bedeutung, die für bürgerschaftliches Engagement aus der Vielfalt des vor Ort innewohnenden Potentials schöpft (Kals et al, 2021). Ideal ist möglichst umfassend bereits vorhandene Informationen und Handlungsmuster abrufen zu können, mit denen Krisen in der Vergangenheit überwunden wurden. Zusätzlich ist die aktuelle Verfügbarkeit dieser Ressourcen entscheidend, da zeitliche, finanzielle und menschliche Kapitale für eine schnelle Reaktion benötigt werden, um im Krisenfall als erster Schock-Absorber greifen können. Hier vergrößern Angebote digitaler Schulungen eigene Fähigkeiten, wie beispiel-

7 Kognitiv beschreibt alle geistigen Fähigkeiten und Denkmuster
8 Behavioral beschreibt das gezeigte, angepasste Verhalten

weise der Deutschen Stiftung für Engagement und Ehrenamt (DSEE)[9]. Die Stiftung des Bundes ermittelt den aktuellen Bedarf der Engagementspraxis und hat weitere Angebote entwickelt, wie Förderprogramme in Form von lokalen Mikrokrediten[10] mit niederschwelligen Antragsvoraussetzungen.

Abbildung 1: Eigene Darstellung; in Anlehnung an Duchek (2019). Unterteilung des Prozesses in drei Phasen mit jeweiligen Fähigkeiten und Interaktionen zwischen den Phasen sowie einwirkende äußere Ressourcen für einen optimalen Umgang.

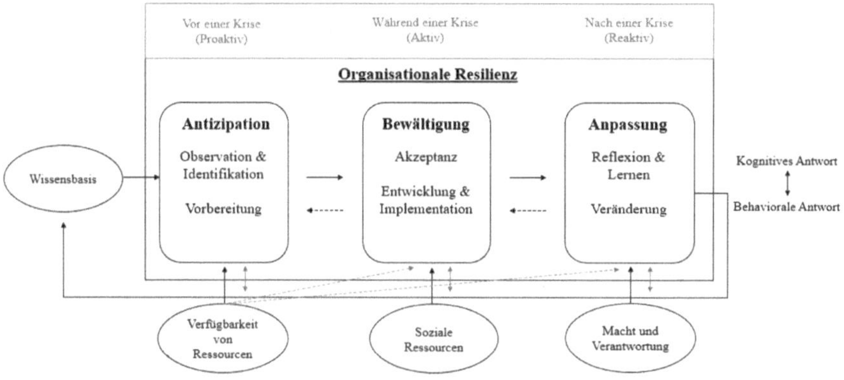

In der zweiten Phase des Modells nach Duchek (2019), der *Bewältigungsphase*, geht es um den aktiven Umgang mit den jetzt wirksamen kritischen Ereignissen, in welcher als kognitive Antwort hierauf zunächst eine gemeinsam geteilte *Akzeptanz* aller Beteiligten gefunden werden muss. Das ist das Wissen sowohl um die eigenen Stärken als auch die Art und den Umgang mit den Herausforderungen und gilt als kritisch für diese Phase. Beispiel einer einfach anzuwendenden Routine, die vor Ort einen groben Überblick zu Beginn einer krisenhaften Situation gibt, sind die *W-Fragen*: *Was, wer, wo, wie, wann und warum kann hier und jetzt zur Entscheidungsfindung und/oder deren Umsetzung beitragen*?

Die behaviorale Antwort einer Organisation zu diesem Prozesszeitpunkt während der Krise stellt die *Entwicklung und Implementierung* von Plänen oder Routinen dar. Duchek (2019) betont an dieser Stelle vor allem die

9 https://www.deutsche-stiftung-engagement-und-ehrenamt.de/

10 https://www.deutsche-stiftung-engagement-und-ehrenamt.de/foerderung/mikrofoerderprogramm/

Bildung selbstorganisierter Netzwerke, innerhalb derer Verantwortungen und Aufgaben, auch unabhängig vom tatsächlichen Verantwortungsbereich, aufgeteilt werden, um so kreativ und kollaborativ Antworten zu finden. Gemeinnütziges Engagement gründet vor allem auf soziale Beziehungen in positiver und wertschätzender Grundhaltung und das Teilen von Informationen und Ressourcen spielt traditionell eine wichtige Rolle, sodass oft auf bereits bestehende Netzwerke zugegriffen werden kann (Rolfe, 2019). Wichtig ist im Blick zu haben, dass sich Vertrauen und Respekt innerhalb der Organisation verfestigen, wenn über alle Ebenen hinweg an der Entwicklung zukünftiger Visionen und Ziele des eigenen Engagements partizipiert werden kann. Es sind also vor allem die sozialen Ressourcen, die Organisationen in der zweiten Phase der Resilienz über lebendige, vertrauensvolle Netzwerke der personalen und organisationalen Ebene zunächst aus einer als mehr oder weniger lähmend empfundenen Schockstarre direkt nach dem krisenhaften Ereignis heraushelfen können und damit die Akzeptanz der Situation durch alle Beteiligten als Voraussetzung für die nächsten Schritte erreichen (Duchek, 2019).

In der letzten Prozessphase des Prozessmodells der Resilienz, der *Anpassung*, geht es um die Transformation und die Ebenen übergreifende Möglichkeiten der *Reflexion* sowie des organisationalen *Lernens* dabei anzustoßen. Auf kognitiver Ebene wird die gerade beendete Krise im Ideal zeitnah analysiert; ihre Entstehung und die zukünftige Abmilderung ihrer negativen Auswirkungen. Hier schließt die im Prozessbild (Abb.1) dargestellte Verbindung zurück vom Abschluss der Phase III zum Beginn der Phase I den gerade durchlaufenen Zyklus der Resilienz. Das ist auch der ideale Zeitpunkt, an dem die Organisation Gelerntes transferiert, strukturiert und neu in die gemeinsam geteilte Wissensbasis abspeichert. Behavioral geht es nach der Krise darum, organisationale *Veränderungen*, also die Eigenschaften der Domain des Change, zu ermöglichen, um zunächst intern und später mit externen Beteiligten, wie Stakeholdern und den Zielgruppen des Engagements, gemeinsam geteilte neue Normen und Werte anzupassen sowie neue Verhaltensweisen etablieren zu können. Hier entstehen vor allem Widerstände im Zusammenhang mit den Ressourcen der Macht und der Verantwortung. *„Monatelange Konzeptentwicklungen im Elfenbeinturm werden ersetzt durch gemeinsames Arbeiten in Schleifen (Iteration)"* (Rolfe, 2019, S. 74). Duchek (2019) unterstreicht die Vorteile einer dezentralen, selbst-organisierten Entscheidungsfindung innerhalb der Organisation, um das mögliche Involvement so hoch wie möglich zu halten sowie auch ein Empowerment und Offenheit für Veränderung zu gewährleisten.

Die drei genannten Dimensionen der Antizipation, Bewältigung und Anpassung folgen zwar einer Prozessrichtung, beeinflussen sich aber auch wechselseitig. Die permanente Interaktion und Kommunikation über allen organisationalen Ebenen hinweg unter Berücksichtigung der Interdependenzen zur Umwelt sind entscheidend für den Prozess, mit dem resiliente, organisationale Antworten zu finden sind.

5. Die Bedeutung wertschätzender Kommunikation in der Praxis

Organisationen werden geprägt durch die Interdependenz der Menschen oder die der Einheiten, zu denen sie gehören. Für das Verständnis ihrer Kommunikation lassen sich drei Ebenen organisationaler Resilienz unterscheiden, die *Mikroebene* mit der Resilienz des Individuums, die *Mesoebene* mit der des *„Systems, zum Beispiel eine Branche oder ein Team (Systemresilienz)"* (Rolfe, 2019, S. 22) und die *Makroebene* der Organisation. Sie erweitern damit eher bekannte, resiliente Strategien auf der Mikroebene, wie beispielsweise gesundheitliche Präventionsansätze im Umgang mit persönlichen Stresssituationen. Auf der Mesoebene, geht es um konkrete Abläufe der Teams oder Einheiten selbst, die zu überindividuell begründeten Belastungen durch (soziale) Gruppendynamiken führen können Besonders groß ist der Einfluss der Kommunikation der Leitung(en), die sich im Idealfall kritisch hinterfragen lässt. *„Resilienzfördernde Führung ist kein neues Führungsmodell; jede Form von Führung leistet einen mehr oder weniger großen Beitrag zu personaler wie organisationaler Resilienz"* (Unkrig, 2021, S 296). Auf der Makroebene wird die Organisation als Ganzes mit ihren Beziehungen zur Umwelt betrachtet, wie zum Beispiel politisch-rechtliche und ökonomische Einflussfaktoren im Engagement. Wenn zum Beispiel Lösungsansätze in Krisen auf der Mesoebene nicht von allen mitgetragen werden (können), wird die organisationale Resilienz der Makroebene ebenso geschwächt (Rolfe, 2019).

Die Vielzahl der Aspekte, die sich durch Interdependenzen auf den drei Ebenen organisationaler Resilienz ergeben können, im Detail zu erfassen und zu bewerten ist unmöglich. Entscheidend für die Aufrechterhaltung kontinuierlicher Kreisläufe resilienter Entscheidungen sind Fähigkeiten zur *„Partizipation und Transparenz in Interaktions- und Kommunikationsprozessen"* (Unkrig, 2021, S. 93), um insbesondere im Blick auf die Mesoebene der Systeme Zuversicht und Vertrauen in die eigenen Potentiale gemeinsam zu teilen. *„Je mehr unterschiedliche Denkweisen und Ideen, desto größer die Möglichkeiten, Chancen und Gefahren im System selbst und seiner Umwelt zu erkennen* (Rolfe, 2019, S. 27).

Kommunikation resilienter Organisationen grenzt idealerweise keine Sichtweisen aus, und gibt so zum Beispiel Zweiflern oder Bedenkenträgern den Raum aktiven Zuhörens oder sucht Chancen der Diversität bei den Beteiligten und Stakeholdern. Dabei treffen zwangsläufig konfrontative Bewertungen aufeinander und lassen Konflikte entstehen, denen mit Hilfe von Kommunikationsroutinen frühzeitig und ganzheitlich begegnet werden kann (Hafner et al., 2021). Für Formen freiwilligen, gemeinnützigen Engagements kann zum Beispiel die Praxis der Streitschlichter*innen in Schulen (Günther, 2020) adaptiert werden. Dort lernen Kinder und Jugendliche ohne die Hilfe warten zu müssen in konfliktreichen Situation, selbst sofort konstruktiv und schnell zu reagieren. Vor allem die Anleitung der Konfliktparteien wechselseitig die jeweils andere Sichtweise nachzuvollziehen, also kurzfristig gedanklich „*in den Schuhen der anderen zu stehen*", leitet einen Perspektivenwechsel ein. Die guten Gründe der jeweils anderen Seite zu verstehen, wird dabei unter Bezug auf die vier Schritte der *gewaltfreien Kommunikation* zunächst in einem geschützten Rahmen eingeübt (Rosenberg & Holler, 2016). Eine solche Verankerung einer wertschätzenden gemeinsam geteilten Kommunikationskultur in Freiwilligenorganisationen führt zur „*Eröffnung von Spielräumen für koordiniertes, eigenständiges und demokratisches Handeln in- und außerhalb des Dorfs* [und] *ist meist Ergebnis eines langfristigen und oft konfliktträchtigen Übungsprozesses, der für den Aufbau von Resilienz unerlässlich ist* (Hernández, 2021b, S. 27).

Voraussetzung dabei ist die Aufforderung andere Sichtweisen in wertschätzender Grundhaltung nachzuvollziehen, die von Beteiligten oft als herausfordernd empfunden wird, da im direkten, persönlichen Kontakt vertretene, eventuell sehr konträre Sichtweisen im ersten Schritt resilienter Kommunikationskonzepte zunächst möglichst unwidersprochen zuzuhören ist. Das ist schwer auszuhalten und mit (starken) Emotionen verbunden (Heckner & Keller, 2010). Hier helfen klar vergebene Kommunikationsregeln und Strukturen der Rahmenbedingungen der Mediation, an die die Konzepte der Streitschlichter in Schulen angelehnt sind (Günther, 2020). Zudem werden keine Kompromisse ausgehandelt, wie zu Beginn oft von den Parteien vermutet, sondern alle Beteiligten erhalten ausreichend Zeit die eigenen Argumente vorzustellen. Es wird kein Konsens aller Sichtweisen auf dem kleinsten gemeinsamen Nenner gesucht, sondern so lange miteinander gesucht, bis alle Parteien den selbst formulierten Konfliktlösungsansätzen zustimmen können. Dabei werden oft bisher nicht benannte organisationale Ressourcen oder Kompetenzen bewusst, auf die in zukünftigen resilienten Entscheidungen und Strategen zugegriffen wichtig werden (Knapp, 2021).

Wertschätzende Kommunikation und organisationale Resilienz charakterisiert „*eine ganzheitliche, systemische Herangehensweise. Statt Einzelphänomene zu fokussieren, gilt es, das Gesamte im Blick zu behalten und Zusammenhänge sowie Interdependenzen zu verstehen*“ (Rolfe, 2019, S. 27). Ein strukturierter Austausch und das Verstehen möglichst vieler Sichtweisen „*über den eigenen Tellerrand hinaus*“ ist eine der zentralen organisationalen Kommunikationskompetenzen, die über die Mikro-, Meso und Makroebene hinweg bottom-up aufkeimende, regionale Prozesse der Selbstorganisation des Engagements verstetigen. Das ist der Effekt sozialer, lernender Gemeinschaftsstrukturen, die mit Hilfe „*der örtlichen Schwarmintelligenz*“ (Hernández, 2021b, S. 28) selbst aktiv werden und vor Ort eigene Lösungen zu einem frühen Zeitpunkt umsetzen.

Hier ist aus unserer Erfahrung die Bedeutung *systemisches Vertrauens* in resilienten Organisationen hervorzuheben, wo neben dem Vertrauen in (beteiligte) Personen auf der Mikroebene die notwendige Grundhaltung für lebendige Kommunikation und Kooperation auf der Systemebene und damit auf der Makroebene entsteht. „*Im arbeits- und organisationspsychologischen Kontext wird Vertrauen sowohl als Voraussetzung, v. a. aber auch als Resultat gelingender Kooperation betrachtet*“, und systemisches Vertrauen ist als Organisationsprinzip zu betrachten (Clases, 2017, S. 1795).

Jede Form von Austausch über alle Ebenen hinweg bzw. das Ausloten resilienzfördernder Kommunikationsstrukturen sind zentrale Aspekt unserer bisherigen Zusammenarbeit mit Engagementorganisationen und deren Stakeholdern. Wenn es gelingt, Kommunikationsräume zu schaffen, in denen die Haltungen im Miteinander zum

- Verständnis unterschiedlicher Perspektiven
- Aushalten von Widersprüchen
- Respekt vor anderen Menschen
- Abbau von Vorurteilen (Unkrig, 2029, S. 89)

für möglichst viele Beteiligte im Engagement erlebbar werden, führen diese lokalen Vorbilder auch bisher bei nicht-aktiv Interessierten mit der Zeit dazu, aus einer ablehnenden Einstellung zu Formen gemeinschaftlichen Engagements diese gedanklich durchzuspielen und vielleicht zu hinterfragen. Ein proaktiver, wertschätzender Kontakt zu diesen Interessierten regt im Idealfall dazu an, aktiv ihre Gedanken mit andern zu teilen und wird über authentische Antworten nachzudenken. Dieser Ansatz streift eines der häufigsten Anliegen aus der Praxis bürgerschaftlichen Engagements: *Wie erfahren wir die Meinung derjenigen, die sich bisher nicht geäußert haben und wie können wir diese für unser Engagement interessieren?* Es lohnt sich über die Zeit Kontakte proaktiv in wertschätzenden Grundhaltung der beschriebenen Kommunikationskultur immer wieder anzustoßen, Zeit für ein Gespräch über zum Bespiel Bedenken finden. Kommunikationstechniken unterstützen dabei den persönlichen Bezug, wie beispielweise *Paraphrasieren*, das Zusammenfassen der gehörten Gesprächsinhalte in eigenen Worten, die eine weitere Sichtweise auf das gerade besprochene Thema darstellen (Knapp, 2021). Die persönliche Begeisterung rund ums das eigene Engagement wird im Gespräch auf jeden Fall übermittelt.

Jede Form authentischer Kommunikation und das Gefühl beider Seiten verstanden zu werden, ist auch ein Weg der Tendenz der *Informalisierung* entgegenzutreten, der im aktuellen deutschen Freiwilligensurvey beschriebenen, weiterhin abnehmenden Bereitschaft langfristige Bindungen im Engagement einzugehen (Simonson, Kelle & Tesch-Römer, 2021). Freiwilligenorganisationen erwerben mittels einer wertschätzenden Grundhaltung Kommunikationskompetenzen, die dann zum Beispiel auch dazu führt Menschen mit Beeinträchtigungen oder Flüchtlinge nicht allein als Empfänger von Engagement in den Blick nehmen, sondern im Kontakt *„auf Augenhöhe“* deren Rolle als mögliche Aktive gemeinsam auszuloten.

Ein weiterer pragmatischer Ansatz zur Neuausrichtung von Aktivitäten über wertschätzendes Miteinander und proaktive, authentische Kommunikation ist zu möglichst vielen Anlässen Kinder und Jugendlichen explizit (mit-) einzuladen und aktiv zu beteiligen. Das kann zum Beispiel ein Angebot zur Bestandsaufnahme und der Bewertung der spezifischen Themen sein, sodass die damit verbundenen Bedürfnisse und Gefühle sichtbar und ausdrückt werden. Für die resiliente Engagementspraxis bedeutet im *„sinnstiftenden Miteinander, einer offenen Mentalität sowie mit der Fähigkeit, aus der Vielfalt an Menschen und Ressourcen im Ortsumfeld eine Quelle für positive Veränderungen“* (Hernández, 2021b, S. 26) zu schaffen.

Dabei gibt es *„keine einheitliche organisatorische Wirklichkeit“* (Rolfe, 2019, S. 165), die erlauben würde resiliente Ansätze 1:1 von einem Dorf zum anderen zu übertragen. Jedes Engagement ist dabei dann resilient, wenn es lokal gelingt, die eigne Vielfalt durch eine gemeinsam getragene und aktiv gelebte Kommunikationskultur wertzuschätzen und damit immer wieder in den dynamischen, Kreislauf-Prozesses neu einzusteigen.

Ein zusätzlicher Effekt der Einübung wertschätzender Kommunikations- und Konfliktlösungskompetenzen und damit der Möglichkeit des Aus- und Aufbaus persönlicher und direkter Kontakte ist der politischen Polarisierung der Gesellschaft bereits lokal entgegenzuwirken (Benning et al., 2022, S. 33). Das ist ebenso das Gefühl verstanden zu werden wie die Stärkung der Fähigkeit zur Interaktion zu Hause vor der eigenen Haustüre.

6. Dynamische Prozesse und Digitalisierung als Chance

Resiliente Entscheidungen stehen in komplexen Zusammenhängen, bei denen sich jede Veränderung eines Elementes wechselseitig auf das gesamte System sowie die Umgebung auswirken. Jedes Dorf entwickelt eigene Strukturen, eine eigene Kommunikationskultur und eigene Ressourcen (Steinführer, 2015; Benning et al., 2022). Die Metapher der Organisation als lebendiger, sich permanent wandelnder Organismus, eingebettet in eine sich ständig verändernde Umgebung visualisiert dieses dynamische System wechselseitiger Interdependenzen . Ein Organismus reguliert sich selbst, reagiert auf Veränderungen von innen bzw. außen, und verändert in umgekehrter Richtung ebenfalls seine Umwelt und diese ihn selbst (Kauffeld, 2014). Für resiliente Freiwilligenorganisationen entsteht Wandel durch *„verändernde Muster sozialer Ungleichheit gepaart mit einem gesellschaftlichen Wertewandel und neuen Generationenkonflikten. Auch die Klimakrise wird über ihre ökologischen Wirkungen hinaus diverse soziale und ökonomische Veränderungen und Konflikte innerhalb unserer Gesellschaft mit sich bringen*" (Benning et al., 2022, S. 7).

Nicht nur jedes Dorf ist anders, sondern auch die damit in Wechselbeziehung stehenden Kontexte unterscheiden sich. Das ist ein weiterer Grund warum Handlungsempfehlungen oder Lösungsansätze nicht 1:1 übertragbar sind. Erfolgreiche *Best Practice-* Beispiele sind kritisch unter Einbezug der eigenen Situation zu reflektieren. Bei unserer Begleitung bürgerschaftlichen Engagements profitieren Beteiligte dabei vor allem von intra- und interorganisationalen Austauschtreffen. Viele Teilnehmer*innen berichten zum Beispiel bei Besuchen erfolgreicher Leuchtturmprojekte neben den neu gelernten Inhalten von einer für sie vor Ort wahrnehmbaren Katalysatorwirkung, einer gegenseitigen Bereicherung und Begeisterung, die in der wissenschaftlichen Literatur als *organisationale Energie* beschrieben wird (Rolfe, 2019, S. 78).

Wie die in Kapitel drei vorgestellten, sich teilweise widersprechenden, sechs Domains der Verständnisse der Resilienz sollte die Differenzierung der Umwelten ebenfalls in der Engagementspraxis nicht vereinheitlicht werden, um deren Chancen organisationaler Resilienz abbilden zu können. *„Eine erfolgreiche Anpassung und zukunftsorientierte Mitgestaltung unserer Gesellschaft verlangen nicht nur (1) die Bereitschaft zum Wandel und (2) einen langfristigen Blick, sondern auch (3) Wissen um die sich verändernden Rahmenbedingungen"* (Benning et al., 2022, S. 7).

Pandemiebedingt steigt in weiten Teilen der Gesellschaft die Akzeptanz und Anwendung digitaler Kommunikation. Online-Treffen werden in der Engagementspraxis selbstverständlicher. Digitale Formate ergänzen die analoge Begegnung, wobei sie diese nicht dauerhaft ersetzten können (Engelhardt, 2020). Aus unserer Erfahrung unterstützten resiliente Entscheidungen digitale, themenbezogene, kurze Impulse und/oder der Austausch mit Expert*innen. Sie können organisatorisch und finanziell weniger aufwändig durchgeführt werden und die Teilnehmenden um eine Fremdperspektive bereichern.

Ebenfalls ist die Zunahme digitaler Unterstützung bei der Bewältigung kommunaler Aufgaben zu beobachten, über Bürger*innen angeboten wird mitzugestalten und damit den Ansatz von Robustheit und Transparenz als Merkmale intraorganisationaler Resilienz fördern, indem dem Bedürfnis Engagierter nach Informiertheit digital nachkommen werden kann (Unkrig, 2021). Ein Beispiel ist die digitale Abfrage ein Programm des Landes Nordrhein-Westfalen über die Plattform *Open.NRW*[11]. Partizipationsschritte sollten digital ab Projektstart als Prozess abgebildet und öffentlich zugänglich gemacht werden. Eine digital visualisierte Projekthistorie zeigt an, wo und wann die Ideen der Bürger*innen beratend in den Planungsvorgaben Platz gefunden haben und wo nicht. Konkret werden zum Bespiel Radwegeplanungen mittels digitalem Kartenmaterial visualisieren, die erlauben spezifisches Feedback der Bürger*innen für vorher festgelegte Streckenabschnitte zu hinterlegen. Deren weitere Bearbeitung und endgültige Bewertung durch die jeweiligen Behörden bleibt ebenfalls öffentlich zugänglich. So wächst eine digital unterstützte, vertrauensvolle Basis *„wetterfester Bürgerbeteiligung"*, die mit dem engen Kontakt zwischen Organisationen und allen beteiligen Stakeholdern ein auch in Krisen belastbares (Kommunikations-) Netzwerk schafft (Fuhrmann & Brunn, 2016).

Im direkten Miteinander entstehen vor Ort Engagementstrukturen, die befähigen gemeinsam geteiltes Wissen um resiliente Prozesse sichtbar zu machen und über personales und organisationales Vertrauen eine Bereitschaft zu stetiger Veränderung als Grundvoraussetzung jedes Wandels entstehen lässt. Diese Art resilienter (Kommunikations-) Strukturen aktiviert das Eigeninteresse Engagierter und wird von Anette Steinführer als Prozess der *Selbstresponsibilisierung* (2015) beschrieben. Auf diese Weise werden bereits bestehende top-down Partizipationsangebote zum Beispiel der Kommunen um bottom-up Ressourcen und Kompetenzen des Engagements ergänzt und im Zusammenspiel nach und nach die hier vorgestellten, resilienten Selbstorganisationsprozesse zur Sicherstellung der allgemeinen Daseinsvorsorge verstetigt.

---

11 https://open.nrw/open-government/beteiligungnrw

7. Beispiel aus der Engagementspraxis in der Euregio Rhein-Waal

Im INTERREG VA-Projekt „*Volunteers 2.0*“ (2020 – 2022) liegt der Fokus auf die Begleitung bürgerschaftlichen Engagements, besonders der Prozess der Kommunikation und Kooperation zwischen Vertreter*innen aus Politik der Verwaltung und den Bürger*innen

In Bezug Kommunikationsbarrieren freiwilligen, gemeinnützigen Engagements beiderseits der Grenzen identifizieren die begleitenden Projektteams der niederländischen bzw. deutschen Hochschulen oftmals Stereotypen, die unreflektiert bereits vor einem eventuellen Kontakt Ressourcen zum Ausloten resilienter Entscheidungen binden können. Eine subtil mitschwingende, unausgesprochene Vorstellung, ist zum Beispiel die Metapher des Amtsschimmels, der jeder Behörden- und Beamtenkultur innewohne. Wenn so eine mehr oder weniger bewusste Vorverurteilung beim tatsächlichen Kontakt auf das negativ besetzte Bild von „Dauerengagierten“ trifft, kann eine destruktive Grundstimmung eintreten, obwohl die richtigen Ansprechpartner*innen für das jeweilige Anliegen am Gespräch beteiligt sind. Sie verschließen die oben beschriebenen kreativen Kommunikationsräume. Hier helfen Routinen sich selbst zu hinterfragen und mit dem Bezug auf die eigenen Gefühle und Interessen auszusprechen, und die Inhalte davon zu trennen. Eine kontinuierliche Vernetzung und der stetige Austausch aller Beteiligten schafft belastbare Beziehungen, denn „*verschiedene Gruppen bedürfen hierbei nicht nur differenzierter Informationen und Informationskanäle, sondern auch individueller Erlebnis- und Vergegenwärtigungsereignisse*“ (Fuhrmann & Brunn, 2016, S. 76).

Wie in der Wirtschaft ist auch in der Engagementspraxis ein interorganisationaler Erfahrungstransfer Quelle neuer Perspektiven, bis hin zum Austausch über Anlaufschwierigkeiten oder Misserfolge. Sie führen zu *Aha-Effekten*, die als Ideal organisationaler Resilienz Erfahrungsberichte öffentlich zugänglich in digitaler Form ermöglichen[12]. Ziel ist dabei selbst im Kontakt mit anderen, kleine Stellschrauben der Organisations- und Kommunikationsstrukturen zu finden, die verbessert werden können. Um bei der Metapher der Schraube zu bleiben, werden diese gedanklich nach dem– „*Konzept der kleinen Fehler – schnelles und frühes Fehlermachen und Darauslernen (failing fast) – und des Loslassens von Perfektionismus* (Rolfe, 2019, S. 74) in alle Richtung zu drehen und nach Lösungen gesucht. Beispiel ist moderiertes Feedback aller Beteiligten als Abschluss kommunaler Partizipation, ein sodass über diese Form der Evaluation Erfahrungen in zukünftige (gesetzlich

12 https://verwaltungsrebellen.de

vorgeschriebene) Partizipationsverfahren einfließen können und durch das Gefühl entsteht, verstanden zu werden. Damit kann die Bereitschaft steigen, bei Bedarf erneut aktiv teilzunehmen und Zeit für die Zivilgesellschaft einzubringen.

Beispiele praktischer Umsetzungen im Engagement finden sich in unterschiedlichen niederländischen Konzepten von (teilweise bezahlter) Netzwerkarbeit, die wir etwa beim INTERREG VA-Projekt *„KRAKE - krachtige kernen/starke Dörfer"* (2016 – 2019) bei grenzüberschreitenden Besuchen kennengelernt haben. Gut vernetzte Schlüsselpersonen, die *„verbinder"* oder *„dorpondersteuner"*[13], sind vor Ort niederschwellig erreichbar und (weit) über das vereinbarte Stundenkontingent für ihr Dorf aktiv. Gemeinsam ist diesen Konzepten die Anbindung an lokale Freiwilligenorganisationen, mit denen bei Bedarf aus Lösungsansätzen der individuellen Anfragen einzelner Hilfsbedürftiger neue Projekte oder Ideen für die Allgemeinheit entwickelt werden. Das ist beispielsweise der Mehrzweckraum im Dorf America (NL)[14], der zu festen Zeiten von nicht vor Ort ansässigen Dienstleistern genutzt werden kann und so für nicht mobile Bewohner*innen leichter erreichbar wird.

Diese lokal hoch wirksame Funktion Einzelner zur Förderung gemeinschaftlichen Engagements sind *„Early Adoptors" (Menschen, die neue Ideen und technische und/oder soziale Innovationen als erste übernehmen) und ihre Fähigkeit, andere Menschen für ihre Ideen zu gewinnen"* (Hafner et al., 2021, S. 28). Wie entscheidend für zukünftige Entwicklungen diese Fähigkeit sein kann, resiliente Situationsanalysen in die Ausrichtung der eigenen Freiwilligenarbeit einzubeziehen, zeigen die aktuellen Zahlen der *Foresight*-Studie von Benning et al. (2022), die eine verstärkte Polarisierung zivilgesellschaftlichen Engagements in eine öffentliche Daseinsvorsorge (1) und eine eigenorganisierte Daseinsvorsorge (2) prognostiziert durch *„weiter zunehmende fachliche Spezialisierung und räumliche Zentralisierung auf der einen Seite sowie dezentrale, kleine lokale Lösungen und Eigenorganisation auf der anderen Seite"* (Benning et al., 2022, S. 14). Um diese Tendenz zur Polarisierung zivilgesellschaftlichen Engagements zu unterbrechen, bewertet die Studie die zukünftige Bedeutung und Funktion der Stakeholder bürgerschaftlichen Engagements neu. *„Vor allem die Rolle der Kommunen ändert sich, hin zu Mobilisierung, Ermöglichung, Moderation sowie einer integrativen, sektorübergreifenden Planung der Daseinsvorsorge"* (ebd., S. 14).

13 https://www.laefhoes.nl/wp-content/uploads/E-book_De_Dorpsondersteuner.pdf
14 https://inamerica.nl/america/het-dorp-america/

8. Fazit

Für das Überleben jeder Gemeinschaft ist die (Eigen-)Verantwortung möglichst vieler Beteiligten entscheidend, die sehr oft zunächst auf wenige Personen fußt und im Comic mit der Rolle des Asterix und des Obelix verknüpft ist. Hier werden eigenständig in kurzer Reaktionszeit Schachzüge lokal entwickelt, die Römer gemeinsam abwehren oder den Alltagsstress im Dorf bewältigen. Mit jeder erfolgreich gemeisterten Herausforderung verstärkt sich das Selbstvertrauen in eigene Fähigkeiten, sodass Freiräume entstehen auch ungewöhnliche Ansätze kreativ und eigenverantwortlich auszuprobieren. Dabei Fehler und Rückschläge zu tolerieren und daraus zu lernen ist eine Form langfristiger organisationaler Resilienz auf Grundlage eines allen Beteiligten innewohnenden und robusten Vertrauens in das eigene Wissen und die eigenen Fähigkeiten (Unkrig, 2021).

Das ganzheitliche Verständnis der vorgestellten sechs Domains nach Hillmann (2020) mit der Sensibilität für Abläufe und Zusammenhänge des fähigkeitsbasierten Prozess-Modells der organisationalen Resilienz (Duchek, 2019) geben in der Praxis ein gedankliches Geländer vor, an dem entlang es gemeinsam die eigenen Potentiale immer wieder neu zu entdecken gilt, die der Stakeholder und die bisher nicht im Fokus stehender Gruppen. Vielfalt ist dabei *„das wichtigste Merkmal resilienter Systeme"* (Unkrig, 2021, S. 80) und die Basis die Schritte organisationaler Resilienz zu gehen: als erstes unterschiedlichste Notwendigkeiten vor der eigenen Haustüre überhaupt zu erkennen, diese im Zusammenhang zu sehen und zu verstehen, um sich dann im Vertrauen auf die eigenen organisationalen Strukturen und Fähigkeiten zusammen zu entscheiden schnell selbst zu handeln. Ideal für die notwendige Kontinuität der kleinen Schritte des Ausprobierens und Auslotens *„hin zu"* passenden, bottum-up Strategien resilienten Handelns ist zum Beispiel bei aufkommenden Unsicherheiten oder Fragen zusätzlich zu den eigenen, bereits bestehenden, lebendigen Netzwerken auf eine bunte Palette, vielfältiger Quellen von Wissens- und Unterstützungsangeboten zurückgreifen zu können.

Hier leicht und schnell zu platzierende Anfragen führen im Ideal von der Beantwortung einzelner Wissenslücken *„auf Augenhöhe"*, über den wertschätzenden Erfahrungsaustausch mit Aktiven und Stakeholdern anderer Projekte oder Organisationen, bis hin zu konkreten, passenden Weiterbildungsangeboten, wie zum Beispiel die Qualifikation zur Organisationsentwicklung über Handbücher der Ehrenamtsstiftung Mecklenburg-Vorpommern[15]. Wir sind sicher, dass dabei das Engagements selbst auch die Spielräume resilienten Handels schafft, indem je nach Möglichkeit von der Gestellung von Räumen bis zu anteiliger finanzieller Beteiligung selbstverständlich aktiv bei der operativen Umsetzung unterstützen wird

Abhängig davon in welcher Phase des Prozesses organisationaler Resilienz (Duchek 2019) sich Engagagierte bei der Umsetzung von Ideen befinden, sind zum einen zukünftig diverse, lang- oder kurzfristige Unterstützungsangebote als schnell lokal verfügbare Bausteine unter Nutzung digitaler und/oder analoger Kommunikationskanäle notwendig und zum zweiten die Förderung ebenen-, kultur- und grenzüberschreitender Austauschangebote in vielfältigen Formen, deren Ziel nicht vorrangig die Planung und Realisierung neuer (Leuchtturm-) Projekte sein kann, sondern ideale Rahmenbedingungen für die Engagierten selbst, die mit einem ganzheitlichen Blick auf die lokalen Zusammenhänge Vielfalt schaffen und nachhaltig verstetigen.

Lebendige, soziale Beziehungen bilden die Basis jedes Engagements. In den (Comic-) Geschichten über ein berühmtes widerständiges, gallisches Dorf tragen die lebendige Kommunikationskultur und die Gelegenheiten einander zu treffen und zu erzählen. *„Wir laden Sie zum Abschluss bei einem gemütlichen Lagerfeuer mitten im Dorf ein. Sie wissen um die Chancen der Vielfalt von Engagement und Resilienz und grenzen niemanden aus, wie Kulturschaffende mit der Neigung zu atonalen Vorträgen oder die Bedenkenträger im Dorf mit manchmal schwer auszuhaltenden andern Sichtweisen. Viele Geschichten aus der Fremde mit ihrem Schatz neuer Sichtweisen über den eigenen (Dorf-) Tellerrand hinaus gehören dazu. Mit jeder neuen Gelegenheit sich zu Treffen wird Ihre gemeinsam geteilte Wissensbasis größter, Sie können Gefahren für Ihr Dorf resilienter begegnen, falls die „Römer mal wieder spinnen" oder der Alltag zu stressig wird. Aus Gedanken, die uns immer wieder beschäftigen, werden Taten. Und dazwischen ist es die Kunst, diese in Worte zu fassen. Viel Spaß dabei!"*

15 https://www.ehrenamtsstiftung-mv.de/gutes-tun-in-mv/qualifizieren/

Literaturverzeichnis

Akgün, A. E., & Keskin, H. (2014). Organisational resilience capacity and firm product innovativeness and performance. International Journal of Production Research, 52(23), 6918–6937. https://doi.org/10.1080/00207543.2014.910624

Ameln, F. von (2015). Interne Beratung – Gegenwart und Zukunft Ein Plädoyer für interne Beratung als Schlüsselelement der Wandlungsfähigkeit von Organisationen. Gruppendynamik und Organisationsberatung, 46(1), 5–21. https://doi.org/10.1007/s11612-015-0269-3

Andersson, T., Cäker, M., Tengblad, S., & Wickelgren, M. (2019). Building traits for organizational resilience through balancing organizational structures. Scandinavian Journal of Management, 35(1), 36–45. https://doi.org/10.1016/j.scaman.2019.01.001

Benning, L., Gerber, L., Krimmer, H., Schubert, P., Tahmaz, B. (2022, Februar). Zivilgesellschaftliches Engagement im Jahr 2031: Prognosen und Zukunftsszenarien. https://www.ziviz.de/medien/zivilgesellschaftliches-engagement-im-jahr-2031

Bhamra, R., Dani, S., & Burnard, K. (2011). Resilience: The concept, a literature review and future directions. International Journal of Production Research, 49(18), 5375–5393. https://doi.org/10.1080/00207543.2011.563826

Boin, A., & van Eeten, M. J. G. (2013). The Resilient Organization. Public Management Review, 15(3), 429–445. https://doi.org/10.1080/14719037.2013.769856

Burnard, K., & Bhamra, R. (2011). Organisational resilience: Development of a conceptual framework for organisational responses. International Journal of Production Research, 49(18), 5581–5599. https://doi.org/10.1080/00207543.2011.563827

Clases, C. (2017). Vertrauen. In M. A. Wirtz (Hrsg.), Dorsch - Lexikon der Psychologie (18. Aufl.), S. 1795. Hogrefe.

Darkow, P. M. (2018). Beyond "bouncing back": Towards an integral, capability-based understanding of organizational resilience. Journal of Contingencies and Crisis Management, 27(2), 145–156. https://doi.org/10.1111/1468-5973.12246

Duchek, S. (2014). Growth in the face of crisis: The role of organizational resilience capabilities. In 74th Annual Meeting of the Academy of Management, AOM 2014 (Vol. 1, pp. 861–866). https://doi.org/10.5465/AMBPP.2014.225

Duchek, S. (2019). Organizational resilience: a capability-based conceptualization. Business Research, 13(1), 215–246. https://doi.org/https://doi.org/10.1007/s40685-019-0085-7

Engelhardt, K. (2020). Interne Kommunikation mit digitalen Medien: Learnings aus der Covid-19-Krise zu Prozess-Steuerung, Mitarbeiterführung und Krisenkommunikation (1. Aufl.). Springer Gabler. https://doi.org/10.1007/978-3-658-31493-

Fisch, R., Müller, A. & Beck, D. (2008). Veränderungen in Organisationen. VS Verlag. https://doi.org/10.1007/978-3-531-91166-3

Fuhrmann, R. D. & Brunn, M. J. (2016). „Wetterfeste" Bürgerbeteiligung. TATuP Zeitschrift für Technikfolgenabschätzung in Theorie und Praxis, 25(2), 72–79. https://doi.org/10.14512/tatup.25.2.72

Gergs, H. J. (2019). Agilität und Organisationsentwicklung – Ziemlich beste Freunde? Gruppe. Interaktion. Organisation. Gruppe. Interaktion. Organisation: Zeitschrift für Angewandte Organisationspsychologie (GIO) 50(2), 101–110. https://doi.org/10.1007/s11612-019-00463-3

Günther, M. (2020). Gewalt an Schulen - Prävention: Erprobte Programme, Positionen und Praxis-Projekte (1. Aufl.). Springer Fachmedien. https://doi.org/10.1007/978-3-658-32579-4

Hafner, S. & Hehn, N., Miosga, M. (2021, 01. Juni). Resilienz und Landentwicklung: Vitalität und Anpassungsfähigkeit in ländlichen Kommunen stärken. Ländliche Entwicklung Bayern (Kurzfassung). https://eref.uni-bayreuth.de/65536/

Harrison, T. R., Yang, F., Anderson, D., Morgan, S. E., Wendorf Muhamad, J., Talavera, E., Schaefer Solle, N., Lee, D., Caban-Martinez, A. & J.Kobetz, E. (2017). Resilience, culture change, and cancer risk reduction in a fire rescue organization: Clean gear as the new badge of honor. Journal of Contingencies and Crisis Management, 25(3), 171–181. https://doi.org/10.1111/1468-5973.12182

Hartmann, S., Weiss, M., Newman, A., & Hoegl, M. (2020). Resilience in the Workplace: A Multilevel Review and Synthesis. Applied Psychology, 69(3), 913–959. https://doi.org/10.1111/apps.12191

Heckner, K. & Keller, E. (2010). Teamtrainings erfolgreich leiten: Fahrplan für ein dreitägiges Seminar zur Teamentwicklung und Teamführung (3. Aufl.). Edition Training aktuell. managerSeminare Verlags GmbH.

Hernández, A. A. (2021a). Resiliente Dörfer in Europa. Fachzeitschrift der Agrarsozialen Gesellschaft eV (ASG), 1(96), 20–24. https://www.asg-goe.de/pdf/LR0121.pdf

Hernández, A. A. (2021b). Lernen am Modell - Die Resilienz von ländlichen Gemeinschaften in Politik und Praxis der Landentwicklung stärken. Fachzeitschrift der Agrarsozialen Gesellschaft eV (ASG), 2(97), 26–29. https://www.asg-goe.de/pdf/LR0221.pdf

Hillmann, J., & Guenther, E. (2020). Organizational Resilience: A Valuable Construct for Management Research? International Journal of Management Reviews, 23(1), 1–38. https://doi.org/10.1111/ijmr.12239

Kals, E., Strubel, I. & Güntert, S. (2021). Gemeinsinn und Solidarität: Motivation und Wirkung von Freiwilligenarbeit. Bibliothek Forschung und Praxis, 45(1), 14–25. https://doi.org/10.1515/bfp-2020-0103

Kauffeld, S. (2014). Arbeits-, Organisations- und Personalpsychologie für Bachelor (2., überarbeitete Aufl.). Springer. https://doi.org/10.1007/978-3-642-42065-8

Kauffeld, S., Endrejat, P. C & Richter, H. (2019). Organisationsentwicklung. In S. Kauffeld (Hrsg.), Springer-Lehrbuch. Arbeits-, Organisations- und Personalpsychologie für Bachelor., 73–104. Springer. https://doi.org/10.1007/978-3-662-56013-6_4

Knapp, P. (Hrsg.). (2021). Praxishandbuch Beratung. Konfliktlösungs-Tools: Klärende und deeskalierende Methoden für die Mediations- und Konfliktmanagement-Praxis (7. Aufl.). Edition Training aktuell. Manager Seminare Verlags GmbH

Lampel, J., Bhalla, A., & Jha, P. P. (2014). Does governance confer organisational resilience? Evidence from UK employee owned businesses. European Management Journal, 32(1), 66–72. https://doi.org/10.1016/j.emj.2013.06.009

Lengnick-Hall, C. A., Beck, T. E., & Lengnick-Hall, M. L. (2011). Developing a capacity for organizational resilience through strategic human resource management. Human Resource Management Review, 21(3), 243–255. https://doi.org/10.1016/j.hrmr.2010.07.001

Limnois, E. A. M., Mazzarol, T., Ghadouani, A., & Schilizzi, S. G. M. (2014). The resilience architecture framework: Four organizational archetypes. European Management Journal, 32(1), 104–116. https://doi.org/10.1016/j.emj.2012.11.007

Linnenluecke, M. K. (2015). Resilience in Business and Management Research: A Review of Influential Publications and a Research Agenda. International Journal of Management Reviews, 19(1), 4–30. https://doi.org/10.1111/ijmr.12076

Rolfe, M. (2019). Positive Psychologie und organisationale Resilienz: Stürmische Zeiten besser meistern. Positive Psychologie kompakt. Springer. https://doi.org/10.1007/978-3-662-55758-7

Rosenberg, M. B. & Holler, I. (2016). Gewaltfreie Kommunikation: eine Sprache des Lebens (12., überarbeitete und erweiterte Aufl.). Junfermann Verlag GmbH.

Simonson, J., Kelle, N., Kausmann, C. & Tesch-Römer, C. (2021). Freiwilliges Engagement in Deutschland - Der Deutsche Freiwilligensurvey 2019. (Empirische Studien zum bürgerschaftlichen Engagement). Springer VS. https://doi.org/10.1007/978-3-658-35317-9

Schubert, C. (2019). Akteur-Netzwerk Theorie. In M. Apelt, I. Bode & R. Hasse (Hrsg.), Handbuch Organisationssoziologie, 1–24. Springer Fachmedien. https://doi.org/10.1007/978-3-658-15953-5_16-1

Steinführer, A. (2015). Bürger in der Verantwortung. Veränderte Akteursrollen in der Bereitstellung ländlicher Daseinsvorsorge. Raumforschung und Raumordnung, 73(1), 5–16. https://doi.org/10.1007/s13147-014-0318-3

Tennakoon, W. D. N. S. M., & Janadari, M. P. N. (2021). Organizational Resilience: What it is and what it isn't? A Conceptual Review. Wayamba Journal of Management, 12(1), 171. https://doi.org/10.4038/wjm.v12i1.7520

Unkrig, E. R. (2021). Resilienz im Unternehmen - den Faktor Mensch fördern: Handlungsempfehlungen und praktische Umsetzung (1. Aufl.). Springer Fachmedien. https://doi.org/10.1007/978-3-658-34591-4

Vakilzadeh, K., & Haase, A. (2021). The building blocks of organizational resilience: a review of the empirical literature. Continuity & Resilience Review, 3(1), 1–21. https://doi.org/10.1108/crr-04-2020-0002

Williams, T. A., Gruber, D. A., Sutcliffe, K. M., Shepherd, D. A., & Zhao, E. Y. (2017). Organizational response to adversity: Fusing crisis management and resilience research streams. Academy of Management Annals, 11(2), 733–769. https://doi.org/10.5465/annals.2015.0134

Kapitel 4: Integrierte Perspektiven

Klaus Hegemann

Aus Mangel an Integrität…Identitätsverlust

Ein kritischer Essay als Replik zur Optimierung der Ökonomie[1]

> Ein Zwang, nach dem Eines geschehen müßte, weil etwas anderes geschehen ist, gibt es nicht. Es gibt nur eine *logische* Notwendigkeit. (Wittgenstein, 6.37)
> Der Sinn des Lebens ist leben (Casper, Das Grizzly Lied)

1. Rückschau und Bestandsaufnahme

1.1 Das Streben nach Effizienz in der Ökonomie

Eine jede Zeitrechnung sucht ihre Rechtfertigung mit dem Verweis auf große Ereignisse. Oft sind es Kriege oder besondere Erfindungen, die eine Wirkung auf große Teile der Menschheit haben, und die allen in den Blick fallen. Dies mag daran liegen, dass die Zeit von Krieg und großen bahnbrechenden Erfindungen mit besonderer Dynamik Entwicklungen und Kräfte freilegen. Mit den fundamentalen Kenntnissen und Errungenschaften der Aufklärung, im Detail den großen Fortschritten in den Naturwissenschaften, sortiert sich der Mensch im weiteren Verlauf ab dem frühen 19. Jahrhundert neu, schafft gewissermaßen eine besondere Ordnung der Dinge und seines eigenen Bildes (Foucault 1966). Die Dynamik der Industrialisierung stellt Politik und Gesellschaft wieder vor völlig neue Herausforderungen.

Während sich in dieser Zeit diverse Wissenschaften entfalten, sucht auch die Ökonomie ihren Platz, der ihr die aus eigener Anschauung angemessen hervorragende Position einräumt, bleibt aber doch zunächst scheinbar hinter den Ingenieurs- und Naturwissenschaften zurück, deren messbare wie verifizierbare Versuchsanordnungen eine wahrscheinlich sichere Pro-

1 Der vorliegende Text und die darin zugrundeliegenden Gedanken finden einen Impuls im kontrovers geführten Diskurs mit dem geschätzten Kollegen Prof. Dr. Martin Rhonheimer, Präsidenten des Austrian Institutes of Economics and Social Philosophy, im Rahmen der 6. Internationalen Gocher Gespräche („Markt versus Moral“) im Januar 2019. Der Essay basiert auf den Erörterungen des dortigen Vortrags „Integrität oder Effizienz? Ethik und Moral im Kontext von Big Data“.

gnose erlauben. Während auch nach dem Zweiten Weltkrieg der Ökonom John Kenneth Galbraith noch mit den Unwägbarkeiten des menschlichen Wirtschaftens erfolgreich kokettieren mag, bahnt sich erst in den sechziger Jahren des 20. Jahrhunderts eine Schule den Weg, die das effizienzstrebende Handeln der Maschinen- und Naturwissenschaften überragen möchte: die *Chicago School* (Galbraith 2004; Hegemann 2016a).

Milton Friedman insbesondere sollte die Bedeutung der neo-klassischen Theorie, hier der freien Preisbildung zur besten Allokation der Ressourcen am Markt, hervorheben. In einer Wirtschaft, die frei von staatlichen Einflüssen ist, könnten Angebot und Nachfrage eine effiziente Steuerung erfahren (Friedman 1962). Diese Idee sollte durch entsprechende Protagonisten der Chicago School wie Harry Markowitz im Rahmen der Portfoliotheorie optimiert werden. Die Theorie der effizienten Märkte und Portfolios berücksichtigt und berechnet schon den reinen (digitalen) Handel von Rechten auf Wirtschaftsgüter als Möglichkeit. Somit wird hier die Abbildung der Wirtschaft durch Derivate als Ur-Typ der profitorientierten Ökonomie in besonders effizienter Ausgestaltung vorbereitet (Markowitz 1952).

Wenn sich die Denker der Chicago School in ihrem Bestreben nach Berechenbarkeit und Bedeutung – sicher auch in der Absicht, das Wirtschaften zu verbessern – auf ihren Vordenker, den großartigen Politökonomen Adam Smith und dessen herausragendes Werk „The Wealth of Nations“ (1776) berufen, so versäumen sie doch im Gegensatz zu Smith etwas Maßgebliches, nämlich den Menschen in seiner ihm eigenen Menschlichkeit einzubeziehen, wie in der „The Theory of moral sentiments“ (1759) von Smith beschrieben:

> *„Mag man den Menschen für noch so egoistisch halten, es liegen doch offenbar gewisse Prinzipien in seiner Natur, die ihn dazu bestimmen, an dem Schicksal anderer Anteil zu nehmen, und die ihm selbst die Glückseligkeit dieser anderen zum Bedürfnis machen, obgleich er keinen anderen Vorteil daraus zieht, als das Vergnügen, Zeuge davon zu sein.“* (Smith zit. nach Sedlacek, 242)

Der Ur-Vater der neo-klassischen Ökonomie setzt schon hier der Effizienz ihre Grenzen. Wenn sich also Michael Douglas später filmisch als Investmentbanker Gordon Gekko darstellt und im Film *Wall Street* der Welt mitteilt, dass Gier *gut* sei, also im Rahmen einer Wert-Schätzung ein positives Urteil zulässt, so ist dies lediglich im Rahmen der neoklassischen Theorie von Markt und Preis logisch, als moralisches Urteil jedoch nicht nachvollziehbares menschliches Verhalten.

1.2 Methode

An dieser Stelle wäre es möglich, Kritik zu üben, beispielsweise am angelsächsischen Kapitalismus-System, an der Finanzindustrie oder der Gier Einzelner. Vor diesem Hintergrund soll nachfolgend jedoch in Form eines Essays kritisch nachvollzogen werden, ob die Dominanz des marktliberalen Modells als effiziente Form des Handelns im Interesse des Mensch-Seins seine Gültigkeit besitzt. In diesem Zusammenhang wird unterstellt, dass die Betrachtung auf einer dann neuen vollendeten Form der Ökonomie basiert, so wie diese etwa von Jaron Lanier beschrieben wird: als neue Ökonomie, in der ein Mensch nicht zuerst als Kunde der Unternehmen wahrzunehmen ist, sondern hier vollständig zum Produkt dieser Unternehmen wird, im Ergebnis also seine Integrität wie auch Identität verliert (Lanier 2013).

Als Essay ist diese Darlegung lediglich als eine Perspektive zu verstehen, die zur Diskussion gestellt wird. Es geht weniger um eine Einordnung von Ursachen und Konsequenzen, sondern vielmehr darum, als bruchstückhafter Versuch, die vermeintliche Ordnung und festgefahrene Sichtweisen aufzubrechen. Schließlich ist gerade der Anspruch auf totale Berechenbarkeit menschlichen Verhaltens die tragende Botschaft der Effizienzgläubigen, die sich hierbei auf die Überlegenheit ihrer Server gegenüber kognitiven menschlichen Fähigkeiten berufen. Im Übrigen soll diese Überlegenheit an dieser Stelle nicht diskutiert werden, sondern die Frage gestellt werden, inwiefern eine zugelassene Dominanz im Interesse des Menschen sein kann.

Dazu soll zunächst auf den Nachhall der jüngsten Krisen – New Economy, Finanzmarktkrise, Staatsschuldenkrise – eingegangen werden. Welche Lektionen lernt der Mensch in der industrialisierten und digitalisierten Gesellschaft, die ihm immer schneller immer mehr Informationen zur Verfügung stellt? Zudem ist zu fragen, welche Grundlagen es denn sind, die den Menschen hier oder im Rahmen der neoklassischen Idee beeinflussen: welchen Nutzen stiftet das Handeln für den Menschen? Reicht es aus, den Profit als Philantrop (teilweise) in die Gesellschaft zurück zu führen, um als Unternehmen soziale Verantwortung zu reklamieren?

Beispielhaft sollen im Anschluss auf scheinbar willkürliche Art die Fragen und Diskussionen in den Vordergrund gerückt werden, die auf Mikro- und Makroebene die Folge der genannten Krisen sind. Der exemplarische Charakter dieser Einzelfälle ergibt sich an dieser Stelle aus der gewählten Methode, die als relevantes Werkzeug gegen das dominante Maschinenimperium und seine maximale (mathematische) Rationalität bleibt: das (möglichst) zufällige Aneinanderreihen von Vorgängen, die sich nicht der vermeintlichen Logik eines Algorhythmus erschließen, sondern sich aus einem Fundus speist, der aus dem Moment *vor* der totalen Nutzung des Internet entstammt, gleich einer Bibliothek, die sich aus ausschließlich menschlichen Interessen sortiert (Borges 1962).

Die Resultate dieser Analyse werden als Summe in die Perspektive gesetzt: welchen Wert hat das menschliche Verhalten, welche Bedeutung mag Tugend im 21. Jahrhundert unter den genannten Bedingungen haben.

2. Compliance oder Integrity – Recht oder Moral in der Gesellschaft

In seinem Aufsatz über „Finanzwesen und Krisen der Moral“ beschreibt Markus Gerhard (2015) detailliert die Regulierung sowie die Re-Regulierung des Finanzsektors, aus dessen Fähigkeit zur Vervielfältigung sich die Wucht der Finanzmarktkrise speiste. War die Krise der New Economy – mit der Eruption des Scheiterns des Energiehändlers, nicht Energieproduzenten, Enron in 2001 – noch als Ignoranz der Sparte der Investmentbank nachvollziehbar, die sich im Rausch der Kurse mitreißen ließ, so erstaunt dennoch die schnelle Rückkehr und noch um ein Vielfaches deutlicher ausgeprägte Krise der Finanzmärkte ab 2007 – und diese Krise hat auch nach einer weiteren Dekade ihr Ende nicht gefunden. Das gesamte Maß der Verschuldung ist nicht mehr greifbar, so sind es nicht nur Einzelne, die Unternehmen oder die Staaten, sondern es ist ein Dreiklang an überschuldeten Schuldnern entstanden. So hat sich die Gesamtschuldenquote seit Ausbruch der Finanzmarktkrise 2008 über die Maßen entwickelt: Der Verschuldungsgrad von Staat, Unternehmen und privaten Haushalten hat um etwa 50 Prozent auf 250 Milliarden US-Dollar zugenommen und etwa das Dreifache der jährlichen Wirtschaftskraft dieser Staaten erreicht (Chappatta, Bloomberg 2018).

Es ist wenig nachvollziehbar, dass die dramatischen Ereignisse in der Folge der jeweiligen Krise keine Resonanz gefunden haben, die aus moralischer, also wertender Sicht, nachvollziehbar ist. So zitiert Gerhard vermeintlich unsystematisches Fehlverhalten (das in der Summe nicht minder problembehaftet ist) wie Falschberatung von Kunden in der Anlage von Wertpapieren, aber auch systematisches Fehlverhalten, das durch die professionelle Manipulation bei Referenzzinssätzen entsteht und attestiert daher zurecht, dass eine solche finanzwirtschaftliche Krise in jedem Falle auch eine moralische Krise sei, also eine solche, die durch menschliches Handeln bedingt ist (Gerhard 2016, 26-27). Wie ist diese Wucht der Verfehlungen aber möglich und welche Rahmenbedingungen sind festzustellen, die solche Exzesse ermöglichen oder doch immerhin nicht verhindern?

An dieser Stelle soll der Blick auf die Darstellung möglicher Steuerungsphilosophien gerichtet werden: dem *Compliance Ansatz* und dem *Integrity*

Ansatz (Kese nach Noll 2012). Während der Compliance-Ansatz Konformität im Verhalten zum Ziel hat, um kriminelles Verhalten zu verhindern und hierzu Handlungsspielräume begrenzt und Kontrolle als maßgebliches Mittel erachtet, steht beim Integrity-Ansatz die Selbststeuerung im Mittelpunkt: Verantwortungsbewusstes Verhalten hin zu moralischem Verhalten steht im Zentrum dieses Modelles.
Beide Ansätze und ihre Wirksamkeit sollen kurz betrachtet werden. So nachvollziehbar und zunächst plausibel die Entscheidung auch ist, sich auf das Compliance-Modell zu stützen, so wenig erfolgreich ist es in der Praxis. Denn es ist zu bedenken, dass es sich bei den genannten Vorfällen immer um Rechtsverstöße gehandelt hat, die strafwürdig waren und auch bleiben, dennoch aber stattfanden und stattfinden. Insofern ist es nur auf den ersten Blick verständlich, auf rechtliche Sanktionen mit rechtlichen Maßgaben zu reagieren. Illegal, also aus rechtlicher Sicht verboten, war die Täuschung von Kunden jedoch immer (Hegemann 2016b). Am Rande sei ergänzt, dass gerade die Industrie, die besonders effizient ist (hier die Finanzindustrie, die den Handel und nicht das Produkt zum Objekt weiterentwickelt hat), naturgemäß auch besonders innovativ oder auch wandlungsfähig ist, sich mithin also Verboten und Gestaltungsvorgaben nach rechtlicher Vorgabe ob ihrer besonderen Fähigkeiten entziehen kann. Schließlich ist die Innovationskraft schon im Modell nach Smith als Konsequenz eines Marktpreises stilbildend. Im System der Compliance fällt zudem besonders unangenehm auf, dass es gefährliche Analogien zu grundlegenden Aspekten der neoklassischen Ökonomie bzw. der Ausrichtung der Chicago School gibt. So begründen sich beide auf einem opportunistischen Menschenbild, heißt, es wird jeweils profitmaximierendes, scheinbar rationales, den eigenen Nutzen in den Vordergrund stellendes, Handeln unterstellt. Vor diesem Hintergrund ist eine Begrenzung von Spielräumen im menschlichen Handeln folgerichtig, was wiederum die freie, eigenverantwortliche Entscheidung der Aktion konsequent ausschließt.
Zudem sei angemerkt, dass die maximale Gewinnerzielung durchaus auch in der wissenschaftlichen Betrachtung positiv eingefangen wurde, sofern durch philanthropische Handlungen Gewinn (teilweise) wieder in die Gesellschaft zurückgeführt würde. Immerhin steht die Philanthropie in der Betrachtung von Archie B. Carroll an der Spitze einer Corporate Social Responsibility-Pyramide, ist also Bestandteil unternehmerischer Sozialverantwortung (Carroll 1979, 1991). Dieser Argumentation folgend, wäre dann der Ertrag als Ziel rechtfertigend für die eingesetzten Mittel.

Als Kontrast hierzu ermöglicht ein System, das auf Integrity bzw. Vertrauen aufbaut, idealerweise moralisches Verhalten, da in einem solchen System der Mensch als sozialbewusstes Wesen vorausgesetzt wird. Basierend

auf eigens entwickelten Werten identifiziert sich der Mensch laut Integrity-Ansatz mit einem Problem und möchte dieses lösen, aufgrund einer eigenverantwortlichen Entscheidung, wahrscheinlich soll basierend auf einem Werturteil die richtige Lösung unterstützt werden.
Das Scheitern eines Systems, das alleine auf Compliance-Maßnahmen basiert, wird an den diversen kriminellen Aktionen derer immer wieder sichtbar, die vor, aber auch noch direkt nach der Finanzmarktkrise, Vermögen anderer vernichtet haben. Dabei kann das Fehlverhalten einzelner Akteure nicht nur leicht als kriminelles Verhalten gebrandmarkt werden, sondern muss auch als asozial und unmoralisch wahrgenommen werden. Finanzhasardeure wie Bernard Madoff, Nick Leeson oder Jérome Kerviel sind im Nachgang ohne weiteres zu isolieren, nachdem diese sich lange Zeit zu Lasten Vieler bereichert haben, jedoch ist es einer ausführlicheren Studie wert zu betrachten, wie sie sich lange Jahre, teils Jahrzehnte, in diesem System offenbar gut in den gelebten Regeln bewegen konnten.
Dies offenbart auch, dass es an dieser bedeutsamen Position in der Wirtschaft, nämlich in der besonders effizienten Finanzindustrie, nicht um Fragen der Ethik geht, deren Werte universeller Geltung sind. Hier handelt es sich vielmehr um moralische Fragen, die Wertvorstellungen dokumentieren, die in einem bestimmten Kontext gelten. An dieser Stelle positioniert sich die Finanzindustrie mit einer (Binnen-)Moral, die aus der Perspektive von effizienten Märkten interpretiert wird, und sich hierbei ohne jeglichen Bezug zu einem humanen Wertegerüst innerhalb der Gesamtgesellschaft erhebt (Czingon, Neckel 2015).

Gerne wird in diesem Kontext das Verhalten, das sich dem Recht unterordnet, als *compliant* bezeichnet, also als regelkonform, vielleicht sogar als „folgsam". Verbunden mit *integrem* Verhalten ist dies aus wertender Perspektive unbedingt zu begrüßen, kritisch ist dies erst, wenn das regelkonforme Verhalten nicht sittsam ist, also die Regeln im Kontrast zu den moralischen Maßstäben wahrgenommen werden müssen. Dies ist nur scheinbar nicht problembehaftet, jedoch dann problematisch, wo die Grundannahmen des Menschenbildes kollidieren, also der eigene Nutzen nicht mit dem Nutzen der Gemeinschaft übereinstimmt. Sofern hier die neoklassische Theorie dominiert, und dies nicht nur im System Wirtschaft, sondern im gesamtgesellschaftlichen System, würde dies die überragende Bedeutung von Markt und Preis aber manifestieren und diese als Werte verankern und über den Menschen und die Menschlichkeit stellen. Die Moral – oder zumindest die Deklaration des Verhaltens als Teil des gemeinsamen Kodex – bleibt innerhalb eines Teils der Gesellschaft oder Gruppe nachvollziehbar und das materielle Gewinnstreben sogar als Wert konsensfähig (Hegemann 2016b).

3. Der Nutzen-Begriff – Grenzen von Messverfahren

Im Kontext der neo-klassischen Ökonomie bedeutet die Fokussierung auf den Eigennutz bei risikoaversem Verhalten nicht zwingend eine moralische oder gar ethische Taxierung von Handlungen. Dennoch dient die Debatte über eine mögliche Nutzenethik dem Fortschreiten der liberalen Marktanhänger, da in die Diskussion um den Begriff des Nutzens ebenfalls eine gefühlte Messbarkeit oder Kalkulierbarkeit einzieht. Die klassischen Denker der Nutzenethik (Utilitarismus) wie Jeremy Bentham *(An Introduction to the Principles of Morals and Legislation, 1789)* oder John Stuart Mill (*Utilitarianism, 1861*) eröffneten im 19. Jahrhundert die breite Diskussion, die es schließlich möglich machen sollte, eine moralische Handlung so zu bewerten, dass diese dem positiven (*happiness* oder *pleasure*) oder negativen (*pain*) Nutzen zuzurechnen war und damit kategorisiert oder gar qualifiziert werden konnte, bis hin zu einer möglichen Priorisierung (Bentham, Mill in Cahn/ Markie 2012).

In der radikalen Form denkt und schreibt Peter Singer in *Practical Ethics* (1979) über Konsequenzen dieser Wahrnehmung, die es erlauben soll, alle Handlungen von Lebewesen oder solche betreffend zu diskutieren. Dies kumuliert in der Frage, ob die Be-Wertung und Messbarkeit menschlichen Lebens denkbar sind. Unter dem Begriff des Präferenzutilitarismus wird der Weg aufgezeigt, Handlungen als vorteilhaft oder gewinnbringend wahrzunehmen. Somit wird durch diese Verbindung von moralischen und wirtschaftlichen Aktionen die Handlung als solche in eine messbare Ebene transformiert, die den Profit ersatzlos als Maß der richtigen Handlung zulässt. In seiner totalen Umsetzung zögert die Industrie noch an den Stellen, die eine konsequente Aussprache als notwendige Voraussetzung im Rahmen einer Produktion benötigt: die Programmierung eines selbstlenkenden Fahrzeugs stößt hier noch in der Praxis an ihre Grenzen. Wer leidet im Falle einer Kollision weniger an Schmerzen bis hin am Verlust des Lebens? Soll mit diesen Parametern eine Berechnung erfolgen? Sind zwei junge Menschen aufgrund der vorhandenen Lebenserwartung einschließlich zu erwartender Produktivität und freudiger Momente mehr wert als drei ältere Menschen? An dieser Stelle stößt der messbare Nutzen in der Perspektive des Menschen noch an seine Grenzen; hierbei soll jedoch nicht verhehlt werden, dass der Rettungssanitäter einem Entscheidungskonflikt unterliegt, sofern gleichzeitig eine große Zahl Schwerverletzter zu versorgen sind. Dies gelingt naturgemäß regelbasiert, wobei jedoch die Kriterien im Ernstfall noch einmal der menschlichen Überprüfung durch den Sanitäter unterliegen.

Die besondere Mischform von Menschsein und Bewirtschaftung wird ebenfalls im Ausdruck der *Ware Gesundheit* sichtbar. In dem Augenblick, in dem der Mensch zu einer Kostengröße wird, gewinnt die Berechenbarkeit von *pleasure* und *pain* an Dynamik. Dann wird in der Medizin ein ökonomischer Nutzen kalkulierbar, wenn eine durchschnittliche Liegedauer ins Verhältnis zu den sogenannten Erlösstrukturen gesetzt wird, um Fallgruppen zu manifestieren. Wenn eine bestimmte Operation eine Verweildauer von gewöhnlich z. B. sieben Tagen zur Folge hat, vergrößert eine kürzere Liegedauer den Nutzen. Naturgemäß – und durchaus wünschenswert – wird der Operateur eine solche kurze Verweildauer ebenfalls als Qualitätsmerkmal seiner Arbeit begrüßen. Sofern jedoch (unabhängig vom Erfolg des Eingriffs in den menschlichen Körper) eine längere Verweildauer als Nachteil im Sinne eines negativen Nutzens wahrgenommen würde und dies dominant in der Gesamtschau sei, hat die Ökonomisierung der Medizin begonnen. Bis hierhin ist immerhin die Reduktion der Betten im Krankenhaus zu attestieren – immerhin nehmen laut einer Studie der Universität Duisburg-Essen 39 Prozent der Ärzte ein fragwürdiges Anreizsystem wahr und im Deutschen Ärzteblatt bekräftigt Jens Flintrop (2014), dass ein enormer Kostendruck zur Orientierung an wirtschaftlichen Zielen geführt habe.

Die Debatte über diese Ökonomisierung ist längst in der breiten Öffentlichkeit angelangt: Noch jüngst – in 2018 – streikten Pflegekräfte aufgrund von Überlastung und nicht nur in der *Zeit* stellt sich die Frage nach Pflegekräften aus dem Ausland (Zeit, 9.8.2018). Reflexhaft argwöhnen oder erhoffen, je nach Standort, Betroffene wie Beobachter auf den nächsten Schritt in der Wissenschaft: „Doktor Algorithmus“ (etwa durch Diagnose über eine Internet-Plattform) oder Pflegeroboter (längst in Japan in der Erprobung) sollen mittels ihrer künstlichen Intelligenz aushelfen. Inwieweit die Programmierung von Anteilnahme oder der Glückseligkeit als Bedürfnis bedacht werden können wie einst von Smith in seinem Idealtyp des Wirtschaftens, bleibt offen.

Noch völlig unberücksichtigt ist im Rahmen des Designs eines solchen Systems, welche der menschlichen Unzulänglichkeiten eine Rolle spielen sollen oder dürfen.

Auskömmlich erforscht ist die Wirkung von Opting-in- und Opting-out-Strategien auf menschliche Entscheidungsprozesse, also die unterschiedliche Gestaltung bei der Frage, ob etwas ab- oder anzuwählen ist; dies wirkt aufgrund menschlicher Trägheit stark auf das Ergebnis. Die Frage, inwiefern ich als Organspender zur Verfügung stehe, ist grundsätzlich die gleiche. Die Ausgestaltung der Fragestellung ist dagegen jedoch sehr bedeutsam für das Ergebnis: soll der Mensch einen Organspende-Ausweis beantragen, um zum Organspender zu werden? Oder ist es besser, die Auseinandersetzung mit dieser Frage zu erzwingen, indem ein jeder Organspender ist, sofern dies nicht aktiv verneint wird?

4. Konsequenzen auf der Mikro- und Makro-Ebene

Welche Konsequenzen hat nun eine Systemwahl auf der Mikro- oder der Makro-Ebene: welche Relevanz hat die Frage nach dem geeigneten System für eine Gesellschaft, beispielsweise ob die neo-klassische Ökonomie (der Chicago School) oder die *soziale* Marktwirtschaft (in ihrer rheinischen Spielart) stilbildend sein sollte?
Oder einfach gefragt: Stört soziale Verantwortung das effiziente Bewirtschaften und gefährdet gar den wirtschaftlichen Erfolg von Unternehmen?

In einer wahrhaft unprätentiösen Darstellung offenbart sich Mark Mobius – seines Zeichens Portfolio-Manager im Dienst von Franklin Templeton, Begründer der Emerging Market Funds-Strategie in den neunziger Jahren – gegenüber Erwin Wagenhofer:

> *„I do not believe that an investor is responsible for the ethics, for the pollution or what causes a company in which he invested. This is not his job. His mission is to invest and earn money for his clients.“* (Wagenhofer 2008)

Damit steht Mobius in der Tradition von Friedman, der einst deutlich auf die Bedeutung des Marktes und zudem die einzige Verantwortung des Unternehmens hingewiesen hat, die in der Mehrung des Profits des Eigentümers liege (Friedman 1962, 1970). Dies führt in letzter Konsequenz – analog der Gestaltung in der Finanzindustrie, nicht den Handel eines Produkts sondern den Handel-an-sich zu vermarkten – zur Maximierung der totalen Vermarktung des Konsums, also einschließlich des Konsumenten, soweit diese Möglichkeit vorläge. Ein Schutzbedürfnis eines möglichen naiven Konsumenten kann hier heraus nicht mehr argumentiert werden. Und diese letzte Konsequenz beschreibt Lanier in dem Moment, in dem er festhält, dass Du nicht der Kunde eines Internetkonzernes bist, sondern dessen Produkt (Lanier 2013).

In seiner Analyse Who Owns the Future stellt Lanier die Entwicklung in ihren Grundzügen dar: ein Technologiezentrum baut ein System, um Verhaltens-Korrelationen zu erkennen (diese Zentren bezeichnet Lanier als Sirenenserver). Die notwendige Voraussetzung für einen erfolgreichen Sirenenserver sei Informationsüberlegenheit, die beispielsweise auch von Markowitz in der Portfolio-Theorie als fundamental bezeichnet wird. Die unfassbare Transparenz, die durch das Internet im Rahmen einer möglichen Demokratisierung der Weltbevölkerung als Chance wahrgenommen wurde, erweist sich demnach als Fallstrick, wenn die Offenlegung dieser Daten die Effizienz der Wirtschaft im Einzelnen erhöht, ohne der Gesellschaft als Ganzes dienlich zu sein.

Was sind die Folgen auf der Makro-Ebene: die globale Weltwirtschaft kann voranschreiten, da das Kapital seine Investitionsmöglichkeiten schnellstmöglich erfährt, ohne sich an die Gesellschaften zu binden, deren Güter sie (aus)nutzt. Im Gegenteil, diese Güter werden als Rohstoffe verwertet, lediglich konsumiert, ohne die Preise des Marktes zu bezahlen, an dem die gefertigten Waren in Gebrauch genommen werden. Der Faktorpreis – etwa von Arbeit oder eines Rohstoffes – verschafft den Gesellschaften als Ganzes keinen Ausgleich: der Schuh wird etwa in Europa vom Hersteller vermarktet, hergestellt am Standort, der niedrig(st)e Kosten verspricht, und am Vermarktungsstandort mit größtmöglicher Marge veräußert. Der Kapitaltransfer West durch den Investor erwirtschaftet die Rendite mittels eines Faktorpreises zugunsten des Investors. Eine besondere Ironie ist es hier, dass eine offensichtliche Ineffizienz zum Tragen kommt: die Bevölkerung der *„emerging and developing economy"* schafft es nicht, die Asymmetrie in dieser Geschäftsbeziehung zum Hersteller zu schließen, da eine Solidarisierung nicht stattfindet. Inwiefern sich hieraus eine Kontroverse entwickeln mag (im Sinne von Samuel P. Huntingtons Idee der Auseinandersetzung der Kulturen), bleibt an dieser Stelle offen.

Die Konsequenzen dieser „effizienten Globalisierung" werden nicht ausschließlich in diesen Schwellenländern sichtbar. Selbst in den Staaten West-Europas, die sich für eine Währungsunion qualifiziert haben, die Stabilitätskriterien unterliegt, hat sich die Gesamtschuldenquote seit Ausbruch der Finanzmarktkrise 2008 wie eingangs dargestellt über die Maßen entwickelt (Chappatta, Bloomberg 2018). Der Auswuchs des Verschuldungsgrades wäre nach den Gütekriterien der Investitionstheorie sicher effizient, wenn denn die Rendite der kreditfinanzierten Ausgaben den zu zahlenden Zins überstiege. Ob dies vor dem Hintergrund der hohen Konsumausgaben und nicht sichergestellter staatlicher Infrastrukturpolitik (einschließlich Bildung) zutrifft, darf zur Diskussion gestellt werden. Die jedenfalls vorhandenen Abhängigkeiten besonders stark verschuldeter Staaten oder hohe Arbeitslosenzahlen deuten mindestens darauf hin, dass große Teile der Gesellschaften nicht teilhaben.

Die Auswirkungen beschränken sich hierbei nicht alleine auf wirtschaftliche Entwicklungen, die parallel dynamische Entwicklung von Globalisierung und Big Data ist also eine ganzheitliche; hier soll Frank Schirrmachers Begriff des „Technologischen Totalitarismus" (Schirrmacher 2015) aufgegriffen werden. Ohne weitere Ächtung kann sich Eric Schmidt, ehemals steuernd als Google-Vorsitzender, sodann in der entsprechenden Holding (Alphabet) aktiv, schon 2009 äußern:

> *„Wenn es Dinge gibt, von denen Sie nicht wollen, dass irgendjemand etwas darüber erfährt, dann sollten Sie so etwas nicht tun."*
> (Schmidt nach Döpfner in Schirrmacher 2015: 150)

Und weiter in 2010:

> *„Wir wissen, wo Sie sind. Wir wissen, wo Sie waren. Wir wissen mehr oder weniger, woran Sie denken."*
> (Schmidt nach Lobo in Schirrmacher 2015: 114-115)

Heute scheint das Smartphone den menschlichen Willen zu steuern, wenn nicht gar zu ersetzen. Yuval Harari erkennt die Verschmelzung der Geräte mit dem Körper, gefördert durch biometrische Sensoren, so dass unsere Wünsche und Vorlieben zur Geltung kommen, ungeachtet dessen, ob der Mensch sich derer noch bewusst ist (Harari 2017). Der Mangel an Bewusstsein in diesem Prozess indiziert, dass es sich nicht um eine freie, also auch nicht mehr moralisch zu bewertende Entscheidung, handelt - demzufolge auch nicht mehr um eine typisch menschliche Handlung.

Ohne die Tragweite dieser Entwicklung wahrzunehmen, werden mit Begeisterung vernetzbare Fitness-Armbänder verschenkt und empfangen, es wird Musikerkennungs-Software aufgespielt ohne zu hinterfragen, was denn sonst noch alles empfangen wird von der Kommunikation, die den Nutzer umspielt. Im Ergebnis kann nicht mehr lediglich nachvollzogen werden, welches Profil den Menschen identifizierbar macht, sondern es sind sogar exakte Voraussagen für weitere Bewegungs-Profile möglich (Hock 2017).

Da ist der Gedanke nah, dass die Akquisition der Washington Post durch Amazon-Gründer Jeff Bezos zumindest redaktionelle Unterstützung von Marketingmaßnahmen ermöglicht (was dieser bestreitet (Denninger 2018)). Ob dies – die nicht sichtbare Einflussnahme in einem Sektor, der Transparenz und Information illustriert - mehr oder weniger perfide ist als die Unterstützung eines Fin-Techs (Alipay), welches durch Ratings in Social-Media-Kanälen eine Kreditwürdigkeit ermittelt, bleibt ebenfalls offen. Das eine wie das andere ist in jedem Falle höchst effizient und wirtschaftlich mit bestmöglichen Erfolgschancen versehen.

5. Summe: Die Degradierung des Menschen

Frei von Zynismus ist zu summieren, dass der Mensch durch die Reduktion auf seine Daten zum Produkt oder auf ein Wirtschaftsobjekt reduziert wird

(Lanier 2013). Wenn sodann die Erfassung total ist, dann entmachtet sich der Mensch durch seine eigene Gestaltung mittels effizienter Algorhythmen zum „Homo deus“ (Harari 2017) schließlich selbst. Frei nach Aristoteles kommt es – aus Mangel an Integrität - zum Identitätsverlust, da sich Mensch-sein auch negativ definieren ließe durch die Fähigkeit, Dinge zu tun, die Maschinen nicht tun können.

Mit Blick zurück auf diese besonders hervorragende Ordnung, die nach Foucault die Weiterentwicklung der menschlichen Fähigkeiten bedeutete, die durch die Wissenschaften mit der Aufklärung Hand in Hand geht, in der ein hoher Blutzoll hervorragende (bürgerliche) Freiheitsrechte erstritten hat, ist der aktuelle Status als eine ironische Note des Schicksals festzuhalten:

Der Liberalismus in allen Bereichen, hier dann auch im Recht, weiter gestaltet durch die schier absolute Dominanz der effizienten Wirtschaft, hat einen homo oeconomicus zugelassen, der als Verbraucher zum Marktteilnehmer degradierte – oder sich freien Willens degradierte - und der im Netz durch einen Klick seine Rechtsposition bereitwillig aufgibt (von Westphalen 2016).

Der bürgerlichen Revolution folgend erlebt der Mensch die Robo-Revolution und erliegt der Faszination der Fähigkeit der Maschine. Er ergibt sich der Convenience der Effizienz, nimmt Aufwand lediglich als wirtschaftlichen (zu reduzierenden Posten) wahr und nicht als Möglichkeit des Erlebens und könnte den Moment verpassen, auf den Stephen Hawking bereits 2015 auf der Zeitgeist-Konferenz in London hingewiesen hat:

> „*Computers will overtake humans with AI at some time within the next hundred years. When that happens, we need to make sure the computers have goals aligned with ours.*“ (Hawking 2015)

Literaturverzeichnis

Borges, J. (1962): Ficciones. Grove Press : New York.

Cahn, S., Markie, P. (eds.): Ethics. History, Theory and Contemporary Issues, 5th ed., Oxford University Press : 2012.

Carroll, A. B. (1979): A three-dimensional conceptual model of corporate social performance. Academy of Management Review, 4, S. 497-505.

Ders. : The pyramid of corporate social responsibility : toward the moral management of organizational stakeholders. Business Horizons, 34 (4), 39-48.

Chappatta, B, Bloomberg (2018), $250 Trillion in Debt: the World's Post-Lehman Legacy (available from: https://www.bloomberg.com/graphics/2018-lehman-debt/?srnd=premium; Abruf am 16.01.2019).

Czingon, C., Neckel, S.: Finanzakteure in gesellschaftlicher Verantwortung ? Befunde zur Berufsmoral im Banken- und Finanzwesen, in : Westend, Neue Zeitschrift für Sozialforschung 01/2015, S. 71 – 84.

Denning, S. (2018): Why Jeff Bezos Bought The Washington Post, in Forbes v. 19.09.2018.

Foucault, M. (1966): Les Mots et les choses. Une archéologie des sciences humaines, Paris : Éditions Gallimard.

Flintrop, J. (2014): Krankenhäuser zwischen Medizin und Ökonomie: Die Suche nach dem richtigen Maß, in: Dtsch. Ärzteblatt, 111 (45): A-1929/B-1649/C-1581.

Friedman, M. (1962): Capitalism and Freedom. Chicago: University of Chicago Press.

Ders. (1979): The Social Responsibility of Business Is to Increase Its Profits, in: NYT v. 13.09.1970.

Galbraith, J. (2004): The Economics of Innocent Fraud: Truth for Our Time, New York: Houghton Mifflin.

Gerhard, M. (2015): Finanzwesen und Krisen der Moral, S. 11-32, in: Hegemann, K. (u. a.): In welcher Gesellschaft wollen wir leben, München, Mering: Hampp-Verlag.

Harari, Y. (2017): "Die Welt wird extrem hektisch sein", Interview von Max Fellman, in: Süddeutsche Zeitung Magazin (Nr. 38), 22.09.2017.

Harari,. Y (2017): Homo Deus. Eine Geschichte von Morgen, München: C.H. Beck.

Hegemann, K. (2016a): The Efficiency Frontier and Conflicting Human Interest, in: Haag, C./ Niechoj, T. (2016): Digital Manufacturing. Prospects and Challenges, Metropolis-Verlag: Marburg.

Hegemann, K. (2016b): Die Moral der anderen. Die Moral in der Finanzindustrie nach der Finanzmarktkrise, S. 33-50, in: Hegemann, K. (u. a.): In welcher Gesellschaft wollen wir leben, München, Mering: Hampp-Verlag.

Hock, A. (2017): Günther hat sein Käsebrot fotografiert. 342 Freunden gefällt das, München: riva Verlag.

Huntington, S. P.: The Clash of Civilizations?, in: Foreign Affairs; Summer 1993; 72, 3; ABI/ INFORM Global, S. 22 – 49.

Kese, Volkmar (2012): Die Unternehmensethik in Banken, S. 581-662, in: Steffens, U./ Gerhard, M. (Hgs.): Kompendium Management in Banking and Finance, 8. Aufl., Frankfurt: Frankfurt School Verlag.

Lanier, J. (2013): Who owns the future, Simon & Schuster: New York.

Markowitz, H. (1952): Portfolio Selection, in: Journal of Finance, 7, 77-91.

Schirrmacher, F. (2015): Technologischer Totalitarismus. Eine Debatte, Suhrkamp-Verlag: Berlin.

Sedlácek, T. (2009): Die Ökonomie von Gut und Böse. Hanser Verlag: München.

Singer, P. (1979): Practical Ethics. Cambridge University Press: Cambridge.

Wagenhofer, E. (2008): Let`s make money, Allegrofilm.

Von Westphalen, F. (2016): Das Bild des Menschen im Recht, S. 101 -122, in: Hegemann, K. (u. a.): In welcher Gesellschaft wollen wir leben, München, Mering: Hampp-Verlag.

Arbeitgeber fordern 15.000 Pflegekräfte aus dem Ausland, in: Zeit online v. 09.01.2018 (Abruf am 15.01.2019). https://www.techworld.com/news/tech-innovation/stephen-hawking-warns-computers-will-overtake-humans-within-100-years-3611397/ (Abruf am 31.01.2019)

Felix Sohnrey

Schlusswort - The *next* great transformation?

Einbettung der Wirtschaft in Umwelt und Gesellschaft für eine nachhaltige Zukunft.

Im dem vorliegenden Band wurden diverse Fragestellungen in den Themenbereichen der Triple Bottom Line (Elkington 1997) kontrovers diskutiert, also der Idee, das langfristiger unternehmerischer Erfolg nicht allein im Hinblick auf die finanzielle Bottom Line[1] gelingen kann. Stattdessen braucht es eine Integration von sozialen und ökologischen Indikatoren um nachhaltig zu agieren. Diesen Ansatz auf Organisationsebene haben wir uns erlaubt auf einer Systemebene anzuwenden, also betrachtet auf die *Wirtschaft*, *Umwelt* und zu guter Letzt der *Gesellschaft*. Innerhalb dieser Bereiche zeichnen sich mit Blick auf deren Nachhaltigkeit und unsere damit verbundene Zukunftsfähigkeit die verschiedensten Frakturen ab – oder sind es gar schon tiefe Risse zwischen interdependenten Systemen?

Aktuelle[2] Krisen multiplizieren die mannigfaltigen Herausforderungen in diesen Bereichen. Während sich die Umwelt in der Pandemie erholen durfte (Usman et al. 2021), führte sie zu immensem wirtschaftlichen und sozialen Stress, welcher durch den Krieg in der Ukraine weiter potenziert wurde. Neben der pandemiebedingten Gesundheitskrise und den damit einhergehenden politischen Restriktionen stieg die Arbeitslosigkeit bzw. sanken die Einkommen und Lieferketten brachen zusammen (Lanzen et al. 2020[3]). Dieses Spannungsfeld bietet insbesondere radikalen Kräften die Möglichkeit mit populistischen Thesen an Boden zu gewinnen und den sozialen Frieden zu gefährden, mit unüberschaubaren Konsequenzen für die Demokratie (siehe hierzu auch den Beitrag von Jakob Lempp in Kapitel 3 zum Umgang mit Populismus).

1 Hiermit ist die sprichwörtlich letzte Linie in der Finanzbuchhaltung gemeint, also der Profit.

2 Der Klimawandel ist bereits so „alt“, dass er hier nicht tiefgreifender eingeleitet werden soll. Ausgangspunkt dieses Schlusswortes ist die Annahme, dass die Klimakrise erkannt wurde aber nur sehr langsam und verzögert umdenken und –handeln erzeugt.

3 Auch zwei Jahre später, in 2022, führt der Corona Lockdown in Shanghai im größten Hafen der Welt zu massiven Verzögerungen und Staus von Fracht- und Tankschiffen mit drastischen Folgen für die industrielle Produktion in Deutschland (Janson 2022).

Die Demokratie, ja mit etwas Pathos könnte man auch behaupten die „Freie Welt", steht seit dem 24. Februar 2022 in der Ukraine sprichwörtlich unter Beschuss und hat zumindest eine *politische* „Zeitenwende" ausgelöst. Folgenschwer ist seitdem vor allem die Energiekrise, welche Europa fest im Griff hat, sodass man bereits von einem „fossilem Krieg" spricht. Die Verknappung von Öl und Gas sowie die damit verbundene Versorgungsunsicherheit heizt eine bereits hohe Inflation weiter an. In den sechs Monaten vor dem 24. Februar lag die durchschnittliche Teuerungsrate bereits bei 4,7%[4] und seit Kriegsbeginn konstant über 7%. Hier greifen also Pandemie und Krieg eindeutig ineinander oder anders gesagt, der eine Prozess vertieft bestehende Frakturen eines anderen.

Stand heute bleibt es abzuwarten, wie eine *Gesellschaft* reagiert auf die signifikante Reduktion des eigenen Wohlstands und Kaufkraftniveaus. Sicher ist bereits, dass der vorangegangene Stress durch die Pandemie bei vielen Menschen zu Erschöpfung geführt hat. In der Konsequenz wurden politische Regeln zur Eindämmung der Pandemie mit zunehmenden Wellen mehr und mehr vernachlässigt – wodurch sich das Virus besser verbreiten konnte (Kastalskiy et al. 2021). Der erfolgreiche Umgang mit Krisen und Veränderungen - oder auch Transformationen - ist also vor allem auch von der sozialen Dynamik innerhalb einer *Gesellschaft* abhängig.

Nach dem österreichisch-ungarischen Wirtschaftshistoriker und Soziologen Karl Polanyi (1944) begann die (erste) Große Transformation, weil in der Auseinandersetzung zwischen Gesellschaft und Marktsystem es einen eindeutigen Verlierer gab. Nachdem die Kräfte des freien Marktes in der Industrialisierung des 19. Jahrhunderts das soziale Fundament (und die Umwelt) zerstört hatten, konnte der Faschismus den Frieden in Europa brechen. Die These eines sich selbst regulierenden Marktes ist für Polanyi also zum Scheitern verurteilt, da er über kurz oder lang zur Ausbeutung von Mensch und Natur führt – und somit zum Ende von Demokratie und Freiheit. Entsprechend liegt für ihn die Lösung in der *Einbettung von Gesellschaft und Umwelt* in die regulierte *Marktwirtschaft*, damit sich letztere nicht verselbstständigt und vielmehr den sozio-ökologischen Dynamiken und Bedürfnissen dient. Sein Werk aus dem zweiten Weltkrieg ist in Anbetracht aktueller politischer, sozialer, ökologischer und nicht zuletzt wirtschaftlicher Krisen relevant wie nie zuvor.

Die *nächste* große Transformation wurde bereits durch den Klimawandel eingeleitet und stellt unser bisheriges Denken und Handeln auf den Kopf. Das gängige *Wirtschafts*modell basiert auf einem linearen Ansatz in

4 Eigene Berechnung auf Grundlage des HVIP – Harmonisierter Verbraucherindex, Quelle: eurostat.

dem Ressourcen entnommen werden, um Konsumgüter zu produzieren, welche schließlich im Müll landen (take – make – waste). Damit einhergehende Überschreitungen planetarer, sprich *ökologischer* Grenzen, sind längst bekannt (Raworth 2017), führen aber (bisher) zu keiner nennenswerten Veränderung, da der Leidensdruck (noch) nicht groß genug ist. Hier scheint der Ansatz der Kreislaufwirtschaft (Webster 2021) momentan am vielversprechendsten, um ganzheitlich und nachhaltig unser Wirtschaften zu reformieren – ohne es zu revolutionieren[5]. Des Weiteren hat die spezifische polit-ökonomische Ausrichtung des Neoliberalismus direkte Auswirkungen auf das soziale Gefüge in der Gesellschaft. Neben der ungleichen Entwicklung von Einkommen und Vermögen (Piketty 2014) und der damit einhergehender Stress für den sozialen Frieden innerhalb einer Gesellschaft, ist die Ökonomisierung von öffentlichen Gütern wie dem Gesundheitssektor eine Bedrohung ethischer Grundlagen in der Medizin (Verret 2019).

Die alles überschattende Frage bleibt auch weiterhin: Wie gehen wir als (globale bzw. nationale) Gesellschaft mit den mannigfaltigen Herausforderungen des 21. Jahrhunderts um? Der wieder einreißende Graben zwischen autokratischen und demokratischen Systemen verstärkt die „collective action“ Probleme einer globalen Klimakrise und macht eine gemeinsame Lösung sehr unwahrscheinlich wenn nicht unmöglich. Und weil eben jene Herausforderungen einen Blick über den Tellerrand notwendig machen, ist ein inter- bzw. besser noch transdisziplinären Ansatz notwendig, um die *nächsten* Großen Transformativen Druckstellen unserer Zeit nachhaltig in unserer Gesellschaft einzubetten, vielleicht durch einen ökologisch ausgerichteten Kapitalismus (Costanza 1991)?

Mit anderen Worten, es ist an der Zeit die Triple Bottom Line als One Bottom Line zu verstehen – die Einbettung wirtschaftlichen Handelns und Anreize in den sozio-ökologischen Kontext ist von fundamentaler Bedeutung für eine ganzheitliche Reparatur der systemischen Frakturen. Isolierte Maßnahmen innerhalb eines Bereiches werden langfristig keine effektive Wirkung erzielen und verpuffen. Schlimmer noch, wenn wir Polanyi glauben dürfen wäre neben der Klimakatastrophe ein Ende unserer freiheitlichen Ordnung zu erwarten.

5 Unter einer Revolution des kapitalistischen Systems würde ich eine Abkehr vom Wachstums Paradigmas verstehen, also eher in Richtung eines De-Growth Ansatzes.

Literaturverzeichnis

Costanza, R. (ed.) (1991): Ecological Economics: The Science and Management of Sustainability, New York: Columbia University Press.

Elkington, J. (1997): Cannibals with Forks: Triple Bottom Line of 21st Century Business, Capstone Publishing Ltd.

Janson, M. (2022): Lockdown-Folgen: Stau vor Shanghai, Statista mit FleetMon Data, online erreichbar: https://de.statista.com/infografik/27339/fracht--und-tankschiffe-im-hafengebiet-von-shanghai/.

Kastalskiy, I.A., Pankratova, E.V., Mirkes, E.M. et al. (2021): Social stress drives the multi-wave dynamics of COVID-19 outbreaks. Sci Rep 11, https://doi.org/10.1038/s41598-021-01317-z.

Lenzen M, Li M, Malik A, Pomponi F, Sun Y-Y, Wiedmann T, et al. (2020): Global socio-economic losses and environmental gains from the Coronavirus pandemic. PLoS ONE 15(7): https://doi.org/10.1371/journal.pone.0235654.

Piketty, T. (2014): Das Kapital im 21. Jahrhundert, München:C.H.Beck.

Polanyi, K. (1944): The Great Transformation: The Political and Economic Origins of Our Time, New York, Toronto, Farrar & Rinehart, Inc.

Raworth, K. (2017): A Doughnut for the Anthropocene: Humanity´s Comapss in the 21st Century, The Lancet Planetary Health, 1(2), DOI:https://doi.org/10.1016/S2542-5196(17)30028-1.

Usman, M., Husnain, M., Riaz, A. et al. (2021): Climate change during the COVID-19 outbreak: scoping future perspectives. Environmental Science and Pollution Research, 28, https://doi.org/10.1007/s11356-021-14088-x.

Verret, P. R., (2019): Die Bedrohung ethischer Grundlagen in der zunehmend profitorientierten Medizin, in: Hegemann, K. und Sohnrey, F. (Hrsg.): Soziale Verantwortung – Eine Vergessene Selbstverständlichkeit? Augsburg: Rainer Hampp Verlag.

Wautelet, T. (2018): Exploring the role of independent retailers in the circular economy: a case study approach, MBA Thesis, DOI: 10.13140/RG.2.2.17085.15847.

Webster, K. (2021): A Circular Economy is about the Economy, Circular Economy and Sustainability, 1: 115- 126, https://doi.org/10.1007/s43615-021-00034-z.

Autor:innenverzeichnis

Barbara Arntz

Barbara Arntz ist Projektkoordinatorin des INTERREG VA-Projektes „Volunteers 2.0" (2020 – 2022), das die Begleitung des bürgerschaftlichen Engagements durch Kommunen in der Praxis untersucht und direkt auf den Netzwerken und Erfahrungen des *KRAKE - krachtige Kernen/starke Dörfer* (2016-2019) aufbaut. Sie studiert Arbeits- und Organisationspsychologie an der Hochschule Rhein-Waal und ist am Niederrhein aufgewachsen. Mit der seit 2017 angewandten Praxis der methodischen Grundlagen des Studiums und seit 2021 der strukturieren Verfahren zertifizierter Mediation stehen für sie als Schlüsselfaktoren gelungene Kommunikation und Kooperation rund um das Engagement und dessen Stakeholdern im Mittelpunkt ihres Interesses, sowie Netzwerken in wertschätzender Grundhaltung mit dem offenen Blick über den eigenen Tellerrand hinaus.

Friederike Bartholme

Friederike Bartholme arbeitet als Sozialpädagogin bei Brot für die Welt in Baden. Ihre Tätigkeitsschwerpunkte sind Kommunikation mit Spender*innen und Gemeinden sowie Bildungsarbeit mit Studierenden an Hochschulen, Konfirmand*innen und anderen Zielgruppen.

Alexander Brand

Alexander Brand ist Professor für Politikwissenschaft mit dem Schwerpunkt Internationale Beziehungen an derHochschule Rhein-Waal. Dort lehrt er schwerpunktmäßig in den Studiengängen „International Relations" und „Sustainable Development Management". Alexander Brand forscht u.a. zur US-amerikanischen Außen- und Weltpolitik, zur Analyse von Entwicklungspolitik sowie zum Zusammenhang von Sport, (insbesondere Fußball) und Politik.

Elena Breuer

Elena Breuer ist Absolventin des Studiengangs „Sustainable Development Management" der Hochschule Rhein-Waal und arbeitet nach ihrer Abschlussarbeit bei VAUDE Sport GmbH & Co KG inzwischen als Managerin für Corporate Social Responsibility bei ROSE Bikes GmbH in Bocholt.

Irmgard Buder

Wie kann eine Energieversorgung ohne fossile Energieträger (Kohle, Öl, Gas) aussehen? Die Erzeugung elektrischer Energie aus erneuerbarer Quellen und deren Speicherung, insbesondere in Batterien, Akkumulatoren oder in Form von Wasserstoff sind Themen in Forschung und Lehre der Elektrochemikerin Irmgard Buder.

Irmgard Buder lehrt als Professorin für erneuerbare Energie und Elektromobilität an der Hochschule Rhein-Waal im Studiengang „Environment and Energy“ sowie in „Information Engineering and Computer Science“. Außerdem engagiert sich Irmgard Buder zum Thema Menschenrechte und fairer Handel in der fairen Hochschule Rhein Waal, als Vorstandsmitglied des FairRhein e.V., einem Netzwerk für Fairen Handel & Nachhaltigkeit, sowie bei Amnesty International.

Klaus Hegemann

Die Beobachtung der gesellschaftlichen Systeme Ökonomie, Politik und Ethik sind Inhalt der Forschungs- und Lehrtätigkeit des Financial Planners und Politikwissenschaftlers Klaus Hegemann. Im Zentrum stehen immer die „System-Fragen“: Wie fügen sich Ökonomie, Politik und Ethik zusammen?

Klaus Hegemann lehrt als Professor für Allgemeine Betriebswirtschaftslehre mit Schwerpunkt Wirtschaftsethik und CSR an der Hochschule Rhein-Waal im Studiengang „International Business Administration“. Der Schwerpunkt liegt auf den Themen Wirtschaftsethik und Corporate Social Responsibility. In seinen aktuellen Forschungsprojekten befasst er sich mit Fragestellungen, die sich aufgrund der demographischen Entwicklung in industrialisierten Staaten ergeben, insbesondere mit Blick auf die Wechselwirkungen von Maßnahmen in Umwelt, Wirtschaft und Gesellschaft im Rahmen transformativer Handlungen.

Jakob Lempp

Im Zentrum des Forschungs- und Lehrinteresses des Politikwissenschaftlers Jakob Lempp steht die Frage nach dem (guten) Funktionieren politischer Systeme.

Jakob Lempp lehrt als Professor für Politikwissenschaft an der Hochschule Rhein-Waal in unterschiedlichen Studiengängen. Neben seiner Lehr- und Forschungstätigkeit im Bereich der Internationalen Beziehungen und der politischen Systeme Zentralasiens, forscht und publiziert er seit vielen Jahren zum deutschen Parteiensystem.

Hale Kadak

Hale Kadak ist wissenschaftliche Mitarbeiterin im INTERREG VA -Projekt „*Volunteers 2.0*" (2020 – 2022). Nach ihrem Bachelorabschluss in Arbeits- und Organisationspsychologie studiert sie aktuell Wirtschaft, Psychologie und Management an der Universität Kassel. Im Projekt *KRAKE - krachtige Kernen/starke Dörfer* (2016-2019) hat sie bereits während ihres Studiums Bürgerinnen und Bürgern rund um das Thema Regionalentwicklung begleitet. Zurzeit arbeitet sie an ihrer Masterarbeit zu resilienzfördernden Kulturfaktoren in Organisationen.

Daniela Lud

Daniela Lud lehrt als Professorin für Umweltbewertung und Umweltsanierung an der Fakultät Kommunikation und Umwelt der Hochschule Rhein-Waal v.a. in den Studiengängen „Environment and Energy" und „Information Engineering and Computer Science". Ihr Interesse gilt Prozessen nachhaltiger Flächennutzung und nachhaltiger Entwicklung in Unternehmen, Kommunen und im ländlichen Raum sowie der Wirkungsanalyse dieser Prozesse.

Torsten Niechoj

Torsten Niechoj ist Professor für Volkswirtschaftslehre und Politikwissenschaft an der Hochschule Rhein-Waal (Standort Kamp-Lintfort), FMM Fellow sowie Mitbegründer und leitender Herausgeber der Zeitschrift *European Journal of Economics and Economic Policies: Intervention* (EJEEP). In seiner Forschung beschäftigt er sich mit europäischer Wirtschaftspolitik und Folgen der digitalen Produktion für Wirtschaftsstruktur und -entwicklung.

Hilke Patzwall

Hilke Patzwall arbeitet als Senior Managerin für Nachhaltigkeit und Corporate Responsibility bei VAUDE Sport GmbH in Tettnang. Sie ist außerdem Sprecherin der Arbeitsgruppe Corporate Social Responsibility im Bundesverband der Deutschen Sportartikel-Industrie e.V.

Riana Pohl

Riana Pohl arbeitet als Grafik Designerin bei Brot für die Welt in Baden im Bereich Bildungs- und Öffentlichkeitsarbeit. Ihre Tätigkeit umfasst Erstellung von Grafikmaterial sowie Vorträge für Bildungs- und Informationsveranstaltungen, z. B. für Schüler*innen, Studierende oder Senior*innen.

Sabine Portmann

Sabine Portmann ist Referentin bei Brot für die Welt im Rheinland. Ihre Aufgabenschwerpunkte sind Öffentlichkeits- und Bildungsarbeit für unterschiedliche Zielgruppen.

Christian Röser

Christian Röser ist Diplom-Ingenieur Agrar und Bildungsreferent. Aktuell legt er seine ganze Energie in die Mannheimer NGO Starkmacher e.V., die er mit gegründet hat. Seit über 15 Jahren ist er stark in der Strategie- und Projektentwicklung von Unternehmungen in herausfordernden Situationen auf der ganzen Welt eingebunden. Die Potenzialentfaltung der Menschen, mit denen er arbeitet, ist sein oberstes Ziel, um positive soziale und ökologische Wirkung zu erreichen.

Juliane Schmitt

Juliane Schmitt, 23 Jahre alt studierte in Aachen Soziale Arbeit B.A. (2017-2020). Während ihres Studiums arbeitete sie in der offenen Kinder- und Jugendarbeit. Im April 2020 begann sie als pädagogische Leitung innerhalb des Projektes „Grünblick“ für den Starkmacher e.V. in Mannheim zu arbeiten. Im Projekt „Grünblick“ geht es darum, Jugendliche und junge Erwachsene in ihrer Berufsorientierung weiterzubringen. Das Projekt fokussiert dabei auf nachhaltige zukunftsorientierte Berufe.

Alfred Schumm

Alfred Schumm leitet den Fachbereich *Innovation, Sciences, Technologies & Solutions* beim WWF Deutschland, dessen Ziel es ist, den Naturschutz durch Partnerschaften mit herausragenden Wissenschaftlern und Forschungsinstituten, kreativen High-Tech-Unternehmern und der Entwicklung innovativer Nachhaltigkeitslösungen zu fördern.

Alfred Schumm ist Biologe und Umweltingenieur. Er hat ein Diplom in Neuro- und Humanwissenschaften, Geophysik und Pflanzenphysiologie (Universitäten Freiburg und München) mit einer Abschlussarbeit in Neurophysiologie der Ludwig-Maximilians-Universität München und einem Postgraduierten-Diplom in Umweltschutztechnik der Technischen Universität München.

Beim WWF startete er seine Laufbahn im Ostseeprogramms in Stralsund, ehe er dann sieben Jahre lang als Direktor das gesamte Meeresprogramm des WWF Deutschland von Hamburg aus leitete. Seine Schwerpunkte lagen auf der Planung und Umsetzung von Meeresschutzgebieten (MPAs), der Förderung nachhaltiger Fischereiprodukte und der globalen nachhaltigen Tourismusentwicklung durch die Beteiligung von Interessengruppen, des Privatsektors und durch Bildungsarbeit.

Maximilian Sommer

Maximilian Sommer ist Lehrkraft für besondere Aufgaben an der Hochschule Rhein-Waal. Vorher war er Akademischer Rat am Lehrstuhl für Wirtschaftsethik und Sozialpolitik der Katholischen Universität Eichstätt-Ingolstadt. Sein Schwerpunkt liegt auf der normativen und empirischen Analyse des Sozialstaats mit einem besonderen Fokus auf Fragen der Grundsicherung und des Grundeinkommens. Er ist zudem Co-Autor des Lehrbuchs der Sozialpolitik.

Joshua B. Spero

Josh Spero is Professor of International Relations at Fitchburg State University in Massachusetts, United States. Before transitioning to academia, He served in the U.S. Government from 1988-2000, particularly 1994-2000 as senior civilian strategic and scenario planner (Joint Chiefs of Staff's J5 Directorate for Strategic Plans and Policy/European and NATO Division), shaping US-Partnership for Peace (PfP) and NATO-PfP policy, and PfP's operational and programmatic implementation. His areas of specialization: Russia, Central-Eastern Europe, NATO policy, and transatlantic relations.

Felix Sohnrey

Felix Sohnrey, M.A. ist Wissenschaftlicher Mitarbeiter für angewandte Forschung an der Hochschule Rhein-Waal und ist hier aktiv in Bereichen der partizipativen Regional- und Hochschulentwicklung. In den INTERREG VA Projekten „KRAKE", „Volunteers 2.0" und „Cross-Border Circular Community" untersucht er in einem transformativen Aktionsforschungsansatz die gemeinsame Beziehung zwischen Ehrenamt und kommunaler Verwaltung mit dem Ziel der Verbesserung der Lebensqualität vor Ort.

Andreas Struck

Andreas Struck ist promovierter Diplom Biologe und hat einen BA in Philosophie. Er arbeitete in der Grundlagenforschung an den Universitäten in München, Freiburg und Seattle (USA) vorwiegend im Bereich Biochemie und Algorithmen Entwicklung. In der Industrie leitete er internationale Entwicklungs- bzw. Technologieabteilung globaler Unternehmen im Bereich Food, Biotechnologie, Software und Engineering.

2011 gründete Andreas Struck sein eigenes Unternehmen "navama – technology for nature" und startete mit dem Projekt "transparentSea". Die zugrundeliegende Idee für das Projekt war, den Schutz der Meere vor Überfischung durch Transparenz innerhalb der intensiven kommerziellen Nutzung zu verbessern.

Der Ansatz von navama – technology for nature war es, diese Transparenz mittels moderner Technik auf eine weltweite „Allmende" - die Fischerei - anzuwenden. Der technische Schlüssel hierfür waren GPS, AIS, VMS und andere Satellitentechnologien. navama entwickelte Methoden und Verfahren, um diese Technologien für den Schutz der Meere anzuwenden und dem Verbraucher zugänglich zu machen. Partner waren Kleinfischer in Senegal, Mozambik oder den Philippinen, aber auch große Organisationen wie der WWF, Greenpeace, Naturland, Follow Fish, die Metro Gruppe oder Bolton Alimentari in Italien.

Florian Wichern

Florian Wichern ist seit 2009 Professor für Bodenkunde und Pflanzenernährung an der Hochschule Rhein-Waal in Kleve und unterrichtet Studierende in nachhaltiger Landwirtschaft und Ressourcennutzung. Der Transfer wissenschaftlicher Erkenntnisse auch außerhalb der Hochschule ist dabei von Anbeginn integraler Bestandteile des Bildungskonzeptes. Seit einigen Jahren nimmt die transformative Forschung unter anderem in Reallaboren einen größeren Raum der Forschung und Entwicklung im Bereich nachhaltiger Ernährungssysteme ein. Dabei ist ihm die Einbeziehung diverser Interessengruppen als wesentlicher Bestandteil der Forschung ein Herzensanliegen.